史學研究叢書・歷史文化叢刊

振葉尋根：澳門教育史、
歷史教育與研究

張偉保　著

目次

澳門教育史

教育人物專題

歷史教育

歷史研究

澳門教育史

外文文獻與澳門教育史研究

一　前言

　　澳門大學教育學院正進行「澳門教育史研究計劃」，期望用十年時間從事蒐集、整理與編寫一部結構新穎、體系完整、材料豐富的多卷本《澳門教育史》。為完成這個艱鉅的任務，本院向澳門大學提出了有關計劃，並獲得大學領導的全力支持。經過大半年的規劃，我們在二〇〇八年初提出用五年時間蒐集分散全球各地的資料，並構建「澳門教育史資料庫」作為未來多卷本《澳門教育史》作出充分的準備。

　　在開展資料收集的初期，本組同仁發現對外文資料的彙集有很大的難度。[1]首先，由於澳門特區的歷史發展獨特性，除中文文獻外，外文資料佔有極其重要的地位，其中尤以葡文資料最為關鍵。澳門特區政府雖是以中葡兩種文字為法定語文，但在澳門精通中葡雙語的歷史學者是甚為缺乏。[2]事實上，能利用葡文資料而又兼通中文，人數實在有限。以澳門史研究為例，如博舍克、文德泉、施白蒂、黃鴻釗、黃啟臣、鄧開頌等專家，都因不懂中文或葡文，研究上始終存在不少困難。在當代能兼通兩者的學者，首推在葡國定居的金國平先生和澳門基金會的吳志良先生。吳志良先生甚至公開提出，如有合適擔

1　中文文獻方面，可參看拙稿〈澳門教育史研究文獻整理初探〉，發表於「澳門文獻整理研究暨數字化學術研討會」，2008年8月27-29日。

2　參看劉羨冰：《雙語精英與文化交流》（澳門：澳門基金會，1994年）。

任葡中翻譯的人選，請予以推薦，因澳門基金會有很多研究項目因缺乏合適的雙語專家參與而有所延緩。因此，如下所述，要充分利用外文文獻，必須建立工作團隊，利用不同語文專業的力量，按部就班的分別從中、葡、西、義、德、英、日、拉丁等文獻中發掘相關的資料，分類編纂，才能進行全面將澳門教育史的文獻加以收集。這個工作，目前以湯開建教授領導的澳門史研究團隊最具實力。而我們這項工作則因只限於澳門教育史的收集，涉及的範疇較細，故此所受的限制相對較低。然而，我們仍需付出很大的努力，並獲取學界的廣泛支持，才能使目標逐步接近。

二　關於澳門教育史的外文文獻（含中譯）

（一）外文著作與資料彙編

為了摸清外文文獻的數量和分佈，我們開展了對外文文獻的檢索。據有關資料顯示，關於澳門教育史的外文資料，葡文自屬最重要。其中，又以葡文檔案資料最為零散（按：此部分在下文討論）。此外，西班牙文、義大利文、拉丁文、英文和日文的資料，亦有極豐富的澳門教育史史料。

首先以葡文為例，澳門特區政府屬下的教育暨青年局曾出版三鉅冊的《澳門教育史資料選輯》和 A. Barata, *O Ensinoem Macau, 1572-1979*（《澳門教育：1572-1979》）。此外，也出版了一本有關一九八〇至一九八二年教育法規的專刊。以上五冊資料均屬葡文檔案的初步整理工作，對澳門教育史研究有很大的價值，大量補充中文研究的不足。此外，文德泉神父是澳門產量最多的作家，研究範圍涉及澳門的

各個方面，堪稱著作等身。[3]關於澳門教育史的研究，主要集中他的專著：《澳門教育》（葡文）。此外，還有非常珍貴的《聖保祿書院年報：1594-1627》（*Castas Anuas do Collegio de Macau, 1594-1627*），保存二十份具有重要史料價值的年報，對研究澳門早期教育有不可代替的地位。以上葡文資料總共七冊，均包含極高的史料價值，現正由本院同寅組織團隊進行翻譯。

英文資料方面，以 C. R. Boxer 研究澳門史最為重要，其有關澳門史的專著不下十種，例如博塞克（C. R. Boxer），*Fidalgos in the Far East, The Christian century in Japan, 1549-1650, The Great Ship from Amacon, Portuguese Seaborne Empire, Jan Compagnie In Japan, 1600-1817, Seventeenth Century Macau, Four Centuries of Protuguese Expansion, 1415-1825* 等等。其次，關於早期澳門史研究，以白樂嘉（J. M. Braga）的 *The Western Pioneers and their discovery of Macao* 和 *China landfall, 1513: Jorge Alvare's voyage to China* 最負盛名，而舒特（Josef Franz Schutte, S. J.）在利用了羅馬的耶穌會歷史研究所（The Jusuit Historical Institute, Rome）編了 *Valignanos Missionsgrundsatze fur Japan*（Roma: Edizioni di Storia e Lrtterratura）兩大冊，分別在一九五一和一九五八年出版。此書的英文本由 John J. Coyne，S. J. 翻譯為 *Valignano's Mission Principles For Japan*（The Institue of Jusuit Sources, St. Louis, 1980）。全面分析范禮安在日本的工作有 Moran, J. F. 的 *The Japanese and the Jusuits: Alessandro Valignano in the sixteenth-century Japan*。同時 Ronan, C. E. 和 Oh, Bonnie B. C. 合編的 *East Meets West: The Jusuits in China, 1582-1773* 也收錄大量相關的研究。此外，

3　文德泉神父的著作目錄，可參看澳門歷史檔案館特藏，網址為（http://www.library. gov.mo/ManuelTC/mindex.htm.）。

十九世紀基督新教的傳教士，以馬禮遜的貢獻最大。《馬禮遜文集》（英文）（十四冊）已由澳門基金會整理出版，內容與澳門教育較多，值得從中選譯與相課題有關的資料。同時，兩本關於新教來華的專著，一為 *Robert Morrison and the Birth of Chinese Protestantism*；另一為 *Opening China: Karl F. A. Gutzlaff and Sino-Western Relations, 1827-1852*，今年（2008）均在紐約出版，作者分別是 Christopher Hancock 和 J. G. Lutz。這兩部專著大大推動了早期新教在澳門活動的研究，對鴉片戰爭前澳門教育史研究有重要價值。

相關材料還包括馬禮遜與美籍傳教士裨治文合作創辦的 *Chinese Repository*（《中華叢報》）。它不但是一份十九世紀前期的外文期刊（月刊），並且有一段長時間在澳門出版，其內容反映當時澳門的教育狀況。此外，在一九○二年出版的馬禮遜學堂首任校長布朗牧師的傳記，名為 *A maker of the new Orient: Samuel Robbins Brown : pioneer educator in China, America, and Japan: the story of his life and work*，作者是 W. E. Griffis。這些作品對蒐集容閎在澳門馬禮遜學堂以至留美初期的情況，提供了可貴的原始資料。同時，馬禮遜學堂的各個年度報告亦全部收錄於《中華叢報》中，因此，工作組亦正將有關布朗、容閎的資料和馬禮遜學堂的年度報告進行翻譯，以深入了解十九世紀前期的澳門教育事業。再者，馬禮遜長子馬儒翰所編的 *Chinese Commercial Guide* 也保存不少有用的資料。而著名教會史家施其樂（Smith, C. T）的 *Chinese Christians: elites, middlemen, and the Church in Hong Kong* 也是一本關於早期中國基督新教教徒的研究，顯示作者深厚的功力。至於未曾出版的博士論文為數甚多，例如 Patrick, S. 的 *Macao, Manila, Mexico and Madrid: Jusuit Controvrsies over strategies for the Christianization of China, 1580-1600*，便廣泛利用各地文獻以剖析耶穌會在中國的「適應」政策。而 Vikner, D. W. 的 *The Role of*

Christian Missions in the Establishment of Hong Kong's System of Education 也包含早期港澳地區的教育史料。此類專題研究常常利用海外地區的原始檔案資料作個案分析，對有關澳門教育史的研究有很大的參考價值，應盡量加以利用。中、日兩國基督教（包括天主教、基督新教和東正教）發展的著作，較具代表性的有 K. S Latourettte 的 *A History of Christian Missions in China*（Taipei: Cheng Wen Publishing Company, 1970）和 Otis Cray 的 *A History of Christianity in Japan*（Tokyo: Charles E. Tuttle Company, 1976）。

此外，由不同文化學術機構編譯的資料和著作為數亦屬不少，這類外文材料和論著蘊含極有價值的學術資料，對中國學者提供了很大的方便。筆者近年用了不少時間收集了以下一批材料：

1. 澳門文化雜志編：《十六和十七世紀伊比利文學視野裡的中國景觀》（鄭州市：大象出版社，2003年）。
2. 金國平編譯：《西方澳門史料選萃》（廣州市：廣東人民出版社，2005年）。
3. （法）裴化行著，蕭濬華譯：《天主教十六世紀在華傳教誌》（上海市：商務印書館，1936年）。
4. （法）白晉著，馮作民譯：《清康乾兩帝與天主教傳教史》（臺中市：光啟出版社，1966年）。
5. （法）裴化行著，管震湖譯：《利瑪竇神父傳》（北京市：商務印書館，1995年）。
6. （法）老尼克著，錢林森等譯：《一個番鬼在大清國》（濟南市：山東畫報出版社，2004年）。
7. （法）李明著，郭強等譯：《中國近事報導（1687-1692）》（鄭州市：大象出版社，2004年）。

8. （法）杜赫德編，鄭德弟等譯：《耶穌會士中國書簡集：中國回憶錄》（鄭州市：大象出版社，2005年）。

9. （法）涂爾干著，李康譯：《教育思想的演進》（上海市：上海人民出版社，2006年）。

10. （義）利瑪竇著，羅漁譯：《利瑪竇全集》（臺北市：光啟出版社、輔仁大學出版社，1986年），冊1-4。

11. （義）利瑪竇著，芸娸譯《利瑪竇中國書札》（北京市：宗教文化出版社，2006年）。

12. （義）馬國賢著，李天綱譯：《清廷十三年：馬國賢在華回憶錄》（上海市：上海古籍出版社，2004年）。

13. （義）柯毅林著，王志成等譯：《晚明基督論》（成都市：四川人民出版社，1999年）。

14. （羅）米斯列夫著，蔣本良等譯：《中國漫記》（北京市：中華書局，1989年）。

15. （美）馬士著，中國海關史研究中心組、區宗華譯：《東印度公司對華貿易編年史》（廣州市：中山大學出版社，1991）。

16. （美）衛斐列著，顧鈞等譯：《衛三畏生平及書信》（桂林市：廣西師範大學出版社，2004年）。

17. （美）衛三畏著，陳俱譯，陳降校：《中國總論》（上海市：上海古籍出版社，2005年）。

18. （美）施美夫著，溫時幸譯：《五口通商城市游記》（北京市：北京圖書館出版社，2007年）。

19. （美）克魯寧著，思果譯：《利瑪竇傳》（臺北市：啟光出版社，1982年）。

20. （美）勒法格著，高宗魯譯：《中國幼童留美史》（珠海市：珠海出版社，2006年）。

21. （英）博克舍編，何高濟譯：《十六世紀中國南部行紀》（北京市：中華書局，2002年）。

22. （英）湯森著，吳相譯：《馬禮遜——在華傳教士的先驅》（鄭州市：大象出版社，2004年）。

23. （葡）拉莫斯著，范維信譯：《中國葡萄牙——外交關係史》（澳門：澳門文化司署，1998年）。

24. （葡）高德勝注釋：《歐洲第一個赴華使團：托佩萊斯，藥劑師及其〈東方誌〉》（澳門：澳門文化學會，1990年）。

25. （葡）達·克魯著：《中國情況》（澳門：澳門海事博物館，1994年）。

26. （葡）羅理路注釋《澳門尋根》（澳門：澳門海事博物館，1997年）。

27. （葡）羅理路著，陳用儀譯：《澳門歷史指南》（澳門：紀念葡萄牙發現事業澳門地區委員會，1999年）。

28. （葡）徐薩斯著，黃鴻釗等譯：《歷史上的澳門》（澳門：澳門基金會，2001年）。

29. （葡）皮列士著，何高濟譯：《東方志——從紅海到中國》（南京市：江蘇教育出版社，2005年）（按：皮列士或譯作托佩萊斯）。

30. （葡）施白蒂著，小雨、姚京明、金國平、思磊等譯：《澳門編年史》（澳門：澳門基金會，1995-1999年）。

31. （西）曾德昭著，何高濟譯：《大中國志》（上海市：上海古籍出版社，2005年）。

32. （德）萊布尼茨著，（法）梅謙立等譯：《中國近事——為了照亮我們這個時代的歷史》（鄭州市：大象出版社，2005年）。

33. （瑞典）龍思泰，吳義雄等譯：《早期澳門史》（北京市：東方出版社，1997年）。

　　以上書刊頗為龐雜，內容未必均屬澳門教育史範疇，但如能披沙揀金，應對本課題提供相當豐富的材料。例如，龍思泰《早期澳門史》第四章人口內，提到公共教育，他所描述的澳門教育情況，主要講教會的修院和聖保祿學院。書中的補篇內第三章，亦提到中國的科舉制度、學校與書院，並簡單描述他在廣州所見的情況。

（二）外文歷史文獻

　　研究歷史，檔案資料自然至關重要，大量收藏於葡萄牙亞儒達圖書館和澳門檔案館的宗卷，是亟待發掘的材料。最為學者熟悉的是藏於葡萄牙亞儒達圖書館的《耶穌會士在亞洲》，共六十一卷，九千四百六十二項，五萬七千餘頁資料。有關目錄由澳門文化司署等編成《Jusuitas Na Asia: Catalogo E Guia》（澳門：阿儒達圖書館、澳門文化司署，1998年），對促進此批資料的利用幫助很大。此批材料絕大部分為十八世紀中期抄本，主體內容為「十六世紀中葉至十八世紀中葉遠東地區耶穌會士的書信、著作、年報、遊記、通訊、傳記」等，價值極高。[4]

　　除葡文外，西班牙文獻多與十八世紀以前的材料為主，主要是菲律賓與澳門的交往為主。這方面的材料以多達五十五冊的 *The Philippine Islands*，全面反映三百多年西班牙人對菲島統治的文獻。另一方面，西班牙王曾於一五八〇至一六四〇期間統治葡萄牙，故馬德里的檔案館也收藏不少相關材料，亟待整理。

　　梵蒂岡教廷檔案館既為天主教的最重要文獻保存機關，當然也收藏了最大量的耶穌會會士歷年來的通訊和報告。由於海外傳教仍須由教皇作最高的決策，很多來自東方（印度、越南、澳門、北京、日

4　董少新：〈里斯本阿儒達圖書館藏《耶穌會士在亞洲》評介〉，《澳門研究》第30卷（2005年10月），頁197。

本、菲律賓）的書信和文件，都有極高的史料價值。日本學者在這方面做了很多工夫，使大量極難辨讀的手稿譯為日文，對學者提供了很大的方便。例如，日本學者比較關注十六、十七世紀耶穌會會士在日本的傳教工作，他們將分散在歐洲、用拉丁文、西班牙文和葡文資料（大部分屬手稿）加以整理，編輯成日文本（附注釋）的范禮安《東印度巡察記》（平凡社，2005年），《日本巡察記》（平凡社，1985年）等長篇報告。不僅如此，在村上直次郎編譯的《耶穌會士日本通信》（雄松堂，1984年）、《耶穌會日本年報》（雄松堂，1984年）、松田毅一主編的《十六、十七世紀耶穌會日本報告集》（第1期第5卷，1991年；第2期第3卷，1997年；第3期第7卷，1994年，同朋舍）、高瀨弘一郎等編譯的《耶穌會與日本》（東京都：岩波書店，1981-1988年）上、下冊以及東京大學史料編纂所出版的《日本關係海外史料・耶穌會日本書翰集》（東京都：東京大學出版會，1993-2000年）等眾多文獻。此外，高瀨弘一郎《キリシタン時代對外關係の研究》（東京都：吉川弘文館，1994年）和《キリシタン時代の文化と諸相》（東京都：八木書店，2001年）兩書利用日本方面的資料，曾對澳門聖保祿學院的成立、發展及經濟來源等方面作出了深入的分析，值得細究。事實上，一六二三年之前，中國教區一直屬於日本副省管轄，而耶穌會創設的澳門保祿學院長期附於日本教區，並負責其屬下中國教區的諸多傳教事務，其中包括人員派遣、經費調撥與物資供給，並因此設有專門負責此類事宜的管區代表。因為研究澳門早期教育史需要全面利用以上資料，工作組亦開展有關的翻譯工作，近期會先將范禮安《東印度巡察記》和《日本巡察記》兩書譯出，然後再從松田毅一主編的《十六、十七世紀耶穌會日本報告集》三卷十五冊和高瀨弘一郎《キリシタン時代對外關係の研究》、《キリシタン時代の文化と諸相》的內容中選譯與澳門教育史有關的資料。我們的目標是對中外文

獻都充分利用，以突破以往研究的樽頸，即只能利用中文或外文的資料而造成的限制。

（三）澳門歷史檔案

要找尋澳門本地的教育資料，自不能忽略澳門政府的歷史檔案文件。由於澳門發展過程的特殊背景與各種複雜因素，使本地保存了時間長、地域廣而資料豐富的檔案文件。檔案收藏開始於一九二九年，澳葡當局開始意識到日益增多的檔案需要有系統地處理，便由當時的官印局（Macau Imprensa Nacional）出版了 Arquivos de Macau（《澳門檔案》），輯錄了一些具有參考查閱價值的檔案文件，收錄了由一六二二年到一九六四年的澳門檔案，以全文形式編制。

一九五二年六月二十九日政府頒布的第五號法令，為澳門的檔案事業奠基。新設立的「澳門檔案室」直屬於當時澳督管轄的輔政司（Secretaria-General），中央式的檔案管理系統正式建立起來，保存具有歷史價值的檔案文獻。到二十世紀八〇年代，輔政司轄下很多功能部門，因應社會需要而獨立出來。一九七九年，教育部在重組時，總檔案室便劃歸其管轄，並改名為歷史檔案館。這次改組的法律條文，最大的變化是檔案館不僅收藏有關澳門的歷史文獻，連葡萄牙人在東方的歷史亦包括在內，大大開闊了檔案館的發展領域。到一九八六年，檔案館撥歸澳門文化司署（現稱文化局）轄下。一九八九年，館舍落成並運作至今，其中包括檔案部、檔案修復部、縮微拍攝部及讀者服務部，使澳門的歷史檔案機構形成了系統管理。[5]

與澳門教育史關係最密切的，一是澳門教育廳，一是澳門民政廳。教育廳的歷史檔案由一八七一年到一九八三年，存有四千一百八十九卷，是研究澳門各時期的教育情況，極具參加價值的資料。澳門

---

5 參看澳門歷史檔案館網頁，網址為（http://www.icm.gov.mo/ah/c_ah.htm.）。

民政廳的歷史檔案從一七三四年到一九八二年，共有兩萬九千四百一十九案卷，是數量最豐富的公共檔案。民政廳是政府各功能部門的前身，其雛形為澳督總秘書角色。一七三四年三月二十四日，通過了關於澳門總督設立負責管理登記各項命令的秘書處，取名為政府總秘書處。直到一八七五年三月二十七日，政府頒布訓令（PTP1875.3.24）批准成立，官方名稱為「Secretaria do Governo de Provinvia de Macau e Timor」即「澳門和帝汶省總督秘書處」，處理澳門的行政事務。從民政廳收錄各類型的檔案中，可以看到澳門政府形成的模式。當時民政廳處理的行政事務有澳門的教育、衛生、工程、外務等等。因此，研究澳門教育史，這部門的資料亦不能忽視。[6]

（四）澳門天主教檔案與文獻

一五九四年，由於義大利籍傳教士利瑪竇（Mattaeus Ricci 1552-1610）成功進入中國傳教的經驗，耶穌會決定把學塾升格為高等學府，成立了聖保祿學院，培養準備進入中國、日本、越南等地傳教的神職人員。學院沿用耶穌會在歐洲的教育方式，並規定漢語為必修課程，先後有數百名傳教士在此接受教育，使澳門成為東西文化交流的橋樑。澳門被稱為「東方梵蒂崗」，聖保祿學院成為遠東最早「西式大學」之一，亦是澳門教育的第一功。雖然天主教在澳門教育從一七六二至一八六二年一度式微，但到一九二五年又恢復過來[7]。故此，研究澳門教育史，必定涉及西方在遠東地區的宗教教育，教會檔案便成為一個重要的寶庫。

---

6 參看澳門歷史檔案館網頁，網址為（http://www.icm.gov.mo/ah/c_ah.htm.）。

7 鄧開頌、黃鴻釗、吳志良、陸曉敏主編：《澳門歷史新說》（石家莊市：花山文藝出版社，2000年），頁808、810；萬明：《中葡早期關係史》（北京市：社會科學文獻出版，2001年），頁172。

　　自從一五七六年澳門教區轄區成立後，曾管轄著中國、朝鮮、日本、越南、老撾、暹羅、馬來西亞的天主教會。藏於主教府的澳門主教轄區檔案可追溯到一七一七年。其中內容包括大量原始記錄及每個屬下教會之間的公函及所有教徒的出生、洗禮、結婚及死亡等資料。由於早期澳門未設有正式領使，也沒有如現時身分證的正規個人資料檔案，所以，這些資料當時被視為法律的依據，如財產繼承權的享有、婚姻的證明等等。另外，由於澳門自十六世紀即成為天主教在遠東的傳播中心，亦是遠東交通和交流的中心，因此吸納了其他地方的教徒將個人資料在澳門備案，而且具有權威性，被澳門政府認可為官式檔案。

　　一九八〇年，澳門政府徵求教會意見，將這些檔案資料全部複印製作為微縮菲林存於澳門歷史檔案館及政府有關部門。澳門政府更頒布法令，這些資料被確認為官方檔案，直至一九八五年前的檔案仍在此列之內。澳門主教府的檔案部，成為我們考究歷史上在澳門登記受禮的人士資料的參考工具。其潛在使用價值令澳門天主教活動在不知不覺中產生了重大的社會功效。

　　天主教活動所產生的文獻能得以保存至今未被遺忘與散失，它們的存在價值應是得到利用和傳播，而非僅是儲存。澳門最具代表及藏量最多的幾家天主教組織圖書館，文獻資源甚為豐富，當中大部分十八至十九世紀的文獻仍保存至今，惟十七世紀及以前的文獻寥若晨星。目前發現最早期的文獻為一五七八年及一六〇二年出版的西方古籍。澳門所收集和保存的西方宗教古籍是亞洲最豐富的，雖然其中一部分尚無編目，並已塵封數百年及破損得亟待修補，然而對於研究澳門問題、研究文獻的學者來說，這些古籍的重要性自當不容忽視。

澳門天主教活動產生文獻資源統計[8]

文獻主題	類型	%	總數	圖書館				
				主教府	耶穌會	聖若瑟修院	利氏學社	高德華
全總數	總計	100.00	77134	17400	11490	15978	6786	25480
	外文	66.62	51387	8720	10371	9950	3166	19180
	中文	33.38	25747	8680	1119	6028	3620	6300

三　澳門教育史外文文獻整理的框架

　　為了全面收集、整理和編輯關於澳門教育史的文獻，我們已制訂較為龐大的五年計劃。對於往哲前賢對澳門教育史的相關研究，我們會先蒐集材料，建立澳門教育文獻資料庫。收集與澳門教育史研究相關的資料——包括本地、中、港、臺及海外的，進行跨國資料搜索工作。本院同仁從官方（包括教區關於澳門學校的年報、外交文件、外國團體學者的觀察報告等）與民間（幫助學校整理校史、民間保存的畢業證及照片等）兩方面蒐集本澳教育史資料，這可更完整地反映澳門教育面貌。至於外文資料的收集，我們根據澳門的實際情形，擬規劃如下：

（一）資料種類與形式

1. 文獻
　　（1）文獻文件原本
　　（2）文獻文件抄本、影本
2. 數位資料

8　楊開荊：《澳門特色文獻資源研究》（北京市：北京大學出版社，2003年），頁45。

3. 圖片、影片、錄影帶、錄音帶
4. 實物

（二）外文檔案

外文檔案資料收集地點預計包括：

A. 澳門歷史檔案館和相關專業圖書館
B. 香港大學藏英國／美國／葡國領事檔案（膠卷）
C. 英國倫敦大學圖書館
D. 葡國阿儒達圖書館檔案
E. 義大利梵蒂崗檔案館
F. 日本上智大學圖書館檔案

（三）蒐集時間範圍：從明清至現代

時期	文獻			教育人物
	官方		民間	
明清	澳葡案檔、憲報	各國領事報告	耶穌會資料、多明我會資料、馬禮遜資料、郭士立資料、裨治文資料、馬儒翰資料、倫敦傳道會、中華叢報、廣州紀錄報等	范禮安、利瑪竇、湯若望、馬禮遜、米憐、裨治文、布朗、理雅各、衛三畏等
現代一九一二至二〇〇八年	葡官方檔案、特區政府檔案	官立葡文學校（如：利宵中學、高美士中學）檔案、校刊	傳記、照片、教材、報紙	高美士、文德泉、施綺蓮等

以上歷史時期是暫定的，隨著不斷蒐集資料和深入研究，我們對這種分期或會有新的看法。

四 工作方向與預計成果

自一九九九年澳門回歸中國，成為中國特區之後，澳門社會經濟發展，穩步向前。近年，澳門賭權開放以及成功申報世界遺產，澳門地位更受到外界注目。這樣一來，有關澳門的研究再受到本地和外界的關注，而且不像以往般侷限在政治上，其他如社會文化方面的研究亦日漸增多，故此，教育史的研究將會有很大的發展空間。總括來說，在充分利用外文文獻的條件下，澳門教育史研究可以向以下五個方面進一步發展：（一）翻譯；（二）評介不同時期澳門文獻中的教育資料；（三）比較研究；（四）工具書的編制和（五）資料綴補、文物徵集、口述歷史等。

目前，我們計劃利用蒐集得來的外文文獻，會就兩個方面來處理所集合的資料，其相關之出版計劃如下：

甲、關於澳門教育的文獻

1. 《澳門教育史資料選輯（一）》，收錄十六至十八世紀中外文獻，約五十萬字

2. 《澳門教育史資料選輯（二）》，收錄十九世紀中外文獻，約五十萬字

3. 《澳門教育史資料選輯（三）》，收錄二十世紀中外文獻，約五十萬字

（注：每冊約收中譯外文二十至三十萬字）

乙、關於澳門學校校史

1.《中國第一所新式學校：馬禮遜學堂》，約二十萬字

2.《澳門學校校史（一）》，約二十萬字

3.《澳門學校校史（二）》，約二十萬字

（注：每冊約收中譯外文六至十萬字）

以上兩類文獻總計六種，約兩百萬字，計劃以《澳門教育史叢刊》形式陸續整理出版。

五　小結

　　澳門教育史資料的收集整理，是一項十分艱鉅的工作。前人的成果雖已為本課題奠下一定的基礎，但由於本課題的特殊性和資料的分散，要全面利用有關材料是極其困難的。舉例來說，澳門十六至十七世紀教育工作均由教會主持，當時文獻基本上是手稿，在鑑別上實際十分困難。同時，它不但屬古文獻性質，並以葡文、拉丁文、義大利文、西班牙文撰寫，分別藏於里斯本、馬德里和梵蒂崗等檔案室。雖然，日本學者已花費很大的氣力將部分重要文獻譯成日文，對有關研究提供不少的方便，但與整個文獻的總量相比，已經譯出的材料仍屬很少部分。此外，即使是現當代的資料，散佚的情況亦十分嚴重。例如，二十世紀大部分已經停辦的澳門學校的資料，大部分均已佚失，無從補充。而繼續發展的學校，對保存歷史資料也欠缺周詳計劃，往往任其流失。

　　因此，本組同仁嘗試從不同領域和渠道收集、整理、保存有關材料，並計劃將有關資料電子化，以便保存和利用。當然，這項艱鉅的工作並非我們少數成員能夠單獨完成，它需要本澳學校、檔案館、圖書館、文獻收藏單位和國內外專家學者的多方協助與合作，才有可能

完成有關的任務。但是，我們確信本計劃極具學術意義，因此，我們
定必全力以赴，為澳門教育事業貢獻出我們微薄的力量。

《馬禮遜教育會年度報告》的
史料價值：以馬禮遜學堂為例

　　近代中外文化交流的第一個聚焦點是在廣州。自十八世紀中葉以後，廣州成為中外通商的唯一港口，而澳門位於珠三角的西部前端，遂成為近代早期華洋接觸的最前線。到了鴉片戰爭前夕，中外文化交流在教育方面出現了新的契機。由於首位來華的新教牧師馬禮遜的不幸逝世，導致「馬禮遜教育會」在廣州成立。該會以弘揚馬禮遜牧師的教育工作為己任，致力培養能夠溝通中外的年青華人為目標。

　　以居於廣州和澳門的英、美僑民為基礎，「馬禮遜教育會」在裨治文牧師的推動下積極地展開工作。除了對一些相同性質的辦學團體施以財政援助外，並在澳門籌辦中國第一所新式學堂：馬禮遜學堂。這所學堂不但注重引入近代西方教育，也對傳統中式教育加以積極改良，期望能培養出兼通中西文化的中國青年。

　　與中國傳統的地方辦學機構不同，「馬禮遜教育會」在推動有關工作時，曾保留大量極具史料價值的「年度報告」。這些報告絕大部分均收錄於由裨治文牧師主持的《中國叢報》（ The Chinese Repository，或譯作《中華叢報》）。它是馬禮遜學堂的原始紀錄，對晚清教育史研究有很高的文獻價值。首先，它記錄了馬禮遜教育會的籌辦經過和辦學宗旨，其中還包括對中國教育和東南亞地區的華人教育的調查報告。其次，它記錄了中國第一所新式學堂：馬禮遜學堂的全部經過，包括籌務經費、遴選教學人員、招收學生、搬遷學校、發

展重點和學校停辦等各階段的資料。更重要的是，它保留了馬禮遜學堂的教學安排和學生表現等珍貴資料，是一批反映十九世紀前期中外文化交流的真實紀錄。

一　馬禮遜教育會的產生

　　一八三四年八月，由於第一位來華的基督新教傳教士馬禮遜牧師的突然離世，居於廣州的外僑，包括外國商人和傳教士在美部會裨治文牧師的推動下，籌組了馬禮遜教育會，力求完成馬氏未竟之志。為了改良當時的傳統中國教育的一些缺點，他們努力引進新式教育，以培養兼具中西文化、理解基督教義的通才為己任。馬禮遜學堂的歷史雖然並不十分長久，但在十九世紀中葉以前實際上屬於最成功的新式學堂，為中國近代教育史締造一段光輝的歷史。無論從時間、規模、辦學成效和影響等方面，對日後中國教育的發展均產生積極的影響。

　　《馬禮遜教育會年度報告》均收錄於裨治文主編的《中國叢報》，全部共有九次（包括第一至八次和第十次年度報告；第九次年度報告缺載）。這是馬禮遜學堂最重要的原始紀錄，由「澳門教育史資料庫」翻譯小組譯出，並由筆者加以校訂[1]，期望能為十九世紀中國教育史提供一份有價值的史料。

　　本文以三個部分來說明《馬禮遜教育會年度報告》的史料價值：（一）馬禮遜教育會的創立和前期工作；（二）馬禮遜學堂的早期收生情況；（三）馬禮遜學堂的課程設置。由於《馬禮遜教育會年度報告，1836-1849》的內容主要圍繞教育會所籌辦的中國第一所新式學

1　《馬禮遜教育會年度報告》的中文譯本，已附錄於拙著：《中國第一所新式學堂——馬禮遜學堂》（北京市：中國社會科學出版社，2012年），頁125-300。

堂——馬禮遜學堂[2]，它的史料價值和意義值得重視。

馬禮遜學堂的籌辦，正值在中英衝突的嚴峻氛圍下，在一八三九年十一月四日建立於澳門，並於不平等的南京條約簽訂後遷往香港。開始階段，學堂發展頗為順利，然而由於它是以英、美在廣州居住的商人和傳教士所組成的馬禮遜教育會所舉辦的一所學堂，隨著五口通商、經始人員相繼離散的局面下，馬禮遜學堂終於在一八四九年春季停止運作，大部分學員被轉移到其他院校。然而，馬禮孫教育會並不是立即解散。它仍以不同的方法試圖為中國教育的改進繼續發揮作用。只是到了十九世紀六〇年代中期，由於管理「馬禮遜基金」（The Morrison Fund）因經辦的寶順洋行（Dent & Co.）在金融風潮中破產，終於於導致教育會停止運作。回顧這段中西文化激烈碰擊的歷史，將有助於加深了解中國教育現代化的艱辛過程。

從歷史的視角來看，馬禮遜學堂曾經扮演一個非常獨特的角色，包括：

（1）傳統中國教育的結束，與西式學堂的傳入有很密切的因果關係；

（2）從班級分設、課程目標、教學內容、教學方法等眾多現代教育領域的引入，或多或少都與馬禮遜學堂有著源流變化的關係；

（3）晚清廢科舉、興學堂的風氣，源自馬禮遜學堂，再由傳教士在新開商埠或全國不同地域陸續舉辦，其規模雖少，但涓涓細流，終成江河。

這一切的變化，都對今天的學校制度，似乎仍保留著千絲萬縷、錯綜複雜的關係。以現代中小學教育為例，中國開始實行分班、分學年授

2　The Morrison School 是這所學堂的名字。因此，譯名根據晚清的情況有稱為「馬禮遜學堂」。然而，本書為行文之便，或摘錄其他著作時，也會以「馬禮遜學校」、「馬禮遜書院」作為名稱。而對於 The Morrison Education Society（MES），本文譯作「馬禮遜教育會」。

課，課程目標以適應近代工商業社會對人材的需求，而非單一地面對千百年來通過科舉考試出仕做官的唯一目的。此外，現代科學知識的培養，以至對品德和正確價值觀的樹立，馬禮遜學堂都有承先啟後的重要作用。

二　馬禮遜教育會的創立和前期工作

（一）馬禮遜教育會的創立

馬禮遜在華的二十七年中，不斷面對東印度公司、澳門天主教和中國政府的多重打壓。他獨自在廣州和澳門履行其傳教任務達二十三年之久。他的突然離世讓同時代人的無限惋息，結果導致「馬禮遜教育會」的創立，以延續其所開創的事業。一八三四年八月一日馬氏逝世後，馬儒翰、裨治文等護送其靈柩返回澳門東印度公司墳場安葬。

馬禮遜的墓碑是由英國著名畫家錢納利設計，碑文寫下了以下的說話：「（馬氏等）所做的工作將由後人繼續做下去」。朋友們為了紀念他的貢獻，即席捐輸約兩千英鎊，並在一八三五年一月籌組馬禮遜教育會。一八三六年九月二十八日，馬禮遜教育會在廣州舉行成立大會，並陸續募集到四千八百六十鎊開辦經費。最後，大會選出了顛地（Lancelot Dent）、霍士（Charles Fox）、渣甸（William Jardine，或譯作查頓）、裨治文和馬儒翰等五人為委員會成員，並由顛地擔任主席。[3] 有了這個機構，馬氏改良中國教育的願望得以延續下來。

3　第一次會議紀錄收於《中國叢報》1836年12月號；參看夏泉：《明清基督教教會教育與粵港澳社會》（廣州市：廣東人民出版社，2007年），頁205。

（二）前期工作

1 調查華人子弟的求學狀況

在馬禮遜教育會籌辦之初，便設立了由裨治文主持的臨時委員會。委員會為了能夠「對要做的工作樹立正確的概念」，十分「希望盡可能早的了解中國人教育的真實情況，不論在國內還是國外」。[4]因此，裨治文對傳統中國教育，包括女子教育和童蒙教育做了深入的調查研究。他首先在《中國叢報》連續發表了兩篇詳細的報告，第一篇以改良中國教育、啟導中國青年對科學和福音的了解，並確切掌握英語為主題。[5]第二篇集中檢討傳統教育的利弊，以便為未來工作尋求可供利用的經驗。[6]兩篇文章與馬禮遜教育會的發展有很大的指導作用。

其中，裨治文在《中國叢報》一八三五年四月號發表了題為〈傳教工作在中國〉的文章。他指出傳教事業需從不同方面入手，「採取適當手段推廣福音的傳播，包括（i）講道；（ii）學校；（iii）報紙；（iv）慈善事業。」其中，第二項與教育的關係最密切。裨治文在文中說：「建立學校，讓本地的年青人受訓練。」他首先指出：「中國政治由孔子及其追隨者所奠定，視孝道為教育的主要目標。」而中國教育的問題嚴重，而此與中國文字的特點有關。中國的基礎教育的弱點是「範圍十分狹窄。讀寫訓練花費學生數年的學書時間，故對藝術與科學均欠缺認識。當他們熟練本國語文後，他們已算是達到學問的頂峰。」裨治文認為「漢語的異常困難導致中國教育的緩慢進步。學童需使用多年的時間才能對中國文字的形、音、義有所了解。當他們有

---

4 馬禮遜教育會第一次年度報告（以下簡稱〈第一次年度報告〉，收於《中國叢報》第5卷，頁232。

5 《中國叢報》1835年4月號，題為〈傳教工作在中國〉。

6 1835年5月號，題為〈中國人的教育〉（*Education among the Chinese*），頁1-10。

了一些進步，仍會遇到不少困難，如錯誤地視經典為最高智慧的終極，而不再最求更高水平的學問，從而反映其教育的極端缺陷。」據其他資料顯示，一般學童的入學時間較短，平均不多於兩年。只有很少數有較好經濟條件的家長會安排聰慧的子弟從事科舉考試。」據裨治文的分析，「假如能用一些基礎的教材以取代經典（按：指三字經、千字文、四書和五經等經典），如同南洋地區的新教學校，以及採用較佳的識字課本來熟習中國文字，以便學童易於記憶，則除讀寫之外，應可學習更多的東西。」面對著中國社會的強大的保守性，他謹慎地作出以下的結論：「由於對傳統典籍的偏愛已屬根深蒂固，在改變開始的時候便採用新的模式也是魯莽的。因此，在開始的時候，有關基督的書籍只適宜與本地作品一起閱讀，而一些鐘點也可留給口頭講解，日常的程序則必須遵守。」

故此，裨治文最初擬訂的方向是較高程度的年青人。他解釋說：「初級學校並不是我們的目標，而鄉村學校亦廣泛分佈於全國每個角落，扮演著有關工作。我們盡力的方向宜以已具備初階知識、並已掌握一定語文能力的青年為對象。學校程度應屬中級，主要教授宗教和科學方面的基本知識。因此，地理、歷史、物理等課程是合適的，也是應被推薦的。當學生有了知識作為武器，偏見將被理性取代。」此外，鑒於中國青年學習外語有多方面的好處，不但能讓他們更好了解西方文化和基督精神，並作為前輩為「他們的中國同胞講授英語。」[7]然而，這方面的進度並不理想，原因是中國人對英文文法的

---

7 關於中國青年掌握英語的好處，一八三六年九月會議後的宣傳小冊子也有相同的說法（裨治文說："As a knowledge of the Chinese language has been of great advantage to foreigners, so an acquaintance with the English will be equal or greater advantage to the people of this empire… the native youth shall be taught, in connection with their own, to read and write the English language; and through his medium, to bring within their reach

學習極感困難。他慨嘆說：「對中國人講解英文基本文法是異常艱鉅的工作。但是，如他們不能完全掌握其要點——這是精熟外國語文的關鍵——則用處是很微少的。他們能夠迅速記住大量事實，使用零碎的字詞來表達其一知半解的知識，但卻不易明白抽象的觀念，和掌握外國的熟語。他們對外國文學深存偏見，總認為本國文學的價值遠較外國的為高。雖然如此，我們並不視之為不可克服的困難。」

此外，他發現身處內地的中國女子在教育上「極受忽視」。相反地，一些傳教士在「檳城和麻六甲開辦女子學校，卻正處於興盛的狀況」。因此，裨治文表示必須「讓這個國家能夠建設立女子學校，並期望獲得上帝的幫助」，才可以在中國成功推展福音傳播的工作。[8]

在一八三六年底，馬禮遜教育會認為需要採取以下措施來了解中國和東南亞地區華人的教育的狀況，包括調查上述地區的人口數量、開始入學年齡、在學時間、教學方法、學費和課本等各種與教育有密切關係的資訊。正如在馬禮遜教育會第一份報告中表示：「我們希望盡可能早的了解中國人教育的真實情況，不論在國內還是國外，使我們對要做的工作樹立正確的概念。……我們現在最關注的是初等教育。」[9]

當時，整個東南亞居住了很多的青少年華人，因此成為臨時委員會調查中國教育的重要渠道。調查範圍包括馬尼拉（Manila）、巴達維亞（Batavia）、檳城（Pinang）、麻六甲（Malacca）、新加坡（Singapore）和曼谷（Bangkok）等居住較多中國青年的城市，了解

---

all the varied learning of the western world." 見《中國叢報》1836年9月號，頁374）。
因此，英語教育也自然成為日後馬禮遜學堂的主要學科。

8　以上引文為筆者中譯。

9　〈第一次年度報告〉，《中國叢報》第5卷（1836年9月）。

這裡中國人的學習狀況。[10]

2 選聘合適教員

　　為了推展在中國的教育工作，馬禮遜教育會積極籌辦一所以英語為教學媒介的新式學堂，並輔以中文教學，以配合中國的實際情況。為此，裨治文在一八三六年十二月的報告中指出，臨時委員會正盡快從美國遴選一位年輕、富活力、熟悉教育並以之為終身事業的導師。[11]他們全權委託耶魯大學組成遴選委員會。

　　臨時委員會表示「希望聘請到一位能夠馬上來中國並全心全意投身於教育事業的年輕人……向他提供住宿及教育會工作中所需的一切方便。這位老師到達後，他將開始學習中文，這將在接下來的四到五年內成為他投入精力的主要方面，再之後的近四到五年裡中文的學習還將佔據他大量時間。另外不久後可能立即分派少量的學生給他。」由此可見，臨時委員會的目光十分遠大，期望他們的教師最後能以熟練中文，並「能夠用中文口頭教授課程，並用同樣的語言編寫基礎課程的教材，因為這樣的教材還從未編寫過。」[12]同時，為了達成上述目標，他們決定最初數年，新聘老師來華只需「分派少量的學生給他」，以便騰出時間來學習中文。

　　另一個能夠反映臨時委員會的方向是培育中國籍的青年當教師。第一次年度報告曾追述他們的設想：

---

10 是次調查較為全面，範圍包括廣東全省和東南亞一些較多華人居民的城市。詳細的調查內容可參看拙著《中國第一所新式學堂——馬禮遜學堂》（北京市：中國社會科學出版社，2012年），頁30-37。

11 《中國叢報》第5卷，頁378。

12 〈第一次年度報告〉，頁229。

為了實現教育會的計劃，教育會還將培養一批中國老師。這項
工作十分困難，但也十分重要……如果沒有這樣的幫助，我們
不論在擴大還是改善中國教育方面，都很難取得進步。[13]

事實上，教育會早期的困難主要是當時未能立刻選聘合適的老
師。不幸的是，遴選工作在一年後仍未有任何結果。[14]因此，臨時委
員會在馬禮遜教育會在一八三六年九月舉行成立大會時，有委員表示
籌備工作並不順利，「教育會已招來非議，因為所做的工作沒有帶來
立竿見影的成果。」[15]直至一八三八年十月四日，耶魯大學畢業生，
正在紐約聾啞學校任教的布朗先生（Samuel Robbins Brown）最終被
遴選委員會敦聘為馬禮遜學校的教員。他隨即帶同新婚夫人一起啟程
前往中國，並於一八三九年二月抵達澳門。[16]布朗牧師在裨治文和衛
三畏等的協助下，一方面學習中文，另一方面積極籌辦學校。到了一
八三九年十一月四日，布朗校長宣佈馬禮遜學堂正式開學。[17]

3 資助部分學童的學習費用

一八三六年底，馬禮遜教育會認為需要立即開展工作，其中包括

---

13 〈第一次年度報告〉，頁230。
14 〈第一次年度報告〉，頁230。
15 〈第一次年度報告〉，頁242。
16 由於需乘搭在十月十六日起航的馬禮遜號，一切安排得非常匆忙。布朗夫婦在十月
十日婚，情況與他的前輩裨治文相同，也是當時海外傳教的習慣做法。在一同前往
的人，有船東奧立芬先生和大衛亞庇牧師。經過一百二十五天的海上旅程，他們繞
過好望角，在一八三九年二月十九日抵達澳門，詳見 William Elliot Griffis, *A Maker
of The New Orient: Samuel Robbins Brown, Pioneer Education in China, America, and
Japan. The Story of his Life and Work,* (MI: Fleming H. Revell Company, 1903), pp. 61-
65、p. 69。
17 參見李志剛：《容閎與近代中國》（臺北市：正中書局，1981年），頁40、46。

採取以下措施來協助中國青年接受新式教育，特別是年幼學童。臨時委員會成立不久，便對合適的青年加以資助。第一份年報指出：「目前，五名學生正在接受教育會的援助。其中四名正在學習中文和英文兩種語言；另外一名六歲的孩子今年還停留在中文的基礎學習階段。如果教育會沒有為他們提供教育機會，這名學生，連同另外一個男孩或許永遠沒有這樣的機會。」[18]他們之中包括一個曾經是個乞丐的孩子。他被家人拋棄後，在大街上遊蕩，吃不飽，穿不暖，無依無靠，並逐漸變得虛弱。[19]教育會極感惋惜地指出：「在中國這樣的孩子不在少數。除非得到慈善團體的援助，否則他們必須在知識貧乏中成長，或者，在大多數情況下，他們逐漸憔悴而在成年前夭折。」[20]此外，培養這些學童也可能成為未來的華人教員。對這些受資助的學童，「委員們希望他們繼續一段時間的學業，直到他們做好準備承擔生活的重任。我們希望看到他們不僅養成了刻苦的好習慣，還學會了勤奮努力，自力更生。如果可能，我們將聘用他們作老師，這樣他們既可以養活自己又可以幫助他人。」[21]

除了直接資助學童外，教育會也贊助澳門一所由郭士立夫人創立女子私塾。〈馬禮遜教育會第一次年度報告〉指出：

教育會已經用基金對郭士立（Gutzlaff，又譯作郭實臘）夫人在澳門找到的幾名孩子進行了支援……我們幾天前收到了一份報告，上面說，學校裡共有二十位學生。他們接受同樣的教育，幾乎相同的課程。孩子們參加初級的英語學校，接受中國

18　〈第一次年度報告〉，頁231。
19　〈第一次年度報告〉，頁231。
20　〈第一次年度報告〉，頁231。
21　〈第一次年度報告〉，頁231。

老師每天額外的中文閱讀和寫作課程，英文寫作課則是由葡萄
牙的一位專家來教授的。[22]

〈第一次年度報告〉繼續說：

這所學校開始於一八三五年九月三十日，共有十二名女學生和
兩名男學生，由女子協會[23]捐助，這個組織的目的在於促進印
度和東方女童接受更好的教育。學生數量在十五至二十五不
等，也有可能更多，平均可達二十人。學校為他們提供食宿等
條件。學校的辦學模式，尤其在選拔學生方面，並不像委員們
所希望的那樣；但應該說，郭士立夫人遇到了很多困難；她都
一一解決，堅持了下來，我們相信更多的經驗能夠進一步修改
和提高教育體系，不枉費教育會對他們的支持，因為教育會的
目標之一就是像同類機構提供支援。[24]

4 籌備設立公共圖書館

在一八三五年六月《中華叢報》上登載了一封郭雷樞醫生（Dr. T.
R. Colledge）的信件，表示建議將解散後東印度公司附屬圖書館遺下

---

22 根據 *History of the Society for Promoting Female Education in the East*（London: Biblio
Life Reproduction, 1847），頁33一書的報導，Theodosia Barker 女士在通過實習和試
用階段並掌握了一定程度的中文後，被派往郭士立夫人在澳門的學校。報告書中提
及的英文教員可能便是這位女士。

23 關於這個組織，其實是與裨治文一起來華的雅裨理牧師（Rev. David Abeel）推動之
下成立的，有關文件見 *History of the Society for Promoting Female Education in the
East* 附件甲〈An Appeal To Christian Ladies in Behalf Of Female Education In China
And The Adjacent Countries〉，頁260-265。

24 〈第一次年度報告〉，頁231-232。

的全部共八百冊圖書送給馬禮遜教育會作為建立中國首間公開圖書館之藏書。[25]馬禮遜教育會成立圖書館的意義極其深遠。它代表著籌備人員長遠的目光，對公眾獲得良好知識的重視。由於獲得不少的支持，因此，到了一八三六年九月教育會成式成立的時候，它的藏書量已增至一千五百冊。

在〈第一次年度報告〉中，裨治文介紹了圖書收藏的情況。報告說：

圖書館今年收到了大量書籍。這些新添書目被放置在合適的房間裡；圖書目錄一經列印，將馬上開始實施向公眾開放的管理辦法。圖書館的管理規則以及向公眾開放的條件將附帶在圖書目錄後面。

圖書館現有的兩千三百一十卷圖書均為向教育會的捐贈。郭雷樞先生率先做出榜樣，後來李維斯先生也加入了他的行列，這兩位先生均為圖書館提供了大量書籍，這些書籍都來自尊敬的東印度公司工廠的員工。其他捐贈人包括顛地先生，福克斯先生，布蘭奇先生，馬儒翰先生，莫勒先生，英尼斯先生，基廷先生和麥都斯牧師，史蒂文先生和裨治文先生。

書籍的組成可以通過檢索了解，在館內或從目錄中了解。圖書館已經接收了如此慷慨的捐助，我們相信其館藏還將繼續增加，尤其是關於中國的圖書以及可作參考文獻的規範化圖書。[26]

以當時的標準而論，馬禮遜學堂所附設的圖書館，其收藏量已算豐富。同時，圖書館除了馬禮遜學堂的師生使用，更會對外開放。這

25　《中國叢報》1835年6月號，頁97-98。
26　〈第一次年度報告〉，頁241。

種安排，在近代中西文化交流上，在西方科學知識的傳播上，對馬禮遜教育會的社會聲望上，均產生重要作用。[27]

5 規劃教育會的章則

為了讓教育會能盡快進入發展常規，裨治文在一八三六年九月會議前已擬就了〈馬禮遜教育協會章則〉，並在會議中宣讀，並在一八三六年十一月九日正式公佈。

有關內容可客觀說明其辦學精神，具有特殊的意義，詳細條文如下：

第一條：本組織定名為馬禮遜教育協會。

第二條：本會是以學校或其他方法促進或改善在中國之教育為目的。

第三條：凡一次捐贈不少於二十五元，或每月認捐不少於十元者得為會員，在大會時有表決權。如因事未能出席，須得會議准許方得委予他人代理表決事宜。如有特別事故，以書面提出者，須隨會議公報一併提出，以便討論。

第四條：基金會是以捐獻、贈予及其他方法籌募，惟須由董事會處理之。

第五條：協會事務由董事會全權處理。五人董事須居於中國。董事之選舉乃在每年九月最後禮拜三之會，以不記名投票選出之。

第六條：董事會主席一人；副主席一人；財務一人；秘書一人；書記一人。

第七條：董事會定二、四、六、八月之第三禮拜三召開會議，商討會務。惟須三人出席方得成會。

---

27 按：這批圖書九在一八四九年後仍繼續對公眾開放，最後轉贈給港大圖書館，至今仍繼續供學者使用。

第八條：董事會主席職責，乃主持協會大會及董事會之會議，及執行
　　　　協會有關之職務。

第九條：董事會副主席之職責，於主席缺席時，乃代主席主持會議，
　　　　如正副主席缺席時，得由財務處理之。

第十條：董事會財務之職責，保管協會錢銀處理日用開支，每年年會
　　　　均須提出收支及所存基金之報告。有關財務之賬目，每年於
　　　　年會中均須選出專人以作稽核。

第十一條：董事會秘書之職責，乃處理協會一般事務，履行董事會之
　　　　　決議及指導，其工作應包括協會之來往書信，招收學生，聘
　　　　　任教員；選用課本等。此外有關協會之文件均須保管。年會
　　　　　報告，須得董事會決議後方得提出年會及正式公佈。

第十二條：董事會書記之職責，專司協會年會及董事會會議之記錄，
　　　　　協助秘書招收學生，聘任教師，選用課本及預備年會報告等
　　　　　工作。

第十三條：本章則有未善之處須予修正或增訂者得於協會大會議決。
　　　　　惟有關修正或增訂之建議乃須早於一月前書面提交董事會，
　　　　　獲董事會一致通過後方得提出大會議決；如未獲通過亦無須
　　　　　延至下屆年會會期討論，可另行召開大會商討。凡屬修正或
　　　　　增訂之建議須得超過出席大會之三分之二會員通過，方得接
　　　　　納。[28]

　　伯駕醫生在第一次周年大會中明確肯定：「教育會的目標很遠
大。基礎就一定要夠深夠廣，來支撐所要建立的上層結構；深謀遠

---

28 《中國叢報》1836年9月號，頁375-376。此外，尚有〈（辦學）附則〉，對教師、教
　材、學生行為等也作出了指引和規定。

慮、辛苦勞累和足夠的耐心是必不可少的。打下廣闊的根基，你們將為海外的知識份子和慈善家帶去信心，也可從他們中間爭取合作。」[29]

三 馬禮遜學堂早期收生情況

當布朗校長在一八三九年二月抵達澳門時，中英關係正處於嚴峻局面。布朗夫婦隨即前往廣州，與馬禮遜教育會的主席顛地和秘書裨治文懇談，深受教育會同仁的讚許。在來華初期，布朗校長需要立刻學習中文，並探究中國的教育情況。

一八三九年五月，郭士立夫人的學塾被迫結束。因此，原有的校舍終於租給馬禮遜教育會。有了這個新會址，布朗校長夫婦便入住在這所小洋房中，而學堂亦在上址營辦。這倒也因利乘便，學塾的部分設施自然得以繼續使用。到了一八三九年十一月四日，在澳門大三巴旁、馬禮遜教育會的會址上，布朗校宣佈馬禮遜學堂正式開學。關於馬禮遜學堂的校址，歷來均欠缺清楚的記載。根據布朗校長的傳記稱：馬禮遜學堂「在澳門一所葡式大屋，面積一百一十乘六十英尺，前由郭士立夫婦所使用，現租作住所（按：即布朗夫婦的居所）和學校。這裡很接近賈梅士洞（按：賈梅士洞在澳門白鴿巢公園內，距馬禮遜墓地僅一箭之遙）。[30]」由於校舍規模和教師人手的侷限，第一批學員人數較少。

學堂開辦初期只有一個班，共有六名學生。詳細資料見下表：

---

29 〈第一次年度報告〉，頁243。

30 引文見 William Elliot Griffis, *A Maker of The New Orient,Samuel Robbins Brown : Pioneer Educator in China, America, and Japan. The Story of his Life and Work* (MI: Fleming H. Revell Company, 1903), p.71。

第一批學生名錄　一八三九年十一月四日入學　共六名

英文名稱	中文譯名	入學年齡	籍貫	離校時間	離校原因	備註
Aling	亞靈	16	澳門	1840年10月12日	品性劣，開除	
Atsuek	亞焯	14	汕頭	1840年8月19日	由父領回	1842年6月1日復學
Ahop	亞合	12	前山	1840年2月10日	頑劣，開除	
Ayun	亞遠	11	汕漳	1840年8月19日	遷居，離校	
Awai	亞偉	11	汕漳	1840年8月19日	遷居，離校	
Achik	亞植	11	唐家			Atsuek 原誤譯為亞傑。

《中國叢報》第12卷，頁623。[31]

一年後，基於個人素質或家庭等種種原因，這六名學生中只剩下一名學生 Achik 留校。[32]但由於陸續招收了一批新生，故對學堂的發展未產生嚴重影響。然而，學生流失率偏高和素質參差應是馬禮遜學堂辦學初期面對的最主要困難。

第二批學生名錄　一八四〇年入學　共七名

英文名稱	中文譯名	入學年齡	籍貫	進校日期	離校日期	離校原因	備註
Akan	亞根	14	牛紅瀨	3月1日			或譯作亞剛
Awan	亞運	14	澳門	3月1日			或譯作亞文

---

31 按：譯文基本參照李志剛：《基督教早期傳教史》，頁232-233。但由於校對之誤，其註文誤作《中國叢報》卷13。

32 另一名原籍汕頭的學生 Atsuek（亞焯）在被父親帶走後，不久便再次向布朗校取申請返校。布朗校長不願輕易將已離校的學員恢復學籍，是怕造成先例。經過一年半之後，校長才容許 Atsuek 返回學堂。

英文名稱	中文譯名	入學年齡	籍貫	進校日期	離校日期	離校原因	備註
Afun	亞寬	11	東岸（Tungngon）	3月13日			即黃寬
Alun	亞倫	10	澳門	3月16日	1840年6月13日	不受勸導	
Tinyau	天佑	11	南屏	3月28日	1840年6月28日	行為頑劣	
Awing	亞閎	13	南屏	11月1日			即容閎，由郭士立夫人委託合信醫生推薦
Ashing	亞勝	15	澳門	1841年1月1日			即黃勝；因後來屬第一班學生，日期也緊接1840年，故列於此表

《中國叢報》第12卷，頁623。按：譯文參照李志剛：《基督教早期傳教史》，頁233；又，表內Afun誤為Afan；卷十二誤作卷十三；上表已並據原表（《中國叢報》第12卷，頁623）校正。由於是音譯，而中文的同音字較多，故難以確定是否完全正確。

其時，合信醫生終於能夠聯絡上在澳門當印刷工的容閎，先命其回家向母親稟請，並在合信醫生的醫務所工作數月，才在一八四〇年十一月正式到馬禮遜學堂上課。據容閎的回憶，當時的學生有五名在一年多以後仍然在學，與容閎成為同學，仍被布朗校長編為第一班。他們是黃勝、李剛、周文、唐傑、黃寬等。

第三批學生名錄　一八四一年十一月入學　共十六名

英文名稱	中文譯名	入學年齡	籍　貫	進校日期	離校日期	離校原因
Aku	亞駒	10	唐家	1841年11月1日	1842年1月1日	家庭約束
Atsou	亞秋	12	唐家	同上		
Ayuk	亞煜	11	唐家	同上		
Ayun	亞遠	14	汕頭	同上		
Alik	亞力	11	官塘	同上	1842年1月1日	不守規則
Ami	亞美	12	南屏	同上	1842年1月1日	同上
Akwai	亞桂	11	崖口	同上	1842年1月1日	同上
Atsam	亞讚	11	汕頭	同上	1842年1月1日	同上
Apo	亞保	11	白沙石	同上	1841年11月14日	愚鈍
Atso	亞佐	12	上柵	同上	1841年11月6日	兄弟逃學
Ahung	亞鴻	11	上柵	同上	1841年11月7日	兄弟逃學
Afunlan	亞寬霖	11	後坑	同上	1842年11月1日	父母不准隨校遷港就讀
Alam	亞林	11	廈尾	同上	同上	同上
Afai	亞輝	13	鼓殼	同上	同上	同上
Aching	亞澄	12	鼓殼	同上	同上	同上
Alammuk	亞林茂	10	白沙石	同上	同上	同上

根據以上三表，在澳門時期共曾有二十九名學員入學。由於學堂的管理較為嚴謹，加上風氣未開，願意入學的學童並不太多。以隨校遷港的學童計算，第一批六名學童只有兩名；第二批七名學童有五名學童；第三批十六名學童有三名。因此，三份名錄共有十名學童在一八

四二年十一月隨校遷港。[33]

四　馬禮遜學堂的課程設置

由於學堂的課程設置其實在不斷改進中，因此，在澳門時期末段的馬禮遜學堂，其課程規劃上已為未來發展奠下良好的基礎，這方面的寶貴經驗保證了香港階段的迅速成功。我們再以一八四二年九月〈馬禮遜教育會第四次年度報告〉中布朗校長的報告[34]中了解學堂的課程安排。在學科設置上，內容已十分豐富，包括中文、英文、數學、宗教、地理和歷史、品德等領域，而體育運動也在每天下午的時段以自由活動形式非正規地進行。因此，除了其後在香港階段設置的科學課程和音樂課程外，現代學校一般的課程已包括在內。以下是馬禮遜學堂在澳門階段各個學科的教學安排：

中文科

每天上午進行中文和書法的學習，其餘時間用於英文學習。中文課他們仍然採用中國傳統的教學方式，老師還是去年那位中國師傅。他的教學效率和中國大部分老師持平，和大多數中國老師一樣，他對所從事的工作頗有興趣。十個男孩子已經或幾乎可以背誦《四書》，並且複習了一遍。高級班的一個學生，已經開始閱讀朱熹編寫的集注，並努力理解消化。大多數學生理解《孟子》著作的意思，一部分學生理解孔子的文章，最難的是《詩經》，沒有一個人理解裡面的篇

---

33 遷港後招收第一批學生共十三名。到了一八四八年在校學生共二十七名。此外，還有容閎、黃寬、黃勝等三名隨布朗校長前往美國。詳情請參看拙著《中國第一所新式學堂──馬禮遜學堂》（北京市：中國社會科學出版社，2012年），頁62-65。

34 〈馬禮遜教育會第四次年度報告〉，《中國叢報》第11卷，頁546-557。

章。有些學生可以將《孟子》的文章翻譯成清晰的英文。在我的指導下，他們也或多或少地練習過翻譯部分中文版的《新約》……偶爾我會要求他們用中文寫信，與中國學校的相同年級比，算是比較超前的練習。結果他們自己說他們英文寫作的能力比中文強，我對此深信不疑。

即使是練習把中文寫正確，也絕對是一項需要長期學習和練習的壯舉，從中國作家的情況和學校的普及程度上，可見掌握中文的人比我們想像的還要少。語言結構並不複雜，因為從這方面來說，中文算是結構最簡單的語言之一，原因在於每個漢字都是一個任意的代碼，而不是由讀音有規律的字元組成，人們必須將自己置身在大量這樣奇怪的符號面前，看上去它們的設計對讀者發音和判定一點兒幫助都沒有，了解它們之間的結構和配合後，選擇並組織一系列的字來表達他的意思。要想達到這個目的，人們必須在記憶中存放大量這樣的奇怪的結構，才能連同它們的含義一同書寫在紙上，並遵從一定的位置規則。[35]

英文科

一、語法方面：他指出馬禮遜學堂的學員「從來沒有閱讀過這個方面的書本，瑪瑞（Murray）和其他文法家用很多的篇幅規定了語法規則，學生們對此一無所知……的確，他們不太可能……掌握一門外語而不學習語法。如果英文和中文不同，那他們必須要知道為什麼不同，至少要了解不同在哪裡；──這就是語法。我試圖教給他們語言的普遍規則，也就是那些可以用於任何一門語言上的規則，因此他們能將大多文字分解成句子的組成部分，指出句子和命題的個數，並將

---

35 按：中國語文是單音節的表意文字，與印歐語系的標音文字截然不同，引致不太懂得漢字、但仍積極學習中文的布朗校長的批評。

這些句子再次分解成分，指出每個詞的作用，概括他們為什麼這樣運用的原因。除此之外，他們對語法完全不了解，最起碼十分有限。」

二、閱讀（含寫作）方面：布朗校長說：「有一千兩百條英文短語的合集，翻譯成對應的中文短語。他們將對這本書進行記誦，並複習若干次；學習在對話中使用地道的英文以及閱讀英文文章對他們很有幫助。一年裡的大多時間，他們每天都會背誦這本課本，還接受寫作課和閱讀課的課程。」正如上文提及，學員「自己說他們英文寫作的能力比中文強。」布朗校長「對此深信不疑。」他又認為學員「經常碰到以前從未接觸過的觀點，感情和事實，如果沒有學習英文閱讀，他們也永遠不會想到。這些知識對於英國和美國普通閱讀能力的兒童來說一點兒也不陌生，兒童讀物的作者也想當然地認為可以被年輕的讀者們理解，但對於學校裡的學生來說，卻是陌生而又驚奇的。」

布朗校長在報告中提及「學生們對廣泛閱讀已經明顯產生興趣。高年級的學生在課餘時間，坐在我的書房或其他地方，手拿一本兒童讀物，寧願讀書也不去和低年級的學生運動，這樣的事情在學校並不少見。斯雷德（Slade）先生非常好心，幾周前送來了廣州紀事報，報紙放在教室裡，學生們為擁有報紙而感到自豪，如何讀懂了報紙上的內容，他們會非常高興。這份禮物啟發了他們，對每日新聞，尤其是和祖國有關的新聞也表現出了比以往更為濃厚的興趣。」

三、口語方面：早在一年前，布朗校長已發現學員為提高英語的表達能力，曾主動限制學員之間在日常交流時不說中文，只能說英語，否則即以罰款的方式加以處分。有關款項則用來增購圖書。據說，在「最初階段，罰款情況屢屢出現，每週總金額也相當可觀，但現在每個學生都很少再說中文，逐漸減少到沒有了。」[36]這個安排在本年度也極可能繼續下來。

---

36 〈馬禮遜教育會第三次年度報告〉，《中國叢報》第11卷，頁546-556。

數學科

在〈第三次年度報告〉中，布朗校長提及「算術方面，他們完成了一本心算的教材，接著開始學習哥頓（Gordon）的著作，包括基礎計算、簡化複合以及加減乘除」，而《第四次年度報告》則指出數學教材的匱乏曾造成困難，「直到幾個月前，英國提供了一部分教材，連同其他有用的學校課本，福克斯（Fox）先生善良慷慨的努力得以實現，教材被郵寄過來……科爾伯恩（Colburn）的代數學，他們學到了這本書的第四十頁，幾乎從頭到尾完成了所有的問題。普萊菲爾（Playfair）的《幾何學》，每天學習一小時，其餘同學則用這段時間學習代數。他們的進度是已經閱讀並理解歐幾里得（Euclid）的前四本書，並且復習背誦了其中大部分的內容。」

宗教科

布朗校長根據教育會的〈章則〉，即「要為學生準備聖經，通過教學輔導幫助學生理解聖經，基督徒優秀的學校都有這樣的教學輔導，但對於聖經教義的接納程度並不影響學生的錄取。」並指出「聖經已經送達學生手中，我也很高興地提供了一切教學輔導幫助他們理解聖經。」此外，他也嘗試通過宗教活動來協助學員鞏固英文能力，例如：他指出：「學員們的宗教和道德品質教育不僅僅侷限在教室裡。我們要求學員慶祝主日（星期日），在那天，他們早晨集合在一起，聽有關聖經的中英文講解，那些英語水平比較高能夠完全讀懂《聖經》的會被要求背誦經文，英語水平稍差些的則要背誦中文的經文，然後在晚上用中英文反複朗讀《聖經》。在進行這些活動時，我們也會一起禱告，傾聽宗教音樂。在宗教學習上，我們留給學員的作業通常都非常少，這樣的話他們就不會覺得宗教學習是一門苦差事，

主日（星期日）也是令人愉悅的一天，而不是讓學員們覺得我們在強
加給他們這樣印象。」

地理科和歷史科

他們學習了蓋（Guy）的地理課本和彼得・帕利（Peter Parley）講
述世界的故事，後者主要包括英美歷史上發生的事件，勾起孩子們的
興趣，並幫助他們記憶，這本書還體現了這位作者的風格。他們還認
真學習並記憶了休姆《英國歷史》的節選，已經學到了亨利八世時期。

品德教育

布朗校長非常重視學員的品德，重視以身作則。從本書第五章所
載錄的學員名冊，很容易察覺學堂常因其不守紀律而被開除，反映了
布朗校馬寧缺無濫、重視學員品德的嚴謹態度。但是，他又是一位和
藹可親的教育家，受到學員的敬仰。在不同的〈年度報告〉中，他常
常提出「學校的目標和努力，與教育會所有公共活動一樣，都是為了
啟發智力，改正不良習慣，控制急躁情緒，根除虛假信條並建立正確
信年，使學生在家庭，工作和生活各方面有所收穫；改進自己的弱
點，高尚自己的品格；簡單說，就是使他們幸福快樂，受人尊重，讓
他們成為真理的朋友，為人類造福，為上帝盡責。」在這次報告中，
布朗校長也特別指出「在過去一年裡，這些男孩子們的總體表現，以
及通過教育會提供的教育，他們道德品質上所取得的進步。」

由此可見，經過數年來的改進，澳門時期的馬禮遜學堂，在課程
設置和教學安排上已初具規模，奠下了日後學堂的基本框架。當然，
由於當時學堂開設僅有三年，班級水平仍處於較低水平，故科學課程
尚待後來的補充。我們知道這方面的課程始於一八四三至一八四四學

年，內容為牛頓的力學。[37]

　　除此之外，較重要的補充是音樂課程在一八四四至一八四五學年中增設。布朗校長原先是「非常希望能夠教書院的學員們一些音樂」，但礙於學堂人手不足，一直無法實現。當邦尼先生的到來，布朗校長便立即增設了音樂課，時間「大約持續了四個月……每天書院的所有學員都會集合用半個小時或更長時間唱歌」。學員對方面雖非常陌生，初時只能「死記硬背學會了一些曲調」，但經過一段時間後，布朗校長發現「學員們對學習其他課程更加積極主動。他們很喜歡練習唱歌，唱完歌後大家都是心情愉悅，輕輕鬆鬆地回到教室繼續其他科目的學習。」這種安排對提高學員對藝術的欣賞能力和陶冶情操都有明顯的效果。他特別對學員有充分信心，認為「他們能夠讀音譜，能夠唱歌，後來我做了試驗，這些學員們果然沒有讓我失望」。事實上，布朗校長認為聲樂課程的開展必然能夠提高學員的宗教情操，而「音樂可以幫助學員們變得更加溫文有禮，這是其他任何東西都無法與之比擬的。」[38]

　　通過以上的分析，說明了馬禮遜學堂在課程設置已初具規模，日後其他傳教士以至中國有識之士創辦的新式學堂，基本與馬禮遜學堂的課程有繼承發展的緊密關係。[39]

---

37 請參看吳義雄編的第一班自一八三九至一八四六年間課程表，收於吳義雄：〈馬禮遜學校與容閎留美前所受的教育〉，收於《容閎與中國近代化》（珠海市：珠海出版社，2006年），頁599-600。又參看夏泉《明清基督教教會教育與粵港澳社會》（廣州市：廣東人民出版社，2007年），頁215-216。

38 〈馬禮遜教育會第七次年度報告〉，《中國叢報》第14卷，頁478-479。

39 參看拙著《中國第一所新式學堂——馬禮遜學堂》（北京市：中國社會科學出版社，2012年），第五章第四節，〈與後來課程的比較〉，頁80-84。

五　小結

　　收錄於《中國叢報》的《馬禮遜教育會年報》，記錄了中國第一所新式學堂的籌備和誕生，也反映出這所學堂的辦學情況與成效，對我們了解晚清教育史提供不少至關重要的史料。雖然這所學堂存在僅僅十年，但無論從招聘教師、安排校舍、學生招納、科目開設等方面均成為我國新式學堂的楷模，對中國晚清學堂的發展產生了積極的示範作用。《馬禮遜教育會年報》除包含委員會具評鑑性質的報告書外，也收錄了由校長撰寫詳細的校務報告，對年度內的教學和學生情況加以仔細的介紹。通過這些具連貫性的材料，我們看到一批最早期接受新式教育的中國青年學生的成長和學習經歷，應對晚清教育史具有相當的研究。

馬禮遜學堂的中國語文教育：
與傳統教學方法的比較

　　馬禮遜學堂（1839-1849）是為了延續新教傳教士馬禮遜博士的教育理想而創辦的中國第一所新式學堂。這所學堂對晚清中國教育的現代化扮演承先啟後的關鍵作用。為了培養優秀的中國青年，馬禮遜學堂除全面引入英美近代教育體制外，也十分強調與中國社會的接軌，以便學員日後能更好地為中國服務。主辦者鑒於中國傳統教育過分強調背誦和考試，對知識的探求和興趣的培養均有所不足，故學堂對中文教育增添不少新的元素，對清末以來的中文教育產生深遠的影響。本文著重介紹馬禮遜學堂中文教育的主要內容，並分析其與傳統方法的差異，以說明其歷史地位與貢獻。

一　前言

　　馬禮遜在一八○七年抵達中國。鑒於當時中國禁止教士傳教，馬禮遜只能藏匿於廣州美商洋行，並秘密學習漢語。兩年後，他獲聘為英國東印度公司的中文翻譯。到了一八一六年，在米憐（Milne）的協助下，他在麻六甲創辦了英華書院，並陸續整理出版《華英字典》和中文版《聖經》。一八三○年初，美國首位傳教士裨治文來華，在馬禮遜的指導下學習中文。一八三二年，他們在澳門創辦了具深遠影響的《中國叢報》（*Chinese Repository*）。馬禮遜為《叢報》撰寫了不

少關於中國文化、政治、風俗、教育的稿件，並特別強調中國的未來發展之成敗繫於現代教育的引入和推廣。他對中國傳統教育以記憶為主的教學方法深表不滿。當馬禮遜在一八三四年八月逝世後，為了繼承其偉大志願，遂有馬禮遜教育會的籌備。教育會的目的在改善中國的教育，故目標在培養中國青年，提高他們的教育水準，並以改變相對落後的中國教育為最重要的方針。

二　對傳統中文教育的調查與評價

早在馬禮遜學堂籌辦之前，馬禮遜牧師和米憐牧師在一八一五年決定前往麻六甲設立英華書院（附設中文印刷所）以便培養懂得中文或馬來文的傳教士，並印刷大量字報書刊（包括中文《聖經》和勸世文）。[1]經過一段較長時間的籌備工作後，英華書院在一八一八年正式建立。它為學生提供懂得中文的歐籍教師和本地的中文教師。一八二〇年，英華書院開始招生。其中，在這個書院就讀而掌握好中文的外籍人員包括著作《廣州番鬼錄》的享特和馬禮遜的兒子馬儒翰。參照這個經驗，馬禮遜學堂能培養優秀的中國青年為目標，除全面引入英美近代教育體制外，也十分強調與中國社會的接軌，以便學員日後能更好地為中國服務。

一八三五年二月二十五日，裨治文根據馬禮遜教育會臨時委員會的安排，向廣州和澳門的外僑發表了一份闡述馬禮遜教育會目標的〈通告〉：

正如懂得漢語知識給外國人帶來的強大優勢一樣，掌握英文將

1　譚樹林：《馬禮遜與中西文化交流》（杭州市：中國美術學院出版社，2004年），頁199-200。

會給這個帝國的人民同樣或更多的好處，為了讓中國人獲得這些好處，也為了繼續馬禮遜博士所開創的偉大事業，我們提議組建馬禮遜教育會，以馬禮遜博士畢生追求的目標為己任，使之成為一座比大理石或是黃銅還會不朽的豐碑。[2]

〈通告〉同時交代創辦馬禮遜教育會的詳細原因。裨治文說：

> 馬禮遜是第一位來華的新教傳教士。他的主要工作在翻譯聖經和傳播福音於占四分之一人口的國家，並努力為這種真正的宗教終有一天在全世界上流傳。為了延續其精神，我們籌備建立馬禮遜教育會。這個機構的目標，就是在中國興建和資助一些學校，以教育本地青年，使他們在掌握本國語言的同時，能夠讀寫英文；並能借助英文了解西方的各門知識。同時，聖經和有關基督教的書籍亦將會在學校閱讀。[3]

在一八三六年底，馬禮遜教育會認為需要採取以下措施來了解中國和東南亞地區華人的教育的狀況，包括調查上述地區的人口數量、開始入學年齡、在學時間、教學方法、學費和課本等各種與教育有密切關係的資訊。在《馬禮遜教育會年度報告（第一次）》中，裨治文簡介了來自巴達維亞和麻六甲地區關於華人兒童的教育的情況。[4]因

---

2 （美）雷孜智著，尹文涓譯：《千禧年的感召——美國第一位來華新教傳教士裨治文傳》（桂林市：廣西師範大學出版社，2008年），頁88。

3 《中華叢報》1836年9月號，題為〈關于馬禮遜教育會的成立，包括其憲章、委員會成員名錄及其工作目標等〉，頁373-378。

4 張偉保：《中國第一所新式學堂——馬禮遜學堂》（北京市：中國社會科學出版社，2012年），頁138-141。按：拙著收錄了全部《馬禮遜教育會年度報告》，下文凡引用《年度報告》者，均引自上述材料。

此，對馬禮遜學堂的課程和教學安排提供重要的參考。

此外，對於中國傳統教育的缺點，裨治文等有深刻的體會。在〈第一次年度報告〉中，曾經指出中國教師的教學方法、傳統的教學模式和特點：

> 我們十分希望聘請到合格的老師，能夠用中文口頭教授課程，並用同樣的語言編寫基礎課程的教材，因為這樣的教材還從未編寫過。[5]

此外，在廣東地區的調查顯示，屬於基層教育的初級教材：

> 初等教育的課本採用《三字經》、《千字文》、《詩經》和《四書五經》的部分內容。為女孩子們挑選出了一部分適當的課程。這些教材收錄了大量道德準則和賢人們的名言警句，融入了一些陌生的教義和少量歷史事實。所謂的科學知識都沒有出現在初等教育的教材裡。它們自始至終都是不適合孩子們心智的，因為大多難以理解，缺乏孩子們感興趣的話題，對擴大他們的理解範圍也絲毫沒有幫助。[6]

毫無疑問，傳統教學方法也是根據所使用教材的特點和風格來制定的。根據同一調查反映：

> 學生入學後，他開始學習老師的發音，老師念，學生跟讀，並努力盡可能準確地模仿老師的語音。當他能夠閱讀課本中的幾

---

5 〈第一次年度報告〉，頁127。
6 〈第一次年度報告〉，頁133。

行或幾句時，學生就坐在座位上不斷重複，直至他對課文變得
熟悉並能「背」出來，就像把書背在身後複述課文。一本本書
就是這樣「背」出來的。書法課也同時進行。這門課上使用的
宣紙很薄，將字帖放在宣紙下面，學生們就可以用鉛筆（按：
應指毛筆）臨摹字帖。學習這門課程一到兩年後，學生們可以
熟悉數百個甚至數千個漢字，這時老師開始講解課文，利用學
生們前面打下的堅實基礎，逐字逐句地解釋已經背誦下來的課
文。[7]

這種方法存在嚴重的問題，特別是大部分學生的就學時間不多於兩
年。換言之，學生在學校的主要內容是以識字和背誦為主，缺乏周詳
的規劃，知識面十分狹窄，難有持續發展的機會。對於授課老師，這
份調查也有重點的描述：

> 很多老師依賴這份工作是因為找不到其他工作。大多數普通學
> 校的老師都是在鄉試中落榜的考生。由於在鄉試中接連落榜，
> 他們的年齡已經不適合從事商業或體力工作。於是他們做起了
> 小學老師，除了充足的耐心和一些管理技巧外，他們不需要更
> 多的能力。在篩選老師的時候，講課的能力並沒有作為考察的
> 重要方面。第一節課上老師帶領學生讀書，之後的課上聽學生
> 不斷複述同樣的課文，除此之外，老師就像哨兵一樣，只需對
> 管轄範圍嚴加看管。[8]

語句中充滿很多批評的語調。此外，在一篇題為〈傳教工作在中國〉

7　〈第一次年度報告〉，頁133。
8　〈第一次年度報告〉，頁136。

的文章中，裨治文牧師指出「中國政治由孔子及其追隨者所奠定，視孝道為教育的主要目標。」而中國教育的問題嚴重，而此與中國文字的特點有關。中國的基礎教育的弱點是「範圍十分狹窄。讀寫訓練花費學生數年的學書時間，故對藝術與科學均欠缺認識。當他們熟練本國語文後，他們已算是達到學問的頂峰。」裨治文認為「漢語的異常困難導致中國教育的緩慢進步。學童需使用多年的時間才能對中國文字的形、音、義有所了解。當他們有了一些進步，仍會遇到不少困難，如錯誤地視經典為最高智慧的終極，而不再最求更高水準的學問，從而反映其教育的極端缺陷。」據其他資料顯示，一般學童的入學時間較短，平均不多於兩年。只有很少數有較好經濟條件的家長會安排聰穎的子弟從事科舉考試。」據裨治文的分析，「假如能用一些基礎的教材以取代經典[9]，如同南洋地區的新教學校，以及採用較佳的識字課本來熟習中國文字，以便學童易於記憶，則除讀寫之外，應可學習更多的東西。」

稍後，馬禮遜學堂的第一任校長布朗牧師也曾指出，學員「通過中文學習背誦漢語經典，學習漢字書法……學生在閱讀本國語言的書籍時，還存在這樣一個困難。」他分析了有關原因，指出「漢語語言本身不是由字母組成的，也不是由音節構成的。英國的孩子們學會了二十六個英文字母後，他就可以掌握組成單詞的幾乎所有語音元素。中國孩子則不然；他們在學習閱讀的時候就沒有這樣一勞永逸的方法，因為他們不能只記住二十六個字母，他們必須記住讀到的幾乎所有的漢字，它們的讀音和意思。」他雖不認為傳統私塾的教學方法是很完善，但認為必須「對中國經典徹底了解後，歐洲的老師才能夠對傳統教學方法進行改革。」他為了更有效教導這些學員，並能夠早日

9　按：指三字經、千字文、四書和五經等經典。

「接手這部分教學，也將同樣的時間致力於我自己的中文學習。」[10]

此外，〈第一次年度報告〉中對東南亞華人青年的調查也表明中文教育的重重困難。有關調查顯示：

> 將中國殖民地居民與國民大眾分離的最重要的一點是這種情況下的孩子們母親是外國人，對於他們父親所說的語言一無所知。我曾經見到過三十多個男孩子，從十歲到十三四歲不等，除了叫出常見物品的名稱外，這其中只有一人會說少量中文。和我們一樣，這門語言對于他們來說也十分陌生，如果他們要學習中文，也要經歷我們這樣的學習過程。……學生精通本國語言對于教育會的成功至關重要；否則他們永遠不能將來自外國的知識轉化成中文，也很難受到人們的尊重，因為廣泛的文學造詣是通往顯赫和卓越的必經之路。我認為在正常情況下，出生和成長在殖民地的男孩子是不可能站起來影響中國的。如果能夠在中文學習上取得成績，他的發展將會令人滿意。[11]

關於傳統教育在教材和教學方法上，裨治文和布朗的批評具有代表意義。馬禮遜學堂的中文教育亦朝著這個改革的方向前進。

三　中文教育的教學安排

針對中國社會的真實情況，馬禮遜教育會在選聘教員的條件之一是他必須盡快掌握中文。裨治文等認為：

10　〈第三次年度報告〉，頁164。
11　〈第三次年度報告〉，頁176。

這位老師到達後，他將開始學習中文，這將在接下來的四到五年內成為他投入精力的主要方面，再之後的近四到五年裡中文的學習還將占據他大量時間。另外不久後可能立即分派少量的學生給他。[12]

由此可見，臨時委員會的目光十分遠大，期望他們的教師最後能以熟練中文，並「能夠用中文口頭教授課程」。[13]同時，為了達成上述目標，他們決定最初數年，新聘老師來華只需「分派少量的學生給他」，以便騰出時間來學習中文。再者，為了學堂的長遠發展，教育會並打算「培養一批中國老師。這項工作十分困難，但也十分重要……如果沒有這樣的幫助，我們不論在擴大還是改善中國教育方面，都很難取得進步。」[14]

根據教育會的要求，當新聘的布朗校長在抵達澳門後，隨即在裨治文和衛三畏等的協助下努力學習中文。布朗校長主理校政時曾多次強調其中文教育的重要性。例如，在〈第三次年度報告〉中，布朗校長慎重指出：「我們不僅僅只是教學，我們是一個教育會，旨在培養整個民族，強健體魄，提高智力，修身養性。」他繼續說：「懷著這樣的目標，我將每天一半的上課時間分配給中文，另一半給英文，早上六點開始上課，晚上九點下課。」[15]在同一報告中，布朗校長為了讓學員適應在本土生活和事業的順利開展，學堂特別安排「中英文教學時間上的分配……各半天時間。這樣，每天早上是中文課，下午和晚上是英文課。」為了開設中文課，布朗校長「聘請了一位頗受尊敬

---

12 〈第一次年度報告〉，頁127。
13 〈第一次年度報告〉，頁127。
14 〈第一次年度報告〉，頁127。
15 〈第三次年度報告〉，頁161。

的中國老人作老師，他的行為舉止規範得體，忠實於中國傳統方式教課。」而他自己也「花費同樣的時間用於中文學習」。[16]

在一八四二年九月的〈第四次年度報告〉中，布朗校長解說了學堂的課程安排。在學科設置上，包括中文、英文、數學、宗教、地理和歷史、品德等領域，而體育運動也在每天下午的時段以自由活動形式非正規地進行。因此，除了其後在香港階段設置的科學課程和音樂課程外，現代學校一般的課程已包括在內。當中，馬禮遜學堂關於中文科的教學安排如下：

> 每天上午進行中文和書法的學習，其餘時間用於英文學習。中文課他們仍然採用中國傳統的教學方式，老師還是去年那位中國師傅。他的教學效率和中國大部分老師持平，和大多數中國老師一樣，他對所從事的工作頗有興趣。十個男孩子已經或幾乎可以背誦《四書》，並且復習了一遍。高級班的一個學生，已經開始閱讀朱熹編寫的集注，並努力理解消化。大多數學生理解孟子著作的意思，一部分學生理解孔子的文章，最難的是《詩經》，沒有一個人理解裡面的篇章。[17]

現在看來，馬禮遜學堂規劃的課程，具有融合中、西教育的特點，與傳統中國教育或西式教育均有很大的差異。這種中西配合的安排，是針對十九世紀中葉中國東南沿海的特殊社會環境，即中西文明接軌的最前線而產生的。它對未來中國教育實在具有啟導作用。

此外，布朗校長又指出：

16　〈第三次年度報告〉，頁163。
17　〈第四次年度報告〉，頁186。

學校的學生們覺得英文寫作比中文寫作容易也不奇怪。任何由
字母組成或構成音節的語言在本質上都比中文這樣的語言容易
掌握，在某些程度上說明，由於思想需要而發明語言，通常都
會導致字母的產生。[18]

他更強調「馬禮遜教育會採用的教學計劃彌補了中國教育系統的缺
憾。」[19]在同一報告中，布朗（Brown）校長繼續說：

即使是練習把中文寫正確，也絕對是一項需要長期學習和練習
的壯舉，從中國作家的情況和學校的普及程度上，可見掌握中
文的人比我們想像的還要少。語言結構並不複雜，因為從這方
面來說，中文算是結構最簡單的語言之一，原因在於每個漢字
都是一個任意的代碼，而不是由讀音有規律的字元組成，人們
必須將自己置身在大量這樣奇怪的符號面前，看上去它們的設
計對讀者發音和判定一點兒幫助都沒有，了解它們之間的結構
和配合後，選擇並組織一系列的字來表達他的意思。要想達到
這個目的，人們必須在記憶中存放大量這樣的奇怪的結構，才
能連同他們的含義一同書寫在紙上，並遵從一定的位置規則。[20]

在一八四三年十月的〈第五次年度報告〉中，布朗校長對中文科的教
學方法有進一步的改良。他高興地表示「終於找到了一名老師，每天
拿出時間為高年級的兩個班講解課文，我認為這在中國是從來沒有過
的」，是對傳統中文教育的一大突破。因為，「在大多中國學校裡，背

---

18 〈第四次年度報告〉，頁187。
19 〈第四次年度報告〉，頁189。
20 〈第四次年度報告〉，頁186-187。

誦課文和講解課本通常是不同時進行的」，這種死記硬背有很多缺點。這方面的工作，在一八四四年的〈第六次年度報告〉有更深入的討論。布朗校長指出馬禮遜學堂成立了「中文部」：

> 由本地一個中國人負責。每天大約有一半的時間，都是由他來指導學員們的。他在他的中文學院裡引進了新的教學方法，效果很好，取得了相應的進步。每天早餐之前，他會向學員們解釋學堂使用的某一本教材上的內容。所有那些能夠完全閱讀中文書並且聽懂他講解的學員，都會圍著他坐下來，聽他詳細解釋這些學員們之前背誦的內容，但他不會根據內容的重要性進行略講。對于那些能力稍高一些的學員，他也會指導他們用中文寫作文，抑或是從一些古文中找出上句讓學員們對下句，意思要與上句有所不同，抑或是要求學員閱讀同一著名作家的作品，並用相似的風格在原文的基礎上續寫或寫出自己的感想。這樣以來，這些接受此訓練的學員們能夠更好地理解他們讀到的東西，並且寫作能力也得到提高。通過每天的晨讀，中文部老師已經教完了四書之一的《大學》，並且已經開始教另一本了。……從各方面來講，他都是我們學堂所擁有的最有價值的中文教員。由於現在學員的人數過多……所以最近我收錄了一個男孩來我們學堂，他已經通讀過了所有的私塾使用的中文作品，並且一直協助他的父親在別的學校教書。這樣，他也可以以同樣的方式為我們這位中文教師提供一些幫助。[21]

布朗校長又對傳統的教材作出詳細的介紹和批評。他說：

---

21 〈第六次年度報告〉，頁222-223。

（這些）書本同樣不適合用來指導我們這些中國學員們。即便我們假設這些學員能夠讀懂書本，他們仍然不會向知識的源泉靠近。中國私塾裡的書本到處都是一樣的。都是那些通常被稱作什麼《四書》和《五經》，即孔子，孟子和其他生活在基督紀元前的一些作家的作品和訓誡。……這些作品都是一些政治道德和政治原則，這些都是古老的哲人們的訓誡，也是對當時君主和其門徒學習的主題，和一些遠古時代的詩歌。[22]

關於蒙學教材方面，布朗校長也提出自己的感想。以下是他對《三字經》、《四書》和《五經》的具體批評：

在這個國家，學員們最先接觸到的教材是一本用韵語編寫的書，每句都由有三個字或單音節字組成（即《三字經》）。雖然這本書只是學員們的入門教材，但僅其特殊的文字結構就足以讓其成為一本不適用的教材。雖然這本書是散文的性質，但由於它的每句話，或者說幾乎每句話都由三個字組成，那麼它就會不可避免地非常簡潔和對稱。然而我們仔細研讀這本書的頭幾句話的主旨，我們便會發現更多的問題，我們拒絕使用這本書作為我們教導學員的手段。書的開篇是「人之初，性本善。性相近，習相遠。苟不教性乃遷。教之道貴以專。」緊接著，作者便開始將尊敬權威，尊敬長輩是人們應該諄諄教導孩子們的最主要的事情。為了進一步闡述該道理，作者列舉了古代編年史的一些例子，例如孔融，僅僅四歲的孔融就指導等候家裡的老人，幫助他們分一籃子梨，然後自己才安靜地吃梨。還有

---

22 〈第六次年度報告〉，頁228。

一個小伙子，只有八歲，非常地孝順，每天晚上他都會自己躺在父親的被窩裡，把床弄熱，然後才請父親就寢。所有這些事例也都是用簡潔對稱的韻語形式描寫的，每句必須只有三個字，不多不少。這就是中國教學使用的啟蒙讀本，在這裡使用的最初級的教材。當然，學員們在學習這本書的時候，大部分內容他們都是不理解的。

當一名學員能夠反覆地背誦上面說的《三字經》的時候，他便可以繼續學習《四書》。《四書》主要是有關古代聖人們教誨，用古文言文寫成，並且很多時候一些文字都已經不再使用了，和我們剛剛提到的《三字經》相比，《四書》也一樣晦澀難懂。《四書》上的內容，可能需要學員們用幾年的時間才能真正理解。學員們略過真正閱讀四書的冊子，而是把一段話的讀音串聯起來，私塾的先生們對應地告訴他們哪個字讀什麼音，這樣就算學了《四書》。《四書》中的最後一本是《孟子》，和其他的幾本書相比，這本書裡有許多的對話將上下文聯繫在一起，其他的幾本書都是記錄孔子的對他學員的訓誡，如果學員能夠掌握這種行文風格，掌握文章所講述的主題，那麼他們就會發現一些比較簡單的規律。要麼就是孟子比孔子在思想上更加深奧和敏捷，要麼就是記錄孔子的後人沒有能夠較好地重現孔子的思想，我們可以理解孟子和孔子生活在不同年代，使用的語言和思想不盡相同，但單從書上來看，兩者有著出人意料的巨大的差別。但即便是《孟子》行文使用的比較簡單的語言，這本書的論證方式仍然不適合作為少年讀本。……即便是這本書，學員在死記硬背學完之後，很長時間還會有許多盲點，甚至是根本就讀不懂。……學員們接下來會學習《詩經》，一本由孔子本人刪減和加工的詩集。恐怕我們再也找不

到一本比《詩經》更莫名其妙的書了，因為這本書不但非常古老，而且所有的東西都非常晦澀。背誦過《詩經》後，學員們開始學習《尚書》，一本記錄歷史的書，除了《摩西五經》，《尚書》應該算是年代最久遠的歷史書了。在學習這本書的時候，學員們可能需要他們在之前閱讀過的書中學到的所有重要的語言知識，以及一些科學知識，才有可能讀懂。在學這本書的時候，學員必須瀏覽書中所有的歷史知識點，大部分學員只是因為事件發生在遠古時代而對此本產生興趣，但不過是蜻蜓點水，根本沒有真正去挖掘文字後面所包含的內容。[23]

學完《尚書》，就讓我們來學《易經》吧。據估計，迄今為止，除了作者本人沒有人能夠真正理解《易經》內容，我懷疑這樣說是不是有些太抬舉《易經》的作者了。雖然中國人非常尊敬地保留這本書，並將其作為教材，但他們自己通常是放棄學習《易經》，跳過他開始學習下一本。據我目前的發現，我覺得這本書毫無意義，將大自然的神秘以構成世界萬象的不同方式為基準，拆分成不同的元素，而這些東西決定了一個人的命運，即八條（按：應為六條，即《易經》六十四卦，每卦「六爻」）直線用不同的算術方法產生不同的結果，改結果就是一個人的命運。在盡可能地多地從這些書本中學到一些東西後，學員們繼續學習《禮記》，一本記錄在生活中與人打交道所需的各種規定和禮節，從君主到平民，從一個人的出生到他的葬禮。學員們被要求要像學習其他教材一樣重視這本書。之後，接下來就開始了《春秋》的學習，該書由孔子著作，一本記錄發生在春秋時期的歷史書。[24]

---

23 〈第六次年度報告〉，頁229-230。
24 〈第六次年度報告〉，頁230。

布朗校長的批評可能有不少值得商榷的地方，但其主要觀點是這些
《經典》在內容編排上不符合知識結構的需要，導致隨語文運用能力
的擅長外，整個基礎教育欠缺合理有序的安排，課程很不完善，未能
適切配合兒童成長的需要。

到了一八四六年，布朗校長在第〈第八次年度報告〉中總結其
七年的教學工作，特別提及一項與中文教育有密切關係的新課程。
他說：

> 與以往相比，今年我們為這期（第一期）班級增加了翻譯這門
> 課程。為了教會學員們如何翻譯，我們盡可能地找到一些正式
> 的檔案和其他發表的文章來讓他們練習。其中一名學員還將
> 《政治經濟手冊》從英文翻譯成了中文（按：書名為《致富新
> 書》；原書是 John McVicker, *Outlines Of Political Economy*, 1825,
> 1966年由紐約 Augustus M. Kelley 出版社重印）。在這名學員翻
> 譯和幾次修改之後，由一名中國的教員來幫他修改。一個在廣
> 東的紳士熱心地幫助我們免除了出版和印刷這部作品的費
> 用。……只要有中國人閱讀這本書，那麼它便會帶給這些人一
> 些重要的思想和概念，雖然這些思想和概念對于基督教國度的
> 人們是比較熟悉的，但對中國人來講，它們仍然是從未接觸過
> 的真理。當我看著這部作品的時候，我會感到更加欣慰，因為
> 這是實現馬禮遜教育會宏偉目標的開端，即用中文將外國的科
> 學介紹給中國。如果我們堅持不懈的話，那麼也許我們會看到
> 知識之花開在中國的那一天，從這件事中我們已經看到了曙
> 光。[25]

---

25 〈第八次年度報告〉，頁269。

在同一報告中，他再次強調：

> 直至此時，書院的學員們將他們一半的時間都用在了跟一位中
> 國教員學習中文上。向大家介紹學堂中文部的相關進步還是有
> 一定困難的。之前我們提到了學員們將中文翻譯成英文的練
> 習，以及其中一名學員還能夠將一本英文寫的書根據自己的知
> 識翻譯成了中文，這些都可以作為一個標誌，它體現了學員們
> 對自己母語的掌握程度，至少它可以作為那些高年級學員中文
> 水準的一個衡量尺度。
>
> 第一期和第二期的班級的學員們在馬禮遜學堂的最後一段學習
> 時間裡，側重在學習中文作文上下了很多功夫，這是非常值得
> 稱讚的。這些學員們能夠精通自己的母語，這一點是非常重要
> 的。沒有較高的中文水平，即便是給這些學員一些任務，他們
> 也很難大範圍地影響他們的同胞們。為了將來能夠更好地影響
> 他們的同胞，學員們特別要求自己要精通漢語。[26]

最後，他向教育會提議：

> 明年書院應該再聘請一位教員，這名教員的任務就是監督指導
> 學員們用中文朗讀，並且對學員自己寫的中文作文進行修改和
> 改正。這樣一來，學員便會一直有動力去學習中文，同時他們
> 在這方面的提高也能夠與其投入的時間成比例。
>
> 第一期班級還將會在書院學習一年零三個月。……從現在開
> 始，他們的學習應該是建立在已經打下的基礎之上，更加努力

---

26 〈第八次年度報告〉，頁276-277。

地去學好知識，同時使用英文和中文駕馭曾經學過的知識，同
時為步入社會做準備。[27]

根據〈第十次年度報告〉，馬禮遜學堂直到最後的階段，各班級的中
文教學仍佔學生約一半學習時間，沒有任何變動。[28]由此可見，馬禮
遜學堂自始至終都十分重視中文教育，認為掌握良好的中文對青年學
員的未來在自己國家中的發展有著至關重要的作用。這大概是對當時
社會的一個深刻的觀察而達致的準確印象。

四　小結

　　馬禮遜學堂是最早在中國創辦的新式學堂，它的課程設置是經過
深思熟慮而形成的。為了適應未來中國青年的需要，學堂實行了雙語
教育。中文科仍保留中國傳統教育的方式，即包括識字、背誦各種典
籍和寫作等部分。其中，就經典教學而言，已作出一定程度的改良，
即除背誦外，還加以適當的講解。中文科也以中國的老師為主。整體
而論，與晚清學堂以至現當代的中小學課程沒有很大的不同。由此可
見，馬禮遜學堂的貢獻和歷史地位，是不容忽略的。

27　〈第八次年度報告〉，頁277。
28　〈第十次年度報告〉，頁295。

Recent Development of Special Education Law in Macau

Education right is the right promised from the Universal Declaration of Human Right and the laws from all the countries in the world.[1] In 1989, the Convention on the Rights of the Child is adopted by the United Nation General Assembly.[2] "It enters into force in September 1990 and it becomes the most widely- and rapidly- accepted human rights treaty in history."[3] An unprecedented summit of Heads of State and Government at the United Nations in New York City set ten-year goals for children's health, nutrition and education, in the world summit for Children, 1990.[4] In June 1994, the World Conference on Special Needs Education was held in Salamanca, Spain.[5] During this conference, the United Nations Educational, Scientific and Cultural Organization (UNESCO) was adopted

---

1 See official statistics of the UNESCO (http://www.unicef.org/about/who/index_history. html; accessed on 8th of July, 2014.)

2 See official statistics of the UNESCO (http://www.unicef.org/about/who/index_history. html; accessed on 8th of July, 2014.)

3 See official statistics of the UNESCO (http://www.unicef.org/about/who/index_history. html; accessed on 8th of July, 2014.)

4 See official statistics of the UNESCO (http://www.unicef.org/about/who/index_history. html; accessed on 8th of July, 2014.)

5 See official statistics of the UNESCO (http://www.unescobkk.org/education/inclusive-education/what-is-inclusive-education/background/; accessed on 8th of July, 2014.)

the Framework for Action on Special Needs Education and the Conference Statement (The Salamanca Statement and Framework for Action).[6] This Conference reaffirmed the right to education of every individual, as enshrined in the 1948 Universal Declaration of Human Rights, and renewed the pledge made by the world community at the 1990 World Conference on Education for All to ensure that right for all regardless of individual differences.[7] The system and programs of which should thus be designed to take into consideration the diverse characteristics and needs of students with disabilities through creating welcoming and inviting environments in general school under Salamanca Statement.[8] The education right for child with special education needs is officially recognized worldwide through this conference. The education right is for all regardless of individual differences.[9] This is a big step for the development of special education, and it is the first time that the education right for child with special education need is not just a concept in people's mind, it finally has an international legal meaning by written into the Salamanca Statement. Furthermore, on 31st of August, 2008, the Convention on the Rights of Persons with Disabilities of United Nation took effect in China (both Hong Kong special administrative region and Macau special administrative region are included). The purpose of the

---

6 See official statistics of the UNESCO (http://www.unescobkk.org/education/inclusive-education/what-is-inclusive-education/background/; accessed on 8th of July, 2014.)

7 See official statistics of the UNESCO (http://www.unescobkk.org/education/inclusive-education/what-is-inclusive-education/background/; accessed on 8th of July, 2014.)

8 Kim Fong Poon-McBrayer & Ping-man Wong "Inclusive education services for children and youth with disabilities: Values, roles and challenges of school leaders", *Children and Youth Services Review*, 35 (2013): 1520–1525.

9 The Salamanca Statement and Framework for Action, 1994.

Convention on the Rights of Persons with Disabilities of United Nation was to promote, to protect and to ensure the full and equal enjoyment of all human rights and fundamental freedoms by all persons with disabilities, and to promote respect for their inherent dignity.[10] People with disabilities include those who have long-term physical, mental, intellectual or sensory impairments, which, in interaction with various barriers, may hinder their full and effective participation in society on an equal basis with others.[11] Education fair is one of the representations of social fair. Furthermore, education fair is the extension of social fair and it is one of the prerequisites to achieve social fair. To ensure education fair, we should admit that everyone has the right to receive education. It is another great improvement for protecting the education right for individuals with special education needs.

On the perspective of the development of special education around the world, the law of special education is making lots of effects and being the key for its advancement. The situation of special education in Macau has no difference. Legal power is playing an essential role to improve the development of education. "The rich heritage of Macau is a product of 500 years of interaction between East and West. Macau went through three distinct periods in its legal history: a period of mixed Chinese-Portuguese jurisdiction (1557-1849), a colonial period (1849-1974) and a post-colonial period (1974-1999). It is now in its fourth period: Chinese Administration under special conditions".[12]

---

10 The Convention on the Rights of Persons with Disabilities of United Nation, Article 1.
11 The Convention on the Rights of Persons with Disabilities of United Nation, Article 1.
12 (http://ccadvog.com/cc/?p=670; accessed on 8th of July, 2014.)

We can find related legal basis for protecting the rights of students with special education needs from the above legal pyramid in Macau.

Whether the individuals with special education needs can have the right to live a life in practice; whether the individuals with special education needs can master their own fates and whether the individuals with special education needs can extricate themselves from the worst situation in social life, those all depend on if they can receive proper education and related services or not. [13] Because special education students are a group with a much smaller number than regular students, special education is easily being neglected, which, easily makes this small group becoming the shortest piece in the education system. The development of the special education is a key element for evaluating the educational level of a specific area. The level of legislation and legal implementation in special education can provide us another perspective to see this problem, and this is the reason why we can start from the related development of special education laws in Macau.

The following paragraphs will show us about the historical development concerning special education laws of special education system in Macau since 1960s.

1 The very beginning of special education in Macau

In the 1960s, special education in Macau was still a blank in the education system. In 1967, a Christian school named São Paulo started to

---

13 Deng Piaofan, "The call for Civilization and Progress", *Compilation of Special Education Documents* (1995), pp. 204-211.

receive disabled students.[14] It was the beginning of official special education in Macau. Till 1988, school São Paulo has been changed into Xie-Tong Special Education School in 1988.[15] This is the first special education school established in Macau.[16]

2 The first written law of special education in Macau

In the middle 80s last century, the development of special education in Macau grew rapidly.[17] Macau communities outreached special education, and special education classes, special education schools and special education training centers were built up in succession.[18] Special education was broadly accepted internationally and the legislation of special education was issued one country after another. In the meanwhile,

---

14 Special education of Hong Kong, Macau and Taiwan (港澳臺的特殊教育) (http://wenku.baidu.com/link?url=RlR3baUGtvuJJJlXPGpn_Tcxng1KVgr9zN7rBUgLw QcQRNsgswlMFzunrv83__rJNVra_Cz4gUKtJ82G9icxK6ipMkTvnm5SshEZqkKvtlC); accessed on 8th of July, 2014.

15 Special education of Hong Kong, Macau and Taiwan (港澳臺的特殊教育) (http://wenku.baidu.com/link?url=RlR3baUGtvuJJJlXPGpn_Tcxng1KVgr9zN7rBUgLw QcQRNsgswlMFzunrv83__rJNVra_Cz4gUKtJ82G9icxK6ipMkTvnm5SshEZqkKvtlC); accessed on 8th of July, 2014.

16 Special education of Hong Kong, Macau and Taiwan (港澳臺的特殊教育) (http://wenku.baidu.com/link?url=RlR3baUGtvuJJJlXPGpn_Tcxng1KVgr9zN7rBUgLw QcQRNsgswlMFzunrv83__rJNVra_Cz4gUKtJ82G9icxK6ipMkTvnm5SshEZqkKvtlC); accessed on 8th of July, 2014.

17 Ruan Bangqiu, "Macau Special Education: Review and Hope", Administration, Vol. 21, issue 79, 2008 No.1, pp.81-104.

18 Ruan Bangqiu, "Macau Special Education: Review and Hope", Administration, Vol. 21, issue 79, 2008 No.1, pp.81-104.

the group of students with special education needs in Macau was big enough to attract the government to pay more attention to. During that time, Macau was still the colony of Portugal; it was the Portugal government who contributed to the special education legislation in Macau during that period.

On 29th of August, 1991, the Macau government promulgated the Law No.11/91/M. The Law No.11/91/M was known as the Law of the Education System of Macau. Paragraph 1 in Article 4 of the Law No.11/91/M clearly defined that special education was part of the education system in Macau.[19] Even more, Article 13 of Chapter Two (Organization of the education system) of the Law No.11/91/M further described the aims, classification,methods and so on of special education in Macau. It provided a much more completed system for people to follow the regulation than before and helped people to have a better understanding of special education. Although the Law No.11/91/M was abolished in 2006 when new education law was issued, it was still not hard to tell that the Law No.11/91/M was the milestone for the development of special education in Macau. From the very beginning of the Law No.11/91/M was put into force, there was legal ground for the students with special education needs to rely on. That gave a meaningful progress to the development of special education.

---

19 The Law No.11/91/M, Paragraph 1 of Article 4: The educational system comprises: a) The pre-school education; b) The preparatory year for primary education; c) Primary education; d) Secondary education; e) Higher education; f) The special education; g) The adult education; h) Technical and professional education.

3 The establishment of the Centre of Psycho-Pedagogical Support and Special Education (the CPSSE)

After the Law No.11/91/M taking effect, special education in Macau was developed rapidly and the assistance from the DSEJ was not enough and efficient any more. A specialized agency was very necessary to be built to tackle those problems related with special education. Under this circumstance, in order to better assist the students with special education needs, an institute authorized by government with scientific and professional knowledge of special education and related services was needed.

On 21st of December,1992,the Decree Law No.81/92/M was issued. This decree law was about setting the current organizational structure for the DSEJ. Because of Article 17 of the Decree Law No.81/92/M, the CPSSE was established. The main duties for the CPSSE were written in Article 17 as follow:[20]

> *a) Set the psycho-sociological framework of criteria in order to characterize the educational needs of students; b) Establish procedures for necessary recovery and promote their application in order for the integration of students in the school and social context; c) Supervise, monitor and evaluate the measures that to be implemented in the school health; d) Plan and implement*

---

20 The Decree Law No.81/92/M(The Decree Law of the Current Organizational Structure for the DSEJ), Article 17; the articles are in Chinese version and Portuguese version; the articles in English version are translated by the author.

activities for information and educational and vocational guidance; e) Develop reference frameworks of professions and detect vocational and professional skills, guiding students for further study and career opportunities; f) Establish the general framework of the organization of special education; g) Define profiles of peculiarity and arrange follow-up plan, adapting it to the educational needs of the student; h) Promote the existence of a database on care services for children and youth with disabilities; i) Provide technical and pedagogical supports to the students with special educational needs; j) In conjunction with the Educational Resource Center, Organizing the documentation on special education, selecting and disseminating the documentation which can bring interest to educators and families of children and youth with special educational needs; l) Participate in licensing activities of establishments of education for students with specific disabilities, and consider applications to amend the conditions of its operation.

The DSEJ sets up a team for cohesively develop special education and better serve those students with special education needs. The team included counselors, social workers, physiotherapists, occupational therapists, pediatricians (concurrent post available as well), Child and Adolescent Psychiatrists (concurrent post available as well).[21]

---

21 Chen Fenglian, The General Situation of Macau Special Education (The Macau Education and Youth Affairs Bureau, 1999).

The establishment of the CPSSE provided a more systematic and scientific services to the students with special education needs than ever before 1992.

4 The passing of the Decree Law No.33/96/M (the Macau Decree Law of Special Education System)

Even the CPSSE was established in 1992 and made an impressive improvement for development of special education, Macau still stayed in a position as an area without specific law of special education. This remained a legal loophole and this legal loophole was making the students with special education needs out of legal reliability. Furthermore, the disputes between the wishes to receive proper education from the students with special education needs and the rejections to receive students with special education needs from schools became more and more intense. With these disputes, it was not easy for the CPSSE to do the meditations if no legal basis could be founded to settle these disputes. To make progress of this issue was not easy.

Facing this dilemma and trying to tackle this problem, on 1st of July, 1996, the government published the Decree Law No.33/96/M (the Macau Decree Law of Special Education System) for the better protection of the education right of the students with special education needs. This decree law which is known as the Macau Decree Law of Special Education System was a law to support the Law No.11/91/M in Macau at that time, because the Decree Law No.33/96/M (the Macau Decree Law of Special Education System) was for the further development of the legal system established by Paragraph 1 of Article 13 of the Law No.11/91/M.[22] It approved a special education system for students with special educational needs. The Decree Law No.33/96/M (the Macau Decree Law of Special Education System) did a profound job on further protecting the right of students with special education needs. And this law is still valid at present. However, as nearly two decades went by, the defects of the Decree Law No.33/96/M (the Macau Decree Law of Special Education System) became clearer and clearer, and it was not efficient to fully protect the education right for the students with special education needs; an updated law of special education may be needed.

5 The passing of the Decree Law No.33/99/M (the System of Prevention, Rehabilitation and Integration of People with Disabilities)

On 19th of July, 1999, the Decree Law No.33/99/M so called the Decree Law of the Effect on Approving the system of Prevention, Rehabilitation and Integration of People with Disabilities was passed. The purpose of the Decree Law No.33/99/M (the effect on Approving the system of Prevention, Rehabilitation and Integration of People with Disabilities) is to prevent from disability and help the disabilities to recover and to integrate into mainstream society.[23] Some articles of this

---

22 The Decree Law No.33/96/M (the Macau Decree Law of Special Education System); the articles are in Chinese version and Portuguese version; the articles in English version are translated by the author.

23 The Decree Law No.33/99/M (the Macau Decree Law of Approving the System of Prevention, Rehabilitation and Integration of People with Disabilities), Article 1.

decree law further add that special education should be apply in all levels of school and reaffirmed that no prejudice on the education right of disabilities.[24] This law is valid at present. It regulates a variety of the aspects in the society for disabilities in Macau.

We can tell some of the articles gives a big effect on improving the situation of special education, such as Article 10 of the Decree Law No.33/99/M (the Decree Law of the effect on Approving the system of Prevention, Rehabilitation and Integration of People with Disabilities):[25]

> *1. Special education is the education mode teaching in all levels of school, including public and private schools, which aims at the integral development for disabilities with special educational needs, as well as their preparation for full integration in active life.*
>
> *2. Without prejudice to the provisions of the Law on the Education System of Macau, measures for progressive integration of students with disabilities in the education system should be adopted, and ensure that appropriate responses to be given to the students with disabilities in the situation of Long-term stay at home or hospital.*

---

24 The Decree Law No.33/99/M (the Macau Decree Law of Approving the System of Prevention, Rehabilitation and Integration of People with Disabilities).

25 The Decree Law No.33/99/M (the Decree Law of the effect on Approving the system of Prevention, Rehabilitation and Integration of People with Disabilities), Article 10; the articles are in Chinese version and Portuguese version; the articles in English version are translated by the author.

Furthermore, Article 19 of the Decree Law No.33/99/M (the Decree Law of the effect on Approving the system of Prevention, Rehabilitation and Integration of People with Disabilities):[26]

> 1. *The education system should provide comprehensive responses to children and young people, who have special educational needs, favoring their integration into regular schools or in specialized institutions, where the severity of the case requires, in appropriate pedagogical, human and technical conditions.*
>
> 2. *In implementing the provisions of the preceding paragraph, it shall be progressively adopted measures to promote equal opportunities of disabled person to access to and success in education, including through measures of positive differentiation.*

It protects the rights and interests for those with disabilities and makes sure the implementations can be carried out well through the education system. In the meanwhile, the disputes between students with disabilities and schools are reduced, because the Decree Law No.33/99/M (the effect on Approving the system of Prevention, Rehabilitation and Integration of People with Disabilities) regulates that education system to have the obligation to provide proper education to children and young people with disabilities.

---

26 The Decree Law No.33/99/M (the Decree Law of the Effect on Approving the System of Prevention, Rehabilitation and Integration of People with Disabilities), Article 19; the articles are in Chinese version and Portuguese version; the articles in English version are translated by the author.

6 The passing of the Law No.9/2006 (the Macau Fundamental Law of Non-Tertiary Education System)

Since the Government of the People's Republic of China resumed its sovereignty over Macau on 20th of December,1999, Macau has changed rapidly. It was a significant transformation period for adjustment and development for Macau. After 20th of December, 1999, Macau local government published a series of laws based on the situation of the society at that time and for better regulation of the future development; one of them was the Law No.9/2006 which was the Macau Fundamental Law of Non-Tertiary Education System.

Article 12 of the Law No.9/2006 (the Macau Fundamental Law of Non-Tertiary Education System) is a specific part for regulating special education. The contents of Article 12 include the aims of special education, the categorization of who can receive special education, the way for special education's implementation, Individualized Education Plan and the government's duty.[27] Furthermore, Article 54 of the Law No.9/2006 (the Macau Fundamental Law of Non-Tertiary Education System) is an article for the revocation of the Law No.11/91/M (the Law of Macau Education System). It regulates that if the complementary law of the Law No.11/91/M (the Law of Macau Education System) does not violate the prohibition or order of the Law No.9/2006 (the Macau Fundamental Law of Non-Tertiary Education System), the complementary law of the Law No.11/91/M (the Law of Macau Education System) remains valid until the

---

27 The Law No.9/2006 (the Macau Fundamental Law of Non-Tertiary Education System).

complementary law of the Law No.9/2006 (the Macau Fundamental Law of Non-Tertiary Education System) entries into force.[28] That means except Paragraph 2,3 and 5 of Article 39 remains valid,[29] the Law No.11/91/M (the Law of Macau Education System) was partial replaced by the Law No.9/2006 (the Macau Fundamental Law of Non-Tertiary Education System). The Law No.11/91/M (the Law of Macau Education System) used to be the legal basis of the Decree Law No.33/96/M (the Macau Decree Law of Special Education System). At the beginning of the Decree Law No.33/96/M (the Macau Decree Law of Special Education System), the statement says that the Decree Law No.33/96/M (the Macau Decree Law of Special Education System) is one of the established legal system of the Law No.11/91/M (the Law of Macau Education System).[30] In addiction, the Law No.9/2006 (the Macau Fundamental Law of Non-Tertiary Education System) says that special education is subject to a specific statute.[31]The Law No.11/91/M (the Law of Macau Education System) was partial renovated[32] and was replaced by the Law No.9/2006 (the Macau Fundamental Law of Non-Tertiary Education System). Article 54 of the Law No.9/2006 (the Macau Fundamental Law of Non-Tertiary

---

28 The Law No.9/2006 (the Macau Fundamental Law of Non-Tertiary Education System), Paragraph 2 of Article 54.
29 The Law No.9/2006 (the Macau Fundamental Law of Non-Tertiary Education System), Paragraph 1 of Article 54.
30 The Decree Law No.33/96/M (the Macau Decree Law of Special Education System).
31 The Law No.9/2006 (the Macau Fundamental Law of Non-Tertiary Education System), Paragraph 6 of Article 12.
32 The Law No.9/2006 (the Macau Fundamental Law of Non-Tertiary Education System), Paragraph 1 of Article 54.

Education System) makes the Decree Law No.33/96/M (the Macau Decree Law of Special Education System) to remain as one of the complementary laws for special education[33] under the circumstance that no other law of special education is established.

Comparing the Law No.11/91/M (the Law of Macau Education System) and the Law No.9/2006 (the Macau Fundamental Law of Non-Tertiary Education System),with no doubt, some of the contents of special education were changed. Some of the legal issues had progressive outcomes. There were a lot of improvement of the Law No.9/2006 (the Macau Fundamental Law of Non-Tertiary Education System) comparing with the Law No.11/91/M (the Law of Macau Education System).[34] It changed and improved the regulation of the aims of special education, the gifted student, the evaluation, the implementation methods of education, the Individualized Education Plan and the duty of government.

The aims of special education in the Law No.9/2006 (the Macau Fundamental Law of Non-Tertiary Education System) are no longer just focusing on ensuring the quality of the education and student's integration of the society like the Law No.11/91/M (the Law of Macau Education System). The aims of special education in the Law No.9/2006 (the Macau Fundamental Law of Non-Tertiary Education System) are to ensure the quality of the education opportunity and student's integration of the

---

33 The Law No.9/2006 (the Macau Fundamental Law of Non-Tertiary Education System), Paragraph 2 of Article 54.

34 The Law No.11/91/M (the Law of Macau Education System), Article 13; the Law No.9/2006 (the Macau Fundamental Law of Non-Tertiary Education System), Article 12.

society.[35] It shows higher attention to the diversity of the student and provides appropriate education to the students with special education needs.

Gifted student is recognized as the students eligible to receive special education and the related services.[36] This concept of gifted student did not mention in the Law No.11/91/M. As far as author's concerned, due to Paragraph 6 of Article 12 says that the system of special education is subject to a specific law,[37] it can be predicted that, the further categorization of students with special education needs will be stated in a specific law of special education. However, this is just a prediction and Macau is still staying in the situation that no proper categorization of physical and psychological limitations for students to receive special education and related services is written in the law at present.

About the evaluation of students with special education needs, we can see that it is an obligation for the department or the authorized entities providing relevant public services.[38] This is good for students, parents and schools to look for assistance for students' evaluation and the implementation of the related special education law about this process

---

35 The Law No.9/2006 (the Macau Fundamental Law of Non-Tertiary Education System), Paragraph 1 of Article 12.

36 The Law No.9/2006 (the Macau Fundamental Law of Non-Tertiary Education System), Paragraph 6 of Article 12.

37 The Law No.9/2006 (the Macau Fundamental Law of Non-Tertiary Education System), Paragraph 6 of Article 12: the system of special education is subject to a specific statute; the articles are in Chinese version and Portuguese version; the articles in English version are translated by the author.

38 The Law No.9/2006 (the Macau Fundamental Law of Non-Tertiary Education System), Paragraph 2 of Article 12.

(evaluation) can be monitored in a more systematic way than the Law No.11/91/M (the Law of Macau Education System).

The implementation methods of special education in the Law No.9/2006 (the Macau Fundamental Law of Non-Tertiary Education System) changed a lot comparing with the Law No.11/91/M (the Law of Macau Education System). Inclusive education as an important implementation method of special education gets attention from the legislators of the Law No.9/2006 (the Macau Fundamental Law of Non-Tertiary Education System) and it becomes the preferential way to implement special education in Macau. This is a very important change about the way to teach students with special education needs. Besides, this changed article also shows the attitude of the legislator toward special education. The inclusive education better fits the international trend on the implementation of special education and it will bring more benefits for all the students in the education system.

No regulation of the Individualized Education Plan was mentioned in the Law No.11/91/M (the Law of Macau Education System),which was a neglecting of the importance of the Individualized Education Plan in special education. Due to the importance of Individualized Education Plan for every student with special education needs, emphasizing the Individualized Education Plan in the article means the respect of the student's characteristics. The legislation should make details about special education plan like the Law No.9/2006 (the Macau Fundamental Law of Non-Tertiary Education System) does.

The conditions of the Law No.9/2006 (the Macau Fundamental Law of Non-Tertiary Education System) on "what the government should create"[39] have more contents on funding, teaching training, family assistance and other entities' supporting[40] than simply stating that government should support like the Law No.11/91/M (the Law of Macau Education System).

All in all, the replacement of the Law No.11/91/M (the Law of Macau Education System) by Law No.9/2006 (the Macau Fundamental Law of Non-Tertiary Education System) is more suitable in the recent situation of special education in Macau; it fits in the international trend, approves some important contents of special education and gives a better guide to the future development of special education in Macau.

---

[39] The Law No.9/2006 (the Macau Fundamental Law of Non-Tertiary Education System), Paragraph 5 of Article 12.

[40] The Law No.9/2006 (the Macau Fundamental Law of Non-Tertiary Education System), Paragraph 5 of Article 12.

教育人物專題

范禮安與澳門聖保祿學院

一 引言

十六世紀中葉，葡萄牙人獲准於澳門居住。[1]一五七一年，澳門開辦了聖保祿公學，為葡人子弟提供基礎教育，並讓當地居民的子女進校讀書。其後，耶穌會遠東教務視察員范禮安（Alessandro Valignano, 1539-1606）為使澳門成傳教基地，提議在此基礎上建立一所高等學校[2]，培養東方傳教士。在獲得耶穌會總會長的支持後，聖保祿公學在一五九四年十二月一日升格為聖保祿學院。除神學課程外，學院還開設了數學、天文、物理等高級課程。作為最早期遠東高等學府之一，聖保祿學院肩負中西文化交流的重大使命。[3]

聖保祿學院的創辦和早期發展，耶穌會視察員范禮安扮演一個非常關鍵的角色。為了開拓中國和日本的傳教事業，他決定以澳門為訓

---

1 筆者衷心感謝兩位匿名評審者的寶貴意見。

2 據范禮安《日本巡察記》（東京都：平凡社，1985年）第四、五章，頁32-45記載，耶穌會所辦的教育共分三個等級，包括：神學校、修院、學院。據此，澳門聖保祿學院應屬最高級別。

3 耶穌會創立的首要目的，是遵從羅馬教宗的意願，將信德的種子傳播到各地。因此，外方傳教便成為修會最重要的使命（參看賴詒恩著，陶為翼譯：《耶穌會士在中國》〔臺北市：光啟文化事業，2007年〕），頁7；哈曼特著，谷裕譯：《耶穌會簡史》〔臺北市：光啟文化事業，2003年〕，頁77-101）。然而，由於耶穌會傳教士的大量東來，終於導致十六世紀以後中西兩大文明的碰擊。聖保祿學院雖不以溝通中西文化作為創立的主因，但是，在學院實質存在的二百年間，必然使其客觀地肩負此項重大任務。

練傳教士進入中國、並作為支援日本的傳教工作的基地。日後的發展
證明了范禮安高瞻遠矚的眼光，而聖保祿學院亦成功訓練大批溝通中
西文化的優秀人才。世人對沙勿略、利瑪竇等偉大人物在東亞的傳教
事業甚為熟悉，但對范禮安這個核心人物卻罕加提及，實有加以補充
的必要。

二 耶穌會在東亞地區的早期活動

承接著地理大發現，十六世紀正處於中西文化全面接觸的啟動階
段。在哥倫布發現美洲新大陸後，葡萄牙人亦繞過非洲南端的暴風角
（後改稱好望角）進入印度洋，並逐步在印度和麻六甲沿岸建立一系
列根據地，發展為里斯本——莫三比克（Mozambique）——果亞——
麻六甲——澳門——馬尼拉／長崎的歐亞航線。通過葡萄牙商船，連
同巴西殖民政權，使這個位於南歐末端、人口只有約兩百萬的小國一
躍而為世界第一個海上霸權、日不落國。與此相比，約在一百年前，
明朝鄭和（1471-1533）七下西洋（1405-1433）雖云壯觀，對中國和
世界的歷史進程，並沒有很大的影響。[4]

十六世紀中葉，耶穌會士在反宗教改革的歷史條件下努力捍衛和
傳播天主教，以聖方濟・沙勿略（St. Francis Xavier, 1505-1552）為首，
配合葡萄牙海外殖民事業，第一批外方傳教的耶穌會士在印度果亞、
捕魚海岸等地進行傳教活動。數年間，沙勿略在印度科欽（Cochin）、
錫蘭（Ceylan）、麻六甲（Malacca）、摩鹿加群島（Moluccas）等地
傳教事業的開展，並取得初步成功。

---

4 鄭和（1371-1433）下西洋的原因、經過和影響可參看陳高華等：《中國海外交通史》
（臺北市：文津出版社，1997年），頁183-203。

　　到了一五四九年，沙勿略進入日本傳教，當時適值日本處於戰國後期，為了獲得先進槍械和大量經濟效益，部分九州大名先後與葡國商人和沙勿略交往，為耶穌會在日本傳教提供條件。然而，沙勿略了解到日本歷來受中國文化與信仰的巨大影響，認為要在日本傳教取得成功，便必須首先在中國開展教務。他深信如中國傳教事業取得進展，則在日本傳播天主教便可水到渠成。當時，中國正實行海禁政策，只允許官方控制的朝貢貿易存在，至於泛海客商，則嚴加禁絕，而外國傳教士要進入中國是一件非常困難的事情。因此一五五二年初，沙勿略獲得果亞總督的批准，組織了一個赴華的葡萄牙使團，祈求通過外交活動以打開中國傳教的大門。這是耶穌會首次嘗試影響明朝皇帝。不幸的是，由於受麻六甲總督阿爾瓦列斯・特伊蒂阿（Alvares　Taidio）的妒忌，使團在五月底被扣留在麻六甲，未能成行。沙勿略雖努力斡旋，仍無法改變。於是，他決心獨自前往中國，一五五二年八月底，他以距離廣東的上川島（屬於臺山）作為基地，計劃偷渡入境。其時，沙勿略「意外遇到一個猶豫不決的（中國）商人，終於用計把他爭取過來，但主要是靠著奉送了價值超過兩百金幣的胡椒作禮物。」他的「奧德賽式的冒險」引起了葡商的憂慮，決定加以干涉，警告「如果他要強行進入中國，地方官員會被一個外國人的大膽的行為所觸怒，會對他們（葡商）嚴行處分。」那商人「在約定的時刻沒有露面。怕被發覺、怕死，或者對他敵人的疑心，可能使商人受不了。」一五五二年十二月二日，「在東方巡游傳教第十一年，在他最後的祈禱中他仍一心想念著中國的歸信」，沙勿略因熱病逝上川島，終於未達成進入中國內地的心願。[5]

5　利瑪竇、金尼閣著，何高濟等譯：《利瑪竇中國札記》（北京市：中華書局，2001年），頁127-138。

繼沙勿略之後，迄十六世紀八〇年代初，日本方面的傳教活動基本上相當蓬勃，教區的不斷擴張和信徒的數量增長，成就頗為矚目，不但有近三十萬信徒，即使長崎也實際為耶穌會士所管治。[6]這種狀況一直至豐神秀吉在一五八七年頒佈禁教令前夕，教務發展屬相當成功；而在中國方面，根據《明實錄》的記載，早於嘉靖十四年（1535），葡人已通過賄賂，獲廣東海道官員允予在澳門暫居[7]，其後曾通過各種手段手段，最終發展為一處較固定的居留地，然在內地傳教的工作，至一五八二年利瑪竇來華後，利用自鳴鐘、三稜鏡、地球儀等西洋科技為媒介，才有機會進入肇慶傳教，而事實上傳教工作並沒有取得突破性進展。

對比中、日兩國傳教事業發展的巨大差異，主要原因大概與兩國在政治狀態有關。中國在政治上的高度統一，而對外的海禁政策雖時有不同，往往因外寇的侵擾日趨嚴峻而不斷惡化，最顯著的是嘉靖（1522-1566）中沿海倭寇大舉入侵閩、浙、粵等地和萬曆（1573-1620）中豐臣秀吉侵略朝鮮，使中外關係進入高度緊張的狀態。日本方面，當時仍處於戰國大名紛爭的割據時期，具有條件的九洲大名著眼於經濟和槍炮軍備方面的益處，往往對傳教採取較為寬鬆的宗教政策。而事實上，流竄於中國沿海的倭寇，亦多由日本西南地區的大名所支持。[8]故此，對於來自葡萄牙的耶穌會的傳教士，中國官員和士紳總抱著疑懼的態度，以避免招惹通蕃賣國的嫌疑。[9]

6　Richard Storry, *A History of Modern Japan*, (London: Penguin Books Ltd., 1983), pp.55-57.

7　陳文源輯錄：〈《明實錄》葡澳史料輯存〉，載於《文化雜誌》第26期（1996年春季號），頁174，「天啟元年六月丙子」條。

8　關於明代倭寇問題，可參看范中義、全晰綱著：《明代倭寇史略》（北京市：中華書局，2004年）。其中第二章第二節（頁111-162）和第四章第一節（頁330-348）與本文關係最大。

9　利瑪竇察覺到中國朝野對外人不信任的態度。他在一五九六年向耶穌會總會長報告

三　關於范禮安神父的資料

　　所有關於范禮安的原始資料主要用義大利文和葡文寫成的，包括其與耶穌會會長和其他耶穌會人員的大量通訊。德籍耶穌會士舒特（Josef Franz Schutte, S. J.）在一九五〇年代利用了羅馬的耶穌會歷史研究所（The Jusuit Historical Institute, Rome）編了 *Valignanos Missions-grundsatze fur Japan*（Roma: Edizioni di Storia e Lrtterratura）兩大冊，分別在一九五一和一九五八年出版。此書的英文本由 John J. Coyne, S. J. 翻譯為 *Valignano's Mission Principles For Japan*（The Institue of Jusuit Sources, St. Louis, 1980）。本書的年代到一五八二為止。舒特原計劃將內容延伸到一六〇六（見於其在一九七八年為英文版所撰序文），惟至今未見出版。

　　關於范禮安神父的中文資料極為貧乏，除部分葡文和英文論著翻譯成中文外，用中文撰寫的范禮安的專著和論文極為罕見。最近出版的一部較全面分析其傳教策略是沈定平《明清之際中西文化交流史——明代：調適與會通》（北京市：商務印書館，2006年，增訂本），除有一專節（共三十頁）討論外，還對其所制訂的適應政策作較全面的剖析，是近年較佳的研究成果。然而，范禮安神父是十六世紀天主教在亞洲傳播的核心人物，領導了東亞傳教工作（主要在日本和中國）共三十三年（1574-1606），決定東亞地區為傳播天主教義而採用的文化調適方針。將沙勿略未竟之志加以完成，領導羅明堅、利瑪竇、孟三德、李瑪諾等耶穌會神父將中國的傳教大門開啟。在日本，他組織了第一個出使歐洲而獲得巨大成功的日本使團，曾親自向

　　說：「因為外國人在大明帝國無不遭受猜疑，尤其我們傳教士。」見於羅漁譯：《利瑪竇全集》（臺北市：光啟出版社，1986年），冊3，《利瑪竇書信集》上，頁230。

織田信長、豐臣秀吉講解天主教義。此外，范禮安神父秉承耶穌會教祖伊納爵（Ignacio de Loyola, 1491-1556）的傳教方針和辦學精神[10]，於1594年創辦聖保祿學院。其目的不但為將到中國和日本的傳教士加以訓練，使他們精通其語文、歷史和文化，後來更為越南、麻六甲的傳教士提供相同的訓練。對於這位在中西文化交流史上具有重大意義的人物，我們對他的認識卻非常有限。以筆者為例，在二〇〇六年初，由於工作的需要，才首次正式接觸范禮安神父的名字。[11]日常與一般歷史學同行的接觸，也罕有了解范禮安神父的事蹟。向天主教教徒查詢，亦不大清楚。甚至專門研究中西文化交流的專家，對范禮安神父有以下一段的描述：

> 耶穌會為了進入中國內地傳教，決定派熟悉中國語言、文化的范禮安（Alexander Valignari，字立山）、羅明堅（Michael Ruggieri，字復初）、巴范濟（Franciscus Passio，字庸樂），和利瑪竇四名義大利耶穌會士來華。四人都採用中國姓字。范禮安長期在澳門，一六〇六年在那裡去世……[12]

在短短的數句引文中，將四人的關係平列，並指稱他們被選派在來的原因在於「熟悉中國語言、文化」，而「范禮安長期在澳門」等說法，都是很不穩妥的陳述。

---

10 關於耶穌會的教育工作，可參看愛彌爾·涂爾干著，李康譯：《教育思想的演進》（上海市：上海人民出版社，2006年），第19-21講，頁242-281。

11 見姚偉彬等：《澳門大學廿五周年紀念特刊》（澳門：澳門大學，2006年），〈大事回顧〉，頁28-29，〈簡史〉部分。

12 沈福偉：《中西文化交流史》（上海市：上海人民出版社，1988年），頁366-367。引文中 Valignari 應作 Valignano；Passio 應作 Pasio。

　　對於以上問題，最主要的原因可能有三：

一、利瑪竇的聲望確實很大，難免讓其他有重要貢獻的穌會士失
　　色；

二、全面研究范禮安需要掌握義大利文、拉丁文、葡文、西班牙
　　文、德文、英文、日文和中文，其要求之語言能力非常寬廣，
　　遠非任何個人可以克服。這種語言能力在二十世紀的中國也不
　　多見，如陳寅恪、季羨林等個別學者或能勝任。

三、相關文獻分佈於羅馬、里斯本、北京等地，全面搜集需國際合
　　作，而其中宗教性質的資料亦非一般史家的所熟悉。以澳門為
　　例，能同時運用中文、葡文、英文三種資料的學者已極其難
　　得，遑論需要兼及義大利文、拉丁文、西班牙文、德文、日文
　　方面的資料。當然，除了語文問題外，還需要對中西文化和近
　　代科學方面的有較深入的研究。因此，如舒特教授憑藉其宗教
　　熱誠和對相關文獻的熟悉，終於亦只能完成范禮安在日本的前
　　期（首階段，1573-1582）工作，對一五八三至一六〇六的部
　　分卻未能竟其全功，反映關於本課題的難度。

　　對於文獻上收集和利用的困難，日文資料的應用可視為一個突破
點。事實上，由於一六二三年之前，中國教區一直屬於日本副省管
轄，而耶穌會創設的澳門保祿學院長期附於日本教區，並負責其屬下
中國教區的諸多傳教事務，其中包括人員派遣、經費調撥與物資供
給，並因此設有專門負責此類事宜的管區代表。因此，日本學者對此
課題特別關注，並曾大量整理有關文獻。例如，日本學者十分關注十
六、十七世紀耶穌會士在日本的傳教工作，他們利用分散在歐洲、用
拉丁文、西班牙文和葡文資料（大部分屬手稿）加以整理，編輯成日
文本（附注釋）的范禮安《東印度巡察記》（東京都：平凡社，2005

年）、《日本巡察記》（東京都：平凡社，1985年）等長篇報告。不僅
如此，在村上直次郎編譯的《耶穌會士日本通信》（東京都：雄松
堂，1984年）、《耶穌會日本年報》（東京都：雄松堂，1984年）、松田
毅一主編的《十六、十七世紀耶穌會日本報告集》（京都：同朋舍，
第1期第5卷，1991年；第2期第3卷，1997年；第3期第7卷，1994
年，）、高瀨弘一郎等編譯的《耶穌會與日本》（東京都：岩波書店，
1981-1988年）上、下以及東京大學史料編纂所出版的《日本關係海
外史料・耶穌會日本書翰集》（東京都：東京大學出版會，1993－
2000年）等眾多文獻，對相關研究提供極為珍貴和方便的材料，有利
於對本課題的進一步探討。此外，專門以聖保祿學院為研究對象的日
籍學者不少，其中以高瀨弘一郎《キリシタン時代對外關係の研究》
（東京都：吉川弘文館，1994年）、《キリシタン時代の文化と諸相》
（東京都：八木書店，2001年）和《キリシタン時代の貿易と外交》
（東京都：八木書店，2002年）最為詳盡，對了解聖保祿學院的初期
發展和經濟來源有較為全面的分析。[13]

四　范禮安在澳門創辦聖保祿學院的原因

　　一五七三年八月，年僅三十四歲的范禮安被耶穌會會長 Father
General Merrcurian 委派為整個亞洲傳教團（從果亞到日本）的視察
員（Visitor）的重大任務後，開始準備其亞洲之行。為了完成這個任
務，他表達了欲帶四十名耶穌會士從里斯本啟航的願望。但是，范禮

---

13 十分感謝其中一位匿名評審者所提供的大量日文資料。由於數量龐大，本文暫時只
　能很初步的利用有關材料。為提高學術水平，筆者所屬機構正籌劃對上述不同外語
　翻譯為中文。計劃翻譯的日文資料包括范禮安的《東印度巡察記》、《日本巡察記》、
　高瀨弘一郎《キリシタン時代の文化と諸相》和松田毅一主編《十六、十七世紀耶
　穌會日本報告集》（與澳門有關的部分）等文獻。

安卻被告知，他的願望是不可能實現的。從未有如此之多的耶穌會員同乘一艘船啟航；葡萄牙國王也從未一次性資助過如此之多的傳教士同時離國。然而，經過不斷努力，范禮安終於帶同四十一名傳教士離開葡萄牙里斯本，經歷了半年的海上艱苦旅程，在一五七四年九月到達了果亞（Goa）。四年後，他從印度「抵達澳門，準備繼續去日本。航海法規（按：指東南亞的季風）暫時不讓他航行，因此他在澳門至少滯留了十個月。[14]這給他一個良好的機會得以詳盡透澈地研究中國的形勢，結果再度點燃了沉睡之中的遠征中國的熱情。」[15]

　　據范禮安抵達澳門後向耶穌會會長的報告說：為確保日本教團的日常經費，他與管理澳門的澳葡當局協商，確定每年神父可從 Nau 船在中日貿易[16]中獲得五十擔生絲的分額，並保證其盈利不受影響。為此，范禮安尋求會長的支持。而會長則慎重將此事向教宗 Grogory XIII 呈報並獲首肯，這便保障了東亞地區的基本財務上的支出。[17]同時，由於當時在澳門的耶穌會士對中國傳教抱著悲觀態度，范禮安決定要求印度派遣新的教士來華，並重新啟動對中國的傳教工作。[18]，

---

14 根據馬拉特斯塔（Edward Malastesta）：〈范禮安——耶穌會赴華工作的決策人〉附件：〈范禮安（1539-1606）傳略年表〉，《文化雜誌》（澳門：澳門文化局，1994年）第30期，頁49載，范禮安曾六次停留在澳門，包括：6/9/1578-7/7/1579；9/3/1582-31/12/1582；28/7/1588-29/6/1590；24/10/1592-15/10/1594；20/7/1597-14/7/1598 和 10/21603-20/1/1606。一六〇六年一月二十日范禮安神父病逝，遺體葬於其創辦的聖保祿學院內（即現在的大三巴牌坊附設的博物館中）。

15 何高濟等譯：《利瑪竇中國札記》（北京市：中華書局，1983年），頁142。

16 關於 Nau 船在中日貿易上的角色，可參看 C. R. Boxer, *The Great Ship From Amacon*, Instituto Cultural De Macau, 1988。

17 J.F. Schutte, *Valignano's Mission Principles For Japan* (St Louis: Institute of Jesuit Sources, 1980), pp. 184-185。

18 約有二十五名傳教士在一五五二至一五八三年間進入中國（包括廣州、泉州等城市），可惜均在短時期內被迫離開。該批傳教士之詳細名單見 Joseph Sebes, S. J., *The Precursors of Ricci*, pp. 27-31.

即通過派遣在印度的 Benardino Ferraro 神父，但因其無法抽身，故改
由羅明堅（Michele Ruggieri）來華，范神父並指令其全力學習中國語
文，包括讀、寫、聽、說等方面。當羅明堅在一五七九年七月二十日
到達澳門時，范禮安已於兩星期前（7月7日）離開澳門，前往日
本。[19]

　　耶穌會學者維克特（John W. Witek）[20]曾撰寫一篇題為〈著眼於
日本：范禮安及澳門學院的開設〉。[21]在文中，他利用范禮安在當時撰
寫的報告：〈耶穌會有關在澳門設立學院之目的的申述及對在印度有
人提出反對理由的答辯〉（手稿），指出「日本教省的一五九二年傳教
大會已達成一致意見，認為在澳門設立一所學院，是使耶穌會及基督
教能在日本發展的唯一辦法。」在神父看來，該學院的宗旨主要有四
條，包括：

　一、日本的教友人數日漸眾多，他們需要這所學院；

　二、在日本的傳教團就可以有一個培養自己人員神學院，一些人員
　　　一經畢業，就可以供日本支會長所調遣。他著重指出，最好是
　　　在澳門為日本教會設立一所學院，使得那些來自印度與歐洲的
　　　耶穌會士可以在此同日本人交往，從而學習日文與日本風俗習
　　　慣……作好進入日本的準備；

　三、日本這塊異教徒眾多的土地，乃由許多個君主（按：即大名）
　　　分別統治……這就形成了一個環境，一旦迫害爆發，就不可能
　　　維持一所學院和一所修院。然而，對於傳教工作來說，教育訓
　　　練能持續不斷進行，是至關重要的；

---

19 Joseph Sebes, S. J., *The Precursors of Ricci*, p. 186.

20 維克特曾參與編輯十八卷的《印度文獻》（*Documenta Indica,* 18 volumns, edited by
　Joseph Wicki S. J. and John Gomes S.J., Monumenta Historica Societatis Iesu, 1979）。

21 維特克的論文載於《文化雜誌》第30期，《澳門聖保祿學院文集》（澳門：澳門文化
　司署，1997年），頁43-53。

四、耶穌會親自目睹基督教在日本的發展……為了避免闖禍，並且
　　為了促進耶穌會在日本的建立，他所建議成立的學院，就是使
　　教會能在該地蓬勃發展的唯一策略。

范禮安爭辯說，這四條十分重要的理由合在一起，就可以理解為在中
國（按：指澳門）設立該學院的綜合意旨。[22]換言之，日本傳教事業
的急速發展，故需要一所培訓教士的神學院，但從當時日本政局的變
化而論，一所設在日本本土的學院欠缺長遠發展的機會，因為范禮安
了解到當時「霸主豐臣秀吉已於一五八七年夏下令將所有傳教士驅逐
出境。該命令雖然沒有完全付諸實施，但已使得教會同政府的關係初
步進入了緊張狀時期」。而且，范禮安神父「還了解到豐臣秀吉一統
全國的政策」很快實現。[23]政局的轉變很可能使日本傳教事業出現逆
轉，故學院設置於澳門不失為穩健和符合日本教務的長遠利益。

　　其實，范神父的手稿是針對印度耶穌會最高負責人卡布拉爾神父
（Francisco Cabral, 1528-1606）的反對意見而發的。卡布拉爾神父早
在一五七○年代領導日本的傳教工作。范禮安神父到了日本巡視後，
不同意其「葡萄牙式的管理傳教團的辦法……（認為）到日本工作的
傳教士們應該懂得當地老百姓的文化」和「風俗習慣」。卡神父堅持
己見，使兩人發生衝突，終於范禮安神父將神父調離日本。[24]到了要
辦聖保祿學院時，卡神父便多方反對，向總會長提出十五條反對創辦

22　《文化雜誌》第30期，《澳門聖保祿學院文集》（澳門：澳門文化司署，1997年），
　　頁45-46。

23　《文化雜誌》第30期，《澳門聖保祿學院文集》（澳門：澳門文化司署，1997年），
　　頁46。

24　按：其實這便是范禮安「適應政策」在實行時遇到的反對觀點，是後來「禮儀之
　　爭」的根源。有關課題非常複雜，詳細可參看李天綱：《中國禮儀之爭：歷史，文
　　獻和意義》（上海市：上海古籍出版社，1998年）；蘇爾、諾爾編，沈保義、顧衛
　　民、朱靜等譯：《中國禮儀之爭：西文文獻一百篇（1645-1941)》，（上海市：上海古
　　籍出版社，2001年）。

學院的理由。[25]實質而言，印度方面的意見是認為遠東教區沒有創辦學院的權力，而范禮安則強調，根據耶穌會會規，「各傳教區是分開單獨的、服從總會長的實體。」[26]而早在一五七一年，澳門人口日益增加，為了澳門配合發展的社會的需要，開辦了一所聖保祿公學，這所學校以葡文教授學童。[27]直至一五九四年十一月底，這所小學一直很好地為本區居民提供基礎的識、寫字（一度還設有拉丁班），學生人數約有兩百人。[28]

一五九二年，范禮安神父在日本長崎召開第三屆傳教士總協商會議之後，又在二月和七月之間舉行了第一屆省區副會長會議。最後，他們決定「有必要在日本本土之外創辦一所學校，以招收日本耶穌會會員入學」，原因是「當時日本內戰所造成的動蕩不安在年輕人的身上有所體現，影響到他們安心讀書和培養神修的精神。另一方面，祇有與完全是基督教的西方環境接觸，他們才能有所收穫。」[29]

與此同時，聖保祿公學校長孟三德（Duarte Sande）由於學生人數的增加，「原來的校舍已經變得狹窄和不舒適，即使對走讀生來說亦是如此。學生們摩肩接踵，所有人到頗不體面地擁擠在一起……興

25 要了解卡神父的意見和范禮安的反駁理據，可參看維克特：〈著眼於日本：范禮安及澳門學院的開設〉，頁46-49。

26 維克特：〈著眼於日本：范禮安及澳門學院的開設〉，頁46-49。

27 關於其開辦的年份，方豪神父主張為一五六五年。李向玉教授則依據文德泉神父《澳門及其教區》第三卷所述，定為一五七一年創辦，創始人是教區視察員貢薩羅・阿爾瓦雷斯（Goncalo Alvares），學校設於名為天主之母的小教堂附近。有關討論見氏著：《漢學家的搖籃：澳門聖保祿學院始末》（北京市：中華書局，2006年），頁13-14。

28 裴化行著，管震湖譯：《利瑪竇評傳》（北京市：商務印書館，1998年），上冊，頁238，註4。

29 桑托斯（Domingos Mauricio Gomes dos Santos, S. J.）著，孫成敖譯：《澳門：遠東第一所西式大學》（澳門：澳門大學，1994年，葡、中、英三語單行本），頁41-42。

建一所足夠寬敞的學校，不僅能夠滿足澳門人要為當地青年開設更多
課程的渴望，而且還可以使天主聖母堂（按：即大三巴教堂）成為一
個培養從日本到中國、到越南東京（Tonquim）以及這一世界盡頭的
其他國家的傳教士的中心。」[30]

五　范禮安對聖保祿學院在創辦初期的規劃

范禮安神父在一五九二年十月九日離開日本，二十四日抵達澳
門。他的建議正好配合澳門社會的需要，故有關建校工作隨即展開。
首先便是選址問題。經過尋找，決定在原來小學旁的山坡，那裡「全
是大塊的岩石……儘管造價將要提高，但其位置有利於健康……（其
地）佔了一片面積極大的地方，可以使學院擁有幾處舒適的庭院……
視野十分開寬……十分涼爽，位置極佳。」[31]我們現在從實地（按：
即現時大三巴牌坊一帶）觀察，所得印象與上文所描述的十分一致。

一五九四年十二月一日，升格為大學的聖保祿學院正式成立。[32]
除神學課程外，還開設了數學、天文、物理等課程。為了繼續以往的

---

30 桑托斯（Domingos Mauricio Gomes dos Santos, S. J.）著，孫成教譯：《澳門：遠東
　　第一所西式大學》（澳門：澳門大學，1994年，葡、中、英三語單行本），頁42。

31 桑托斯（Domingos Mauricio Gomes dos Santos, S. J.）著，孫成教譯：《澳門：遠東
　　第一所西式大學》（澳門：澳門大學，1994年，葡、中、英三語單行本），頁42。

32 全面介紹聖保祿學院的研究，除了上述李向玉教授的《漢學家的搖籃：澳門聖保祿
　　學院始末》（北京市：中華書局，2006年）和桑托斯（Domingos Mauricio Gomes dos
　　Santos, S. J.）的《澳門：遠東第一所西式大學》，還有劉羨冰《澳門聖保祿學院歷
　　史價值初探》（澳門：澳門文化司署：紀念葡萄牙發現事業澳門地區委員會，1994
　　年）和澳門文化司署出版的《文化雜誌》第30期，《澳門聖保祿學院文集》（澳門：
　　澳門文化司署，1997年）。葡文資料方面更多，近年在澳門大學葡文系教授 A. R.
　　Baptista 的 *A Ultima Nau: estudos de macau*（2000）較為重要，特別是第二章第三
　　節 "O Colegio De Macau"，頁45-56。以上各項作品均以聖保祿學院的建立、發展和
　　建築特色等為對象，大大豐富了我們對學院的了解。

工作，聖保祿小學仍予以保留。到一七三一年，學生人數仍達一百七十人。[33]作為遠東一所重要的學府，聖保祿學院肩負中西文化交流的重大使命。

范禮安在一切事務就緒後，便前往印度。出發之前，他將原來的機構一分為二：「一個是與中國副省區相聯繫的天主聖母堂寓舍，那裡有十名神職人員……另一個是附屬日本省區的聖保祿學院，該院有十九名神職人員……還有八或十名來自日本的學生以及一些來自印度的學生，院長為孟三德神父。」[34]根據范禮安神父的指示，「學院還計劃增設一些新專業，讓學生學習和掌握更多的科學知識。」[35]除課程安排外，該學院亦「仿照歐洲大學的考試制度。」總之，范禮安神父為學院設計了極為詳細的章程。他在其序言中寫道，「本學院課程行將開始，但卻無固定規章可循。在本院任課之教師及就讀之耶穌會兄弟來自不同省區，而不同省區之學校在做法上有著不同之習慣，因此，如果不硬性制訂固定的規章便易造成極大混亂並年年都得改換。根據本院教師之數目和所開之課程，除要執行可以執行的羅馬教廷有關條例之外，我認為建立某些必須遵守之規章是適宜的。」[36]

一五九七年十月，從果亞回到澳門不足三月的范禮安神父，為聖保祿學院制定了全套校規[37]，並在差不多同時將天主聖母堂和聖保祿

33 李向玉：《漢學家的搖籃：澳門聖保祿學院始末》（北京市：中華書局，2006年），頁29-33。同書頁62-65也記載了該小學一些教學和課外活動，如學生互助、競猜謎語、戲劇表演等。

34 桑托斯：《澳門：遠東第一所西式大學》，頁44。

35 《聖保祿學院年報（1594）》，轉引自李向玉：《漢學家的搖籃：澳門聖保祿學院始末》（北京市：中華書局，2006年），頁36。

36 若瑟‧蒙坦也：〈澳門主教區歷史史料〉，轉引自桑托斯：《澳門：遠東第一所西式大學》，頁46。

37 全文見於李向玉：《漢學家的搖籃：澳門聖保祿學院始末》（北京市：中華書局，2006年），頁73-79。

學院合併,並指派瑪諾(Manuel Dias)神父擔任院長。[38]

可惜的是,正在不斷發展的聖保祿學院在一六○一年被大火燒毀了教堂和四分之三的學院,不久,一場突如其來的颱風又使其進一步遭到損失。當時的院長為卡瓦略(Valentim de Carvalho)「組織了一個由居民組成的委員會」,以籌募重建學院和相連之教堂。得到居民的大力捐助,才能將各項設施重建成功。

事實上,范禮安神父一直期望建立一個基金會,以保證學院的支出所需,可惜未能如願。但是,由於學院很受社會歡迎,因此捐贈源源不絕。卡瓦略在一六○六年十一月四日寫給總會長的信件透露,自學院成立至今的十多年來,它一直靠澳門居民捐助維持。[39]這亦足以反映學院在范禮安神父的領導下,獲得各界的高度評價。

六 小結

經歷各種困難後,澳門聖保祿學院日趨發展,不但成為日本傳教的基地,也是日後日本教難嚴峻時期的避風港。此外,由於中國傳教事業在范禮安的高度關注和制訂適當的「適應性傳教策略」[40],緊閉的大門終於打開,為十七至十八世紀到來東方的傳教士提供最佳之訓練基地,學院也在「無心插柳」的情況下促進了中西文化的交流。

---

38 桑托斯:《澳門:遠東第一所西式大學》,頁44。按:因原任院長孟三德神父年老,遂改派李瑪諾出任改組後的院長一職。

39 李向玉:《漢學家的搖籃:澳門聖保祿學院始末》(北京市:中華書局,2006年),頁90。

40 最詳細就有關策略的經過加以說明,是沈定平:《明清之際中西文化交流史——明代:調適與會通》,特別是第三至六章。

陳垣與中西交通史研究的開拓
──兼論張星烺教授的貢獻

一 引言

　　陳垣校長一生致力於元史、宗教史、敦煌學、史源學和目錄學等，並重視民族文化的宏揚，研究範圍異常廣泛，成就實屬非凡。他也力爭把漢學中心由巴黎、京都奪回北京的偉大抱負。其中，與以上領域有密切關係的中西交通史的研究，陳老在我國實有創始之功。在陳老的提倡和鼓動下，我國中西交通史研究遂出現空前的發展，名家如張星烺、向達、馮承鈞、方豪均能獨領風騷，留下眾多優秀的作品。同時，無論是北方的輔仁、燕京、清華和北大，抑南方的中山、廈門等高等學府，中西交通史或中外關係史研究，均有優良的發展。中國是一個農業國，百姓常安土重遷。自宋代以後，對外國情況基本上缺乏研究學習的興趣。國人對外國知識的貧乏無知，是導致近世以來中國節節退敗的主要原因。因此，陳老承繼晚清以來對西北史學研究的道路（如徐松、魏源、何秋濤、沈垚、洪鈞等），將視野擴至整個歐亞大陸，為我國二十世紀以至二十一世紀的中外文化交通史研究奠定堅實的基礎。本文嘗試從三個方面對此問題作初步探討：一、宗教史和元史研究；二、原始資料的廣泛搜集；三、獎掖後學，培養和提供中西交通史的人才。

二　初期研究以宗教史和元史為中心

　　陳老年生於清光緒六年（1880）十一月十二日，於七歲時在廣州人讀私塾，學習《四書》、《詩》、《易》、《書》等，對國學已有一定基礎。[1]十二歲時，偶然發現張之洞的《書目答問》[2]，遂對圖書目錄學有所體會，懂得按目找書。次年，習《左傳》、《四庫全書總目提要》，對史學與目錄學的認識漸增。一八九四年，因廣州大疫，學館解散，遂泛覽各類圖書，為日後研究奠定穩固基礎。[3]其間為準備參

1　陳智超編《陳垣簡譜》，收於《陳垣來往書信集》（上海市：上海古籍出版社，1990年），頁820。筆者於中學時代已曾接觸《勵耘書屋叢刻》（包括《元西域人華化考》、《元典章校補》、《元典章校補釋例》、《史諱舉例》、《舊五代史輯本發覆》、《吳漁山先生年譜》、《釋氏疑年錄》、《清初僧諍記》八種）、《通鑑胡注表微》、《中國佛教史籍概論》等著作，惟陳老著作均屬專門絕學，小子學力所限，也沒有宗教信仰，故收穫極為有限。現在想來，真有「如入寶山空手回」之感。到了二○○一年九月，筆者有幸考入北師大博士班，師從郭英德教授，以古典文獻學為研習方向，得正式追隨於陳門之後。

2　張之洞《書目答問》對陳老進入學術領域有重要啟蒙作用。據王明澤：〈陳垣事跡著作編年〉（收於《紀念陳垣校長誕生110周年學術論文集》〔北京市：北京師範大學出版社，1990年〕，頁455）稱：「十二歲，轉到閩漳會館裡的一座學館讀書。一次，在馬寅初老師的書架上發現張之洞的《輶軒語》，後附有《書目答問》。」（按：此說待考。按馬寅初生於一八八二年六月，少陳老兩歲。據〈馬寅初先生大事年表〉，《馬寅初全集》，卷15，頁378，馬氏「出生於浙江紹興府……十二歲到浦口鎮私塾讀書；十七歲夏秋之交，隨張江聲由浦口鎮赴上海，進教會學校英華書館。」似未嘗在十歲時到廣東讀書；故本文只言陳老「偶然發現」此書。）關於《書目答問》，陳老在〈談談我的一些讀書經驗〉中指出：「書中列舉很多書名，下面注著這書有多少卷，是誰所作，什麼刻本好。我一看，覺得這是個門路，就漸漸學會按著目錄買自己需要的書看。」（陳樂素、陳智超編校：《陳垣史學論著選》〔上海市：上海人民出版社，1981年〕，頁641。）

3　陳智超編：《陳垣簡譜》，收於《陳垣來往書信集》（上海市：上海古籍出版社，1990年），頁821；《陳垣史學論著選》（上海市：上海人民出版社，1981年），頁641。

加科舉考試，努力練習八股文，學到一些讀書的辦法。[4]再經約十年的時間，陳老學過西醫，辦過報紙，但讀書和教書從未間斷，並泛讀了《四庫全書》一遍。[5]到了一九一七年，由於對元代研究的心得，開始了對外來宗教的研究。《簡譜》一九一七年載：「因研究宗教史，向英華（即英斂之）借閱宗教史書籍。當時英華在香山靜宜園主持輔仁社，因訪英華，有《元也里可溫教考》之作。」[6]據王明澤〈陳垣事跡著作編年〉一九一七年五月條，引述陳老說：「余嘗一謁先生，先生出示輔仁社課，中有題曰『元代也里可溫考』。余叩其端緒，偶有所觸，歸而發篋陳書，勾稽旬日，得佐證若干條，益以輔仁社諸子所得，比事屬詞，都為一卷，以報先生。先生曰：善，願以付梓。余自維翦陋，況值旅居，藏書絕少，涉獵多有未至也。先生曰：是胡害！補遺訂誤，可俟異日。余乃董理其稿，並經馬相伯先生為之點

4　晚清教育的變革，以「廢科舉、興學堂」的影響最大。陳老適值其間，雖不能由科舉以入仕，但由世變而專問從事史學研究，終為一代宗師。故境遇與得失之間，未易一言而定。據陳老自言，其間掌握了讀書的方法，便是「苦讀」，即刻苦鑽研、專心致志也（見〈談談我的一些讀書經驗〉，陳樂素、陳智超編校：《陳垣史學論著選》〔上海市：上海人民出版社，1981年〕，頁641）。因此，從積極角度來考慮，私塾和科舉的學習經歷，對陳老的史學基礎的奠定，仍有相當之作用。

5　自十九世紀以來，被號稱「讀了四庫全書一遍」的，恐怕只有陳老一人。誠然如陳老所說，書有兩種：一種是涉獵的，即可以「不求甚解」；一種是深入細緻的，即「要求甚解」。明乎此，才能理解「讀了四庫全書一遍」的真正意義。同時，陳老也將《四庫全書總目提要》讀過好幾遍。

6　陳智超編：《陳垣簡譜》，《陳垣來往書信集》（上海市：上海古籍出版社，1990年），頁822）。《陳垣來往書信集》頁2注1有以下一段記錄：「垣老在一九一九年四月所作《萬松野人言善錄跋》中說：『余識萬松野人（英華的號），因《言善錄》也。丁巳（1917年）春，居京師，發憤著《中國基督教史》，於是搜求明季基督教遺籍益亟，更仿朱彝尊《經義考》、謝啟昆《小學考》之例，為《乾隆基督教錄》，以補《四庫全書》之闕，未有當也。已而得《言善錄》，知野人藏此類書眾，狂喜，貽書野人，盡假而讀之，野人弗吝也。余極感野人，野人亦喜有人能讀其所藏，並盼他日彙刻諸書，以編纂校讎之任相屬。』」

定，乃付刊。」[7]同年八月條：「由於續獲資料幾及倍，其中復有有力之證據數條」，於是作重大補充修改後再版發行。此後又經一九二〇、一九二三、一九三四三次修訂成最後定本，題目改為《元也里可溫教考》。並注明「最後定本未刊印過，今收入《陳垣學術論文集》第一輯」。」[8]由此而言，陳老正式進入史學研究領域，實與輔仁諸友有極大的關係。此後十年，陳老對外來宗教的傳播，可說是全力以赴。[9]其後，遂於較短時期內完成一系列外來宗教之專著，包括《基督教史目錄》（1918）、《開封一賜樂業教考》（1919年11月）、《火祆教入中國考》（1922年4月）、《摩尼教入中國考》（1922年6月）、《元西域人華化考》[10]（全書共八卷，前四卷發表於一九二三年十二月；後四卷發表於一九二七年十二月）、《敦煌劫餘錄》（1924）、《中西回史日曆》、《二十史朔閏表》（1925年7月）等。此外，還有〈基督教入華史略〉、〈回回教入中國史略〉兩篇講演稿[11]（分別於1924年及1927年）。據周少川的分析，除與馬相伯和英斂之等天主教學者交往外，「其中

---

7 王明澤：〈陳垣事跡著作編年〉，《紀念陳垣校長誕生110周年學術論文集》（北京市：北京師範大學出版社，1990年），頁462-463。

8 王明澤：〈陳垣事跡著作編年〉，《紀念陳垣校長誕生110周年學術論文集》（北京市：北京師範大學出版社，1990年），頁463。

9 陳老有志於宗教史的研究，時間實始於清末，研究對象是回教。陳老在一九二七年演講〈回回教入中國史略〉時說：「二十年前，余即有意編纂《中國回教志》。其總目如下：《宗派志》一卷、《典禮志》二卷、《氏族志》二卷、《戶口志》二卷、《寺院志》二卷、《古蹟志》一卷、《金石志》一卷、《經籍志》一卷、《人物志》九卷、《大事志》二卷。」後以「關於戶口寺院金石諸門，非實際調查不可，而中國回教團體，組織不完備，調查殊感困難，故此書至今尚未完全成功。」（《陳垣史學論著選》〔上海市：上海人民出版社，1981年〕，頁217-218。）

10 參看陳智超編著：《陳垣《元西域人華化考》創作歷程：用稿本說話》（北京市：國家圖書館出版社，2009年）。

11 收於《陳垣史學論著選》（上海市：上海人民出版社，1981年），頁184-192、217-234。

更有他瞄準中外文化交通史這一國際漢學研究的熱門話題，欲發奮研究，以優異成績與外國漢學爭勝的深層原因。」[12]周氏更指出當時國際漢學重鎮在巴黎和京都，陳老認為這讓「中國學者引為奇恥大辱」，並曾多次公開表示要「把漢學中心奪回北京」。[13]

三　重視資料編纂的工作

　　陳老從不輕視資料收集工作。他強調有價值的史學研究，必須首先重視史料的收集工作。在〈談談文風和資料工作〉一文，他首先指出「現在有些學術性的論文，空論太多，閒話不少……如果把重複的、空洞的話減去，就可以省掉一半。」[14]但是，他決不主張「史料即史學」。他認為：「理論是作戰方針，資料好比彈藥……供應彈藥，是為作戰有利。搞資料工作就是為編書，為寫著作服務……以正確的思想來指導資料工作，才能作為資料的主人，才能掌握資料。」[15]有了資料，便需深入研究，切忌浮泛和欠缺專精。他在一九三三年回覆蔡尚思的來函時指出：「抑有言者，什麼思想史、文化史等，頗空泛而弘廓，不成一專門學問。為足下自身計，欲成一專門學問，似尚須縮短戰線，專精一二類或一二朝代，方足動國際而垂久遠。不然，雖日書萬言，可以得名，可以噉飯，終成為講義的教科書的，三五年間即歸消滅，無當於名山之業也。」[16]這個說法，除針對蔡氏的一些缺點，更是對當日眾多的通論式著作的直接批評，認為缺乏創新、浮泛

---

12 周少川：〈論陳垣先生的民族文化史觀〉，《史學史研究》2002年第3期，頁6。

13 周少川：〈論陳垣先生的民族文化史觀〉，《史學史研究》2002年第3期，頁6-7。

14 《陳垣史學論著選》（上海市：上海人民出版社，1981年），頁636。

15 《陳垣史學論著選》（上海市：上海人民出版社，1981年），頁638。

16 一九三三年六月三日致蔡尚思函；見陳智超編注：《陳垣來往書信集》（上海市：上海古籍出版社，1990年），頁355。

立論的學術著作，沒有多少的價值，規勸蔡氏能夠選擇一個合適的領域作精深研究。一九四〇年一月，陳老寫信提點其長子樂素，指出「凡論文必須有新發現，或新解釋，方於人有用。第一搜集材料，第二考證及整理材料，第三則聯綴成文。」他進一步表明「第一步工夫，須有長時間，第二步亦須有十分之三時間，第三步則十分二時間可矣。」[17]

四　重視師友切磋，努力獎掖後學，積極開拓中外交通史的研究

《學記》說：「獨學而無友，則孤陋而寡聞」。我們從《陳垣來往書信集》中大量函件，足以證明其熱衷於友朋的觀摩切磋。陳老在學術上的朋友極多，難以一一列舉。可是，他的朋友主要是著眼於切磋問難，增長識見。例如，在一九三九年一月十四日，陳老將撰成〈湯若望與木陳忞〉之刊印本寄給陳樂素，並訴說：「前者文成必先就正於倫（明）、胡（適）、陳（寅恪）諸公，今諸公散處四方，無由請教，至為遺憾。」[18]在撰寫《明季滇黔佛教考》中部分關於明遺民的章節時，也再次表示：「文成必須有不客氣之諍友指摘之，惜胡、陳、倫諸先生均離（北）平，吾文遂無可請教之人矣。」[19]反映陳老十分重視同行的批評，俾有改進的空間，慨嘆昔日學侶因抗戰而星散，難收切磋之助。

此外，陳老尤重視國際學術的新發展。其中，對日人的研究最為

17　陳智超編注：《陳垣來往書信集》（上海市：上海古籍出版社，1990年），頁650。

18　陳智超編注：《陳垣來往書信集》（上海市：上海古籍出版社，1990年），頁643。

19　陳智超編注：《陳垣來往書信集》（上海市：上海古籍出版社，1990年），頁650-651。

關注。陳智超先生認為陳老「有開闊的視野，特別是一九一三年定居北京之後，與學界有廣泛的交流，也十分注意國際漢學界（特別是日本漢學界）的動態，隨時了解日本一些重要史學雜志的目錄，並請人翻譯了其中一部分論文。像他這樣一位本土學者，在當時的環境下，如此關注國際史學動態，真是鳳毛麟角。」[20]以目前發現的史料而論，陳老不但常常將新著寄贈本國學人，也多次自覺將高水平的專著和論文贈與外國學者。例如，據陳智超發現今世上唯一保存完好的《元西域人華化考》手抄稿本，原來是陳老當年贈與日人桑原隲藏的。[21]

　　陳老樂於攜後學，也是眾所周知的。這是陳老努力壯大中華學術研究力量的具體行動。陳老辦教育和研究史學都與愛國思想有密切關係。周少川指出陳老在一九二九年主持輔仁大學校務時，在學校章程中要求學生「對於中國固有文化的特長，發揚廣〔光？〕大，以增長民族之自信心。」又曾在抗戰前夕對學生說：「一個國家是從多方面發展起來的……我們必須從各方面就個人所幹的，努力和人家比……我們的學生要比別人的學生好。我們幹史學的，就當處心積慮，在史學上壓倒人家。」[22]我們試翻閱《陳垣來往書信集》和《勵耘書屋問學記：史學家陳垣的治學》[23]便可了解陳老想方設法、循循善誘師友子弟，讓他們在學問上都能獲得進步的心情。

　　其中，最為人稱道和熟悉的例子是日後成為中西交通史和宋史專家方豪（1911-1980）。方氏出身於杭州天主教的修道院，與陳老素未

---

20 陳智超：〈《元西域人華化考》創作歷程〉；見氏著《陳垣《元西域人華化考》創作歷程：用稿本說話》（北京市：國家圖書館出版社，2009年），頁28。

21 影印本收於陳智超編著：《陳垣《元西域人華化考》創作歷程：用稿本說話》（北京市：國家圖書館出版社，2009年）。

22 周少川：〈論陳垣先生的民族文化史觀〉，《史學史研究》2002年第3期，頁8。

23 陳智超編：《勵耘書屋問學記：史學家陳垣的治學》（北京市：三聯書店，2006年，增訂本）。

謀面。當年只有十七歲的年青人，因求學心切，犯了修道院的極嚴重的戒條，偷偷與陳老通信。信中，方氏要求陳老仿照昔日獲英斂之的幫助，求贈與晚明天主教作品及陳老與英君的著作。陳老不但不以為逆，更很快便給方豪回信，並表示「喜東南之得朋，欣慰何似！唯猥以萬松相比，令人愧作。《靈言》、《主制》等作已寄奉，今又寄呈數種，乞察收⋯⋯尚望時賜教言，商量學術，固所願也。」[24]這種熱心獎掖後進的行為，至今仍為人們所津津樂道。

除了方豪外，另一位留學美、德，專攻生理化學的張星烺（1888-1951）先生，更被聘任為輔仁大學首任歷史系主任達二十三年（1927-1949）之久。張星烺出身學養，是令人企羨的。他是地理學家張相文[25]的長子，生於光緒十三年十二月十五日。張氏「是理科出身，一九〇六年公費留美後，先後在哈佛大學和德國柏林大學學習化學和生理化學，是我國第一個生理化學的留學生。⋯⋯他利用其從外國搜集積累的資料和中國史料進行比較的研究方法，樹立了自己研究歷史的方向和道路，選擇了中西交通史為一生的專攻領域。」[26]據其兒子張至善記述，張星烺於一九一二年前，已曾在中國《地理雜誌》上發表多篇作品，包括〈地軸移動說〉、〈阿加息斯小傳〉、〈夏季歐洲旅行

---

24 兩人來往函件收於陳智超編注：《陳垣來往書信集》（上海市：上海古籍出版社，1990年），頁278-280。編者在頁278注文撮引牟潤孫先生〈悼亡友方杰人──陳援庵先生與方豪〉和方豪〈與勵耘老人往返書札殘謄稿〉兩篇短文，均能反映方豪當日的景況，可並參看。

25 張相文是我國地理學界的前輩，最早確定淮河──秦嶺是中國南北的分界線的地理學家。他於宣統二年（1910）八月於天津倡議成立中國地學會，並於辛亥革命時參加灤州起義，曾翻譯孟德斯鳩《萬法精理》。張相文的詳細事蹟可參閱張星烺編：《泗陽張沌谷先生年譜》（收於張相文：《南園叢稿》〔臺北市：文海出版社，1968年〕，冊5）。

26 來新夏：〈鶴髮童顏亮塵師──記張星烺老師〉，收於氏著：《邃谷師友》（上海市：上海遠東出版社，2007年），頁18-19。

記〉、〈德國旅行記〉等專門介紹歷史地理的文章。同時，早於一九一
〇年，他已發願把考狄（Henri Cordier）的修訂的玉爾（Henry Yule）
譯著《馬可・孛羅游記》（*Ser Marco Polo; Notes and Addenda to Sir
Henry Yule's Edition, Containing the Results of Recent Research and
Discovery*）三巨冊「譯成漢文，介紹是書於漢土之歷史地理學家」。[27]
為了完成這部中西交通史的重要著作，張氏回國後立即付諸行動，實
為「舉世不為之事，獨任其難，十年以來，鍥而不捨，雖患肺病，轉
地養痾，猶矻矻從事迻譯」。這部譯注的導言部分先於一九二二至一
九二四年在中國《地學雜誌》上陸續發表，後於一九二四年成書出
版。[28]

　　與此同時，張星烺正繼續將約一百二十萬言的《中西交通徵信
錄》[29]加以整理。此書為我國中西交通史研究的開山之作。張氏差不
多花了十年時間來進行此鉅作。由於翻譯《馬可・波羅游記》[30]的工
作，張氏「需要對元史、中亞及國內歷史地理沿革，以及前人文獻有
深入研究才能做到」，故工作極盡艱辛。在不斷收集中外史料和相關
研究的過程中，張氏因患肺結核病而需調養。到了一九一七年，蔡元
培出任北京大學校長，張星烺被委任國務院附設在北京大學「國史編
纂處」的國史纂輯員，並派赴日本搜集國史資料。[31]在盡力完成公務

27　張至善：〈記張星烺先生〉，《史學史研究》1992年第3期，頁7。

28　張至善：〈記張星烺先生〉，《史學史研究》1992年第3期，頁7。據張至善所記，此
　　書名為《馬可・波羅游記導言》；引文見柳詒徵：《馬可・波羅游記導言序》，1924
　　年。

29　據一九二六年六；九日第十五函所述，當時此書名《中西交通徵信錄》，見《陳垣
　　來往書信集》（上海市：上海古籍出版社，1990年），頁210。其後，此書正式面
　　世，改稱為《中西交通史料彙編》。

30　此譯本的首冊終於在一九二九年出版；其餘因未能繼續刊印，後來竟全部遺失了。
　　參看張至善：〈記張星烺先生〉，《史學史研究》1992年第3期，頁7。

31　這亦為了在日本就醫療養。

的同時，他發現「關於中西交通的原史，外國人已整理出很多專著，而國人迄無人研究，於是激發起他對這門歷史進行研究的志趣。」[32]

返國後，張星烺在岳父王舟瑤[33]家休養，利用王氏豐富藏書，對比從國外帶回的資料，以求達到「外國記載，證以中國事實；或中國記載，證以外國事實」。病癒後，張氏先後在長沙工業學校和青島四方機車廠工作，白天以化學為職業，晚上則從事中西交通史料的整理編譯工作。他曾自述：「為家庭鹽米之故，南北奔波，篋稿以隨。稍有餘暇，捉筆書之，盛暑揮汗，嚴冬呵凍，未嘗輟筆。淒風苦雨，孤燈寒月，費盡心力，始得畢業。」[34]我們今天閱讀此書，其艱苦著述之情，仍然歷歷在目。

現在收錄於《陳垣來往書信集》十七封致陳老的書函，均是張星烺在一九二四年十二月至一九二六年十二月兩年內寄出，其中多屬於向陳老討教和商榷學問，與張氏《中西交通史料彙編》的編撰有關。例如，他曾在第十函指出：「元代歐洲東來人士，如盧白魯克、馬哥孛羅、約翰孟德高奴維等游記書札，皆有拍來斯脫約翰之名。欲知悉蒙古初興時，蒙古各部基督教狀況，不可不考證此拍來斯脫約翰或約翰王之究為何人也。約翰王既得，則蒙古諸部基督教情況，亦可以思過半矣。」隨之，張氏引了兩節西方人的記載，並指「第一節之約翰王則完全為大石之事跡，蓋年代與史事相符也。盧白魯克記載之首數語亦為大石事跡。安都城於西曆一〇九八年時為法蘭克人佔據，大石適於是時征服中央亞細亞諸部也。大石之孫直魯古究奉何教，史無明文。多森〔桑〕《蒙古史》記屈出律初奉基督教，後從其妻言改奉佛

---

32 張至善：〈記張星烺先生〉，《史學史研究》1992年第3期，頁7。

33 王氏曾任京師大學堂教習，家中藏書數萬卷。

34 張至善：〈記張星烺先生〉，《史學史研究》1992年第3期，頁8。

教，屈之妻即直魯古之女，故直魯古亦奉佛教可以信也。」[35]又如第十一函說：「來片詢問《交通史》已寫完否？」現在大體寫完，印度一部分，案注尚未殺青……陰曆年底，烺擬回京一行，屆時將彙稿至尊處請求改正也。會晤不遙，專此先覆。即問近好。張星烺謹白。」[36]前函商榷西遼在中亞的統治；後函則期於年底將稿件請陳老刪正，反映兩人學術關係的緊密。其餘各函性質也相類，不贅。張星烺的《史料彙編》在一九二六年中青島做化學工作時定稿，隨即受到學術界的高度重視。

　　一九二六年中，廈門大學設立國學研究所，林文慶校長聘請張星烺為國學院史學研究教授。張氏遂放棄了化學工作，正式擔任史學教授的工作。張氏在同年八月廿九日到校後，不久便寫信給陳老，表示「此間情況不見甚佳，國學研究院牌子已掛出，而內中並無的款辦理一切。目下僅籌一種國學季刊而已。據云因校主陳嘉庚下半年來橡皮生意不佳故也……（沈）兼士先生現已決意回京，不欲再問此間事，大約四五日後彼即動身北上矣……張星烺謹啟。十月十六日。」[37]主任沈兼士離任後，由張氏擔任國學研究院代主任一職。張氏雖對國學院前途不表樂觀，但在短短數月內仍有不少成績。其研究及組織能力，於此可以概見。首先，他致力於中外關係史的教研工作，開創了《南洋史地》、《華僑史》等課程，並負責編輯《廈門大學國學研究院季刊》，簡稱「廈大國學」，英文名字為「Journal of the Institute of Sinology, Amoy University」的工作。同時，張氏立即開展對元代世界

35 《陳垣來往書信集》（上海市：上海古籍出版社，1990年），頁215-207，張星烺，第十函。

36 《陳垣來往書信集》（上海市：上海古籍出版社，1990年），頁207，張星烺，第十一函。

37 《陳垣來往書信集》（上海市：上海古籍出版社，1990年），頁210，張星烺，第十六函。

第一大港口——泉州——進行田野考察，迅速完成了〈泉州訪古記〉和〈中世紀泉州狀況〉。[38]據楊國楨在〈20世紀20年代的廈門大學國學研究院〉一文的分析，當日廈大國學院的情形實際如下：

> 廈門大學國學研究院開辦之際，陳嘉庚企業遭遇意想不到的挫折。……國際膠價連連暴跌，陳嘉庚企業的利潤縮水。這就嚴重影響到擴充廈大的計劃。……廈大攤子鋪得過大，各科在經費分配上難以協調，林文慶承諾給國學研究院的經費遲遲未能落實。……1927年，校方無奈宣佈停辦工科、醫科、礦科和國學研究院。[39]

因此，很多計劃均落空，其中包括「將中國所有各種圖書目錄彙編成帙，以為將來研究國學之門徑」的編輯工作。[40]事實上，當陳嘉庚先

---

[38] 兩文現收於《廈門大學國學研究院集刊》第一輯（北京市：中華書局，2008年），頁53-61、79-85。按：現在看來，這兩篇作品均屬於「泉州學」的奠基之作。

[39] 關於廈大在一九二六年創辦國學研究院的波折，可參看楊國楨：〈20世紀20年代的廈門大學國學研究院〉，載於（http://gxy.xmu.edu.cn/hot/ShowArticle.asp?ArticleID=40），2010年7月12日摘錄。其中，楊氏引用〈廈門大學國學研究院組織大綱〉，指出當日廈大對於「國學」的概念，是「中國固有文化」，研究之目標包括：「（一）從實際上採集中國歷史或有史以前之器物，或圖繪影榻之本，及自然科學之種種實物，為整理之資料；（二）從書本上搜求古今書籍，或國外佚書秘笈，及金石、骨甲、木簡文字，為考證之資料，並將所得正確之成績，或新發見之事實，介紹于國內外學者」。為此，在組織上暫設十四組，即歷史古物組、博物組（指動植礦物）、社會調查組（禮俗、方言等）、醫藥組、天算組、地學組（地文、地質）、美術組（建築、雕刻、磁陶漆器、音樂、圖繪、塑像、繡織、書法）、哲學組、文學組、經濟組、法政組、教育組、神教組、閩南文化研究組。這個思路，已超越國學即「整理國故」的範疇，把中國自然和人文的材料，中國固有的學問，用分科研究的方法來整理。

[40] 參看楊國楨：〈20世紀20年代的廈門大學國學研究院〉，載於（http://gxy.xmu.edu.cn/hot/ShowArticle.asp?ArticleID=40），2010年7月12日。

生投資失利後，大學的收縮似屬無可避免。

在一九二七年二月，當時擔任國學研究院哲學助教、編輯並兼文科國文系講師的容肇祖，曾對張氏的處境加以記錄。他說：

> 昨自漳州回，始接廈大秘書處通知，云陳嘉庚來電，國學院停辦。北大同人皆無留戀意，一俟薪水領到，並發行一經過之冊子外，即各散四方。亮塵先生（張星烺）其始尚欲維持，然停辦已成為事實，當亦不得不去。雖有校長特留張、顧（頡剛）二人之事，然顧去志已堅決，張亦不能唱獨腳戲也。……廈大科數之多，比之北大為遠過，而學生只有三百人。……此次停辦國學院，便是新舊派別之競爭。舊派之於新派，積妒恨之衷，便為一網打盡之舉。此時亮塵先生尚欲顧拾破罈，抑亦惑矣。[41]

因此，張氏只能勉強在廈大逗留至一九二七年中。適值陳老擔任輔仁大學校長，遂獲聘為歷史系教授兼系主任。

此後，可能由於與陳老一起工作，故《陳垣來往書信集》在一九二七年以後再也沒有張星烺的函件。然在陳老的家書中，仍不時提及張氏的情況，特別是在一九四六年三月二十四日張氏中風，陳老於翌日告訴陳樂素，表示張氏「半身不能動，今年僅六十，可惜。」[42]

五　小結

陳老在中西交通史研究上，實有重大的貢獻。他力求將漢學中心

---

41 《陳垣來往書信集》（上海市：上海古籍出版社，1990年），頁267，容肇祖一九二七年二月二十八日來函。

42 《陳垣來往書信集》（上海市：上海古籍出版社，1990年），頁691、696、705。

奪回北京的氣魄，雖不一定能完全成功。可是，經他引領、啟發、培養、提拔的學者，都有很好的成績。其中，世人對方豪受知於陳老，已十分清楚明白。至於與陳老問難切磋，並於之於輔仁共事二十多年的張星烺教授，則世人罕加評論。這對我們全面了解陳老對中西交通史的貢獻，似有可加以補充之處。適逢陳老誕生一百三十周年，謹以此小文以紀念之。

Samuel Brown and the first modern school in China, 1839-1847

It is a study on the interaction of school system between U.S. and China. China has a very long history and was rather conservative. How to make it change will provide a good example for us. Comparing the new school system with the traditional practice will offer some indications for solving the conflict of the world today. When Robert Morrison died in 1834, his colleagues established Morrison School in Macau. The target of Morrison School was to train Chinese youngsters fulfilling the need of the new era. Samuel Brown, a graduate from Yale, was appointed as the principal. He magnificently launched a chain of reform in the Chinese system of education. The new system included, for instance, academic year, class system, bilingual education, teaching by subject, etc. This new school system was a great divergence from tradition. In fact, it was the first modern school in China. Principal Brown successfully carried out the reform and attracted dozens of students. This tremendous change finally led to the termination of the ever-lasting civil examination in 1905. My paper will be divided into three parts: i) the educational philosophy of Principal Brown; ii) the contents of the reform; and iii) its impact on Chinese modernization in education.

1 The educational philosophyof Principal Brown

Samuel Brown was born in 1810 and died in 1880. After graduated from Yale University, he entered successively in Columbia Theological Seminary and United Theological Seminary in New York to study theology. And then, he served as a teacher in a School for deaf-mute children in New York. On the recommendation of searching committee of Yale University, Brown was appointed as the new school's principal. Before he went to China, he was ordained as priest and sent to China to be the responsible person of Morrison School. He arrived in Macau in February 1839 with his newly married wife. With the help of Elijah Coleman Bridgman and Wells Williams, Brown began to learn Chinese. Besides, he tried to make preparation for the school actively. Up to 4th November, 1839, as principal of Morrison School, Brown announced the school started officially. Unfortunately, in 1846, Mrs. Brown had a serious health problem; Brown had no choice but to go back to American in 1847. Two years later, the Morrison School was closed.

He was the first man to push China out of the Middle Ages in terms of education. His educational philosophy and contents of reforms has a significant impact on China's education.

Before selecting Mr. Brown as the principal, Bridgman has draft a constitution for the new school. Brown was advised to run the school in that direction. In the Constitution, Bridgman laid down the main principles of the Morrison Society. It was an association to continue the unfinished work of Dr. Robert Morrison. The education purpose of Morrison

Education Society was to educate the Chinese youngsters for the new generation. Principal Brown tried to put it into his teaching and management practice. "The objects proposed in the constitution of the Morrison Education Society, have been before me in every arrangement. It is not merely a teaching, but an education society, which aims at the training of the entire man, physical, intellectual, and moral."[1]

As far as he was concerned, he thought that it was important to help the students building a sense of belonging. So sometimes, he was not only a teacher but also a friend and father. Brown paid great attention to the first class started in 1840. In later year, he reported that "With this class I have labored to attach them to the school, to lay the foundation of a long course of instruction, and make it a model for future classes."[2] "They mingle in the family, and we try to treat them as sons, and encourage familiar confidence in us as their best friends. They are present with us at our morning and evening devotions of their own choice; and in short, we seek to make them feel that they are at home, and to give them the education of a Christian home."[3]

Brown graduated from a famous university, his ability was highly admitted by the president of Yale University and the Management Board of Morrison Education Society. Although China was very backward at that

---

1   The Third Annual Report of the Morrison Education Society, *Chinese Repository*. Volume 10, p. 569.

2   The Third Annual Report of the Morrison Education Society, *Chinese Repository*. Volume 10, p. 569.

3   The Third Annual Report of the Morrison Education Society, *Chinese Repository*. Volume 10, p. 570.

moment, he never discriminated against the traditional culture and the way of teaching in China. In fact, he was an open-minded person and showed respect to China's traditional education. He said that "There is more philosophy than absurdity in the method of instruction pursued in the schools of China. With a throughout knowledge of the Chinese classics, a European teacher might undoubtedly make improvements upon the native mode of teaching; but experience teaches me, (and that of others confirms the remark,) that to suggest a new method of instruction to a Chinese master, more consonant with our own views, is at once to diminish his interest in his employment, because he cannot appreciate what goes against all precedent in his own mind; and if persisted in,will utterly destroyed it."[4]

Although Morrison Education Society announced clearly that the purposes of establishing the new school, however, the underlying purpose would be the spread of Christianity. In the properly achieved Annual Reports of the Morrison Education Society, we can see the evidence almost everywhere: "We wish to give them a Christian education in the highest a best sense of that term; and so far as we understand what it means, founded as it should be upon the fear of God, which is the beginning of wisdom, and comprehending a knowledge of relations a man bears to his Makers and his fellowmen, it shall be our endeavor to give it to them."[5] "It was devised to augment the benefits of Christian education,

---

4 The Third Annual Report of the Morrison Education Society, *Chinese Repository*. Volume 10, p. 572.

5 The Sixth Annual Report of the Morrison Education Society, *Chinese Repository*. Volume 13, p. 625.

and to honor the work and perpetuate the memory of the Rev. Dr. Robert Morrison."[6] However, the actual result was not promising because those students devoted to Christianity were very few. As a matter of fact, the Management Board of the Society did not put it as the basic requirement for student studying in the school.

Things change requires a long process. It was certain that Principal Brown would face strong resistance when a new system of education emerged in early 1840's. Bridgman and Brown were aware of the difficulties for the future development of the new school. "Now from the platform of the philanthropic institutions established in and in behalf of China, we hail the day yet distant, but surely approaching, when the mind of this great people shall come forth from its long hibernation, with the freshness and life of spring."[7]

All in all, we can use the words in the Fourth Annual Report to summarize the educational philosophy of Samuel Brown: "The main and endeavor of the agent to whom the instruction of their first pupils has been instructed in accordance with the spirit of all the public actions of the society is to enlighten the mind, to rectify bad habits, to chasten evil tempers, to uproot false principles and establish true ones, to make the subjects of his care, better in their families, their business, and every sphere of life; to exalt what is low in them, and ennoble them in everywhere; in short, to make them happy and respected, the friends to

---

6 The Sixth Annual Report of the Morrison Education Society, Chinese Repository. Volume 13, p. 623.

7 The Fourth Annual Report of the Morrison Education Society, Chinese Repository. Volume 11, p.550.

truth, the benefactors of man, and the servants of God."[8]

2 The contents of the reform

It is extremely difficult to build a new school which was totally different from traditional practice in China. "Very different is the state of circumstances in China: no teachers, no books, no apparatus, are at hand here; or perhaps none can anywhere be found, ready fitted for employment. Although tens of thousands of children are wholly without education, but few among them all yet seek for instruction at our hands, and even for those few nothing adequate is provided."[9]

The Morrison Education Society had to do a lot of work before the Morrison School could be established, it including five parts: (1) Investigating into the Chinese education and its advantages and disadvantages. (2) Selecting the proper teacher. (3) Looking for part of the children's learning costs. (4) Preparing for the establishment of public library. (5) Setting the rules of the education society. All the information can be found in Bridgman's First Report. Because of the detailed information and accurate survey done by Bridgman, Brown could launch a series of reforms from the every beginning and led Morrison School became a famous symbol in the modern education in China.

The straightforward change was the new educational system. In

---

8 The Fourth Annual Report of the Morrison Education Society, *Chinese Repository*. Volume 11, p.554.

9 The Second Annual Report of the Morrison Education Society, *Chinese Repository*. Volume 7, p. 302.

Brown's mind, students should study in school for eight years. In the seventh annual report,he said: "At the opening school in 1839, I required of those who presented their children for admission, a written agreement that they should be suffered to remain at school eight years. One object was to forestall the disposition so much complained of by others who had tried to teach Chinese boys, viz:to take them away as soon as they acquired a smattering of English."[10]

The first formal class was formally built around 1840. We all know that in Chinese tradition education, all the students were put in the same room and taught the same knowledge without regard to age and intelligent. The class teaching system which was introduced in Morrison School had a strong influence to other modern schools in China.

There were five students in the class, respectively Akan, Awan, Afun, Awing and Ashing from 1840. A young boy, leaved the school earlier under the pressure of his parent, re-entered by the end of the year. Until Brown went back to America in 1847, they had been study in the Morrison School for almost seven years. Brown wanted to bring some of the students to America for further study. Finally, three brilliant students, Afun (黃寬), Awing (容閎) and Ashing (黃勝) , all studied in the first class, decided to go to United States with Principal Brown. These boys became well-known figures in the modernization of China in the late nineteenth century.

The curriculum of school was in continuous improvement. So in the later period in Macau, the program had been laid down a good foundation

---

10 The Seventh Annual Report of the Morrison Education Society, *Chinese Repository*. Volume 14, p. 483.

for the future development in Hong Kong. According to the fourth annual report by Brown in September, 1842, we can know that the content of teaching was including Chinese, English, Mathematics, Religious Studies, Geography, History and Ethic and so on. In Hong Kong, Music and Science class were added to the education system since 1841. Physics or Chemistry was taught in the afternoon in an informal way everyday.

The table below was collected by Wu Yixiong based on the Morrison Education Society from 1839 to 1846, could explain clearly the reality curriculum of the first class.

Some of the courses for the first class in Morrison School between 1839 to 1847[11]

Year	English	Geography	Mathematics	History	Comment
1839-1840	Reading & spoken English: Compiled by Principal Brown	Geography: Compiled by Parley	Algebra: Compiled by Gordon		
1841-1842	English reading: Gallaudet's Child's Book on the Soul	Guy's Geography	Arithmetic、Algebra	Peter Parley's Method of Telling Stories About the World	Teaching of important events in American history

---

11 Wu Yixiong, "Morrison school and the education Yung Wing received before leaving to America", *Yung Wing and China in recent modernization* (Zhuhai: Zhuhai Chubanshe,1999), pp. 599-600. ; also see Xia Quan, *Christian Church Education of Ming dynasty and Qing dynasty and societies of Guangdong, Hong Kong and Macao* (Guangdong: Guangdong Renmin Chubanshe, 2007), pp. 215-216.

Year	English	Geography	Mathematics	History	Comment
1842-1843	English reading, essay writing and writing exercise	Geography	Arithmetic、Algebra: Colburn's Intellectual Arithmatic, Sequel	Keightly's History of England (From Invasion of Rome to)	
1843-1844	English reading, essay writing and writing exercise	Physical Geography: including Europe, Africa and part of Asia	Arithmetic、Algebra、Geometry: Colburn's Sequel	Keightly's History of England (From King of Charles Ito Queen Victorian era)	Start learning mechanics: three laws of motion and gravitation since May 1841
1844-1845	English reading & essay writing, Goodrich's Third Reader	Geography: Various maps	Arithmetic、Algebra、Geometry	Elementaryme chanicscourses	Starting vocal courses since this year
1845-1846	English reading & essay writing: based on the Bible	Geography	Algebra: Colburn's Algebra；Geometry: Euclid's Elements of Geometry	Chemistry: taught by Dr. Balfour	

After attend all the classes above, Afun, Awing and Ashing were brought to America for further study. In the autumn of 1848, Ashing had to go back to China because of illness. He just stayed in America for one year. However, he played a critical role in the history of newspaper industry in China and became an outstandingelite in Hong Kong. Afun finally went to Britain to study in School of Medicine, University of Edinburgh since 1850. He was the first Chinese to learn western medicine and got the medicine degree. He was a great medical practitioner in Chinese history. Awing studied for one year in America, and then he was admitted into Yale University. From these successful cases, we can confidently say that the education quality of Morrison School was very high. Awing played a vital role in the modernization of education in late imperial China. Under his influence and endeavor, more and 120 Chinese young students were sent to America to learn scientific knowledge in 1870's. In short, after graduated in Yale, Yung Wing spent all his life time to explore the way to save the whole country.

The traditional Chinese school did not have fixed period of studying. Most students attended school for one or two years only. So, it was a great diversity to have a study plan of eight years. The reason for the adoption of the eight-year system,Principal Brown once explained, was "briefly these—Those whom we propose to educate are at first, when taken up by the Society, devoid of almost all useful knowledge. They are generally very young; not more on an average than 10 or 12 years old, but they have learned much that is positively bad, and that must be unlearned.—We cannot discipline, enlarge and inform their minds at present expect through the medium of English language, which they must therefore have to learn.

They have also at the same time to study their own language and literature, or else they will be comparatively useless when they are educated. Allowance must therefore be made for the acquisition of two languages, besides all the instruction and training requisite to fit them for the active duties of life, and to teach them the way to heaven. If then we say they shall remain eight years, they will generally have finished their studies at the age of from 18 to 20, and will have devoted their attention meanwhile to studies in two different languages, making only four years to either"[12]

As mentioned above,the Morrison school paid great attention to the importance of bilingual education. Both English and Chinese capacities were emphasized. So when learning knowledge of modern science from the western world, the medium of instruction was English. However, the students were trained to sever China when they graduated from Morrison School, so they must be good in Chinese in order to have greater chances for further development. Under such circumstances, the school hours were divided by two main sections. "[In] the morning is devoted to Chinese, and the afternoon and evening to English lessons. A respectable elderly Chinese man is employed as teacher, whose habits and manners are becoming and exemplary ,and who is very faithful in teaching after the Chinese mode...... consequently the pupils have spent this portion of time in committing to memory the Chinese classics, and in learning to write Chinese. In the meantime, their ability to understand the native books has

---

12 The Seventh Annual Report of the Morrison Education Society, Chinese Repository. Volume 14, p. 484.

increased."[13]

"Having finished the above mentioned Primer, and receiver it thoroughly, they were then ready to read a little,and the next book given them, was a work alluded to in the last report,called the Lexilogus, or a collection of about 1200 phrases in English, translated into their equivalents in Chinese. This they have committed to memory, and reviewed many times; and it has been of great service to them, in learning to use idiomatic English in conversation, and to understand it in books."[14]

Another thing of great significant was the timetable of school activities. Brown designed the timetable by the way of combing exertion and rest. "I have assigned half of each day to Chinese, and half to English studies, beginning at 6 in the morning and closing at 9 o'clock p.m. Thus eight hours are given to books, and from the three to four to exercise and reaction in the open air. My own study is the school-room, and the pupils are therefore constantly under supervision."[15]

As the first modern school in China, the Morrison School used completely different textbooks from anytime before. Traditional teaching materials were highly criticized by Principal Brown. "The books used for primary education are the Trimetrical and Thousand Character Classics, a book of odes for children,with parts of the Four Books, and Five Classics...These books contain a large collection of moral maxims, and

---

13 The Third Annual Report of the Morrison Education Society, *Chinese Repository*. Volume 10, p. 571.

14 The Fourth Annual Report of the Morrison Education Society, *Chinese Repository*. Volume 11 p. 551.

15 The Third Annual Report of the Morrison Education Society, *Chinese Repository*. Volume 10, p. 569.

some remarkable sayings of sages, with which are blended a variety of mystical dogmas, and a few historical facets. None of the branches of science, properly so called,enter into any part of these primary books, being, for the most part, hard to understand,and wholly devoid of topics calculated to awaken interest in the minds of children or to enlarge their understanding."[16]

Brown and his colleagues were doing a groundbreaking work, so there was no any experience to reference. Brown tried to write some new books to adjust to the requirements of the students of Morrison School. "We need books made expressly for the use of schools in which English is not the vernacular tongue."[17] "School-books are still a great desiderata (Latin: it means 'desired things'). The Chinese Chrestomathy, containing a series of easy lessons on reading, writing, geography, mathematics, architecture , the liberal arts, natural history, domestic and commercial affairs, etc, will it is hoped, be found useful as a school-book for those have made some progress in learning English. Another, and a smaller work, comprising a large variety of common conversational phrases,in the composition of which Principal Brown was engaged a part of the time during his visit to Straits,will doubtless be found equally useful."[18]

Except books written and edited by Principal Brown, some famous initatoryteachingmaterials were applied to the teaching activities. "The

---

16 The First Annual Report of the Morrison Education Society, Chinese Repository. Volume 6, pp. 234-235.

17 The Third Annual Report of the Morrison Education Society, Chinese Repository. Volume 10, p. 574.

18 The Third Annual Report of the Morrison Education Society, Chinese Repository. Volume 10, p. 577.

first step taken in the instruction of the new class received last autumn, was the course to teach them to read.For the purpose a few copies of the 'Mother Primer', by a distinguished writer of elementary books for children,were put into their hands. According to the plan of the author, they were taught the power of the letters first, and the names afterwards."[19]

Moreover, the Bible wais the necessary book for the children naturally. "The Bible has been placed in their hands, and every assistance I could give them to understand it, has been gladly rendered."

In short, the teaching methods and teaching system was very different from the Chinese tradition. From ancient time, the teaching materials were mainly about the codes of ethics in China. "Besides prompting the children in the first reading of their lessons, and afterwards hearing them repeat the same, the master has only to act the part of sentinel, and keep good watch over his charge." There is no any scientific or practical knowledge during all the procession.

As to the specific teaching system, Brown answered the question in the Seventh Annual Report. He said, "Should it be asked what system of instruction is pursued here, I can only answer by describing it... It is however a system, embracing some of the features of several others and yet different from all. It is based upon the following principles, viz: to teach one thing at a time, and to proceed no faster with it than the mind of the pupil can follow; to aim at developing and disciplining the mind, and not at merely giving it a certain amount of information,— to keep ever

---

19 The Fourth Annual Report of the Morrison Education Society, *Chinese Repository*. Volume 11, p. 550.

before the pupil's view the higher motives that should actuate him, and not appeal to the mere mercenary desire to 'get on'in the world,—and above all to teach him at all times to regard the noble origin and destiny of the soul,that as it had its beginning, so it may have its end and enjoyment in God."[20]

About the actual method of teaching, Principal Brown stressed on understanding in stead of just reciting. He said, "The children study and wrote as usual in Chinese schools, but were not required to commit their lessons to memory and recite them. Their teachers were required to explain fully every part of the lessons in the most familiar terms: and to be certain that the children understood the explanations, I daily subjected the boys to a through examination, requiring them to explain to me every part of what they read. This was done for the sake of improving their understandings. Their materials were selected from the most interesting books; taking those parts could be most easily understood. This plan instruction succeeded well, considering the defects of teachers, and other disadvantages understand which the experiment was made."[21]

Another way to secure the quality of teaching activities was that Morrison School took assessment seriously. The Board Members of Morrison Education Society were arranged to examine the effectiveness of teaching. They could ask the students from various classes from different grades some different questions.Of course, paper test was one of the most

---

20 The Seventh Annual Report of the Morrison Education Society, *Chinese Repository*. Volume 14, p.482.

21 The Second Annual Report of the Morrison Education Society, *Chinese Repository*. Volume 7, pp.309-310.

effective ways to assess the acceptance of what had taught in the classes. Under the supervision of Brown, Morrison School established a clear system to take examination. "The first students of the class were examined in reading, in the principles of mechanics, geography & c, to some extent in all the studies they have pursued. Their exercises in English composition were handed round, and the gentlemen present were invited to ask them questions, on any subjects they chose. Sometimes a little hesitation was exhibited, but the answer to such questions as they could reply to were give in good and idiomatic English. The examination closed with a question in morals, 'What is our duty to each other?'to which the reply was, 'to do good to each other.' "[22]

For the consistence of assessing the performances of each student, "It was early decided that it would be preferable to have a fixed day for the examinations, and have the evening of the secured Friday of each month was considered most convenient…At first, the examinations were generally on all subjects which the pupils had learned. This was found to be attended with disadvantages, and it was considered preferable to take up on each occasion the subject which had engaged their attention during the preceding month. By these means the scholar could answer more readily questions on a subject which had recently engaged his attention, a greater quantity of matter could consequently be gone over in a time necessarily limited, and the Examinators could mark more clearly from month to month the progress that had been made."[23]

---

22 The Sixth Annual Report of the Morrison Education Society, with minutes of its meeting. *Chinese Repository*, Volume 13, p. 621.

23 Report of the Examining Committee. *Chinese Repository*. Volume 13, p. 616.

3 The impact of modernization in Chinese education

Under the fine and creative management of Principal Brown, the Morrison School produced a great influence on Chinese modernization in education. Under the influence of Morrison School, a group of church school and native modern school were established in various treaty ports and inland areas, which inaugurated Chinese education into a new era.

After Morrison School appeared, much more church schools emerged in China. During 1840 to 1860, almost 50 church schools appeared in Hong Kong and the other five trading ports. There were nearly one thousand Chinese students joined these schools. Most of these modern schools followed the successful path of the Morrison School. Up to 1875, the total number of Chinese church schools increased to more than 800, nearly 20,000 students. These schools mainly focused on primary education but some were high schools. At the end of 19th century, the total number of church schools increased to 2000, with more than 40,000 students studying. Also, more and more secondary schools were established. In the beginning of 20th century, some church universities appeared.[24]

Under the influence of Morrison School, China's native modern schools started to appear. It is generally believed that teaching of the English language in China began with Tong Wen Guan (The Imperial College of Translation 同文館) in 1860's. It is also the first modern native school in China. By the end of 19th century, dozen native schools adopted

---

24 Dong Conglin. *Dragon and God : Christianity and Chinese traditional culture* (Beijing: Joint Publishing, 1992), pp. 243-244.

new educational system. In the Reform Movement of 1898, the Qing Dynasty announced the abolition of long-lasting civil examination and ordered that all traditional schools (Shu Yuan 書院) transformed to modern schools. Even been through the failure of the Reform Movement and the military conflict of 1900 in China, these new change has put into effect since the promulgation of New Deal (Xin Zheng 新政) in 1902 onwards. Due to the change of policy after the disaster of 1900, the Qing Dynasty began to support setting up new schools. Finally, a large number of new schools emerged. According to reliable data, there were 769 modern schools in 1903. The numberswere 4476 in 1904 and 8277 in 1905.[25] The developing speed was amazing. All these changes could be traced their origins from the Morrison School.

Why we say whether the church school or local modern school was affected by Morrison School? It is because that there are so many common grounds between them and Morrison School. Firstly, they adopted the class teaching system. All the students were selected and arranged into different class by age, intelligent and other factors. Secondly, the subjects of teaching were including Modern Science, Geography,Chinese, English, Physics, Chemistryand Mathematics and so on. Thirdly, the teaching philosophy was totally different from the past. Teacher looked after all the students with more care and love. Punishment was not advocated.

As the first modern school in China, Principal Brown and the Morrison School spread the fire of civilization, making more Chinese youngsters begin to understand the outside world. They experienced a

---

25   Li Guojun & Wang Bingzhao. ed., *Comprehensive history of Chinese education system,* Volume 6 (Jinan: Shandong Education Press, 2000), p. 267.

totally different way of learning. From the beginning of 20th century, more and more Chinese youngsters had the opportunity to explore new idea and knowledge and enjoyed a more reasonable and scientific teaching methods. The traditional and unscientific way of teaching began to perish. Principal Brown tried to implant a lot of reform measures to improve the effectiveness of teaching, some were groundbreaking. To conclude, the Morrison School had great effect to the latter development of modern school in China and cultivated a group of outstanding talent students, some of them had great effect on the modernization of China. So, it is fair to say that the Morrison School set a very good example on Chinese modernization in education in the Late Imperial and Early Republican China.

梁披雲先生的教育事業
——高等教育篇

一 引言

　　梁披雲先生是澳門知名的僑領、教育家，又是出色的詩人、書法家。一九二九年在福建創辦黎明高級中學。三〇年代後半，梁氏遠涉南洋，在吉隆坡創辦中華中學。一九八一年初，梁披雲先生得到五十年前黎明高中的同事的響應，決心為福建的高等教育獻出心血。當時國內的改革開剛剛開始，梁老憑著無比的勇氣、高瞻遠囑之洞見，毅然倡議在黎明高中的遺址上，建立專上程度的「黎明學園」。三年後，再將「黎明學園」改成正規的「黎明大學」。「黎明大學」至今已超過二十年，矗立於福建泉州這個僑鄉，不但為福建同鄉子弟升讀大學提供極大的便利，也為來自國內內陸省市和海外僑生提供不少升學機會。現在，黎大的辦學規模已由初期的數百急增至七千多名學生，基礎教學設備和配套已日臻完備，除已建造多幢雄偉的教學大樓外，還有規模不少的圖書館、體育館、運動場、學生宿舍和飯堂等。要了解梁老以八十高齡的文化人敢於赤手空拳創辦黎大的動機，必須從二〇年代的入讀上海大學開始。

二 就讀上海大學

　　自五四運動以後，新思潮席捲全國，對年青的梁龍光（梁老原

名）產生巨大的衝擊。上海是中國的門戶，五口通商後成為華洋雜
處、中外力量角力的主場館。一九二三年，梁龍光入武昌師範大學英
語系。大概受到革命思潮澎拜的上海大學和校長于右任的感召，一九
二四年以第一名成績考入上海大學。[1] 上海大學的前身是東南高等專
科師範學校，校址在閘北青雲路。創辦人校長王理堂，全校學生僅一
百六十人（附中在內）。學校原來規模簡陋，設備和師資均無法滿足
學生最基本的要求。各科雖有課程名目，但無教師，即或有之，亦不
稱職。無論從任何標準而言，均難逃學店惡名。於是，學生群起向校
方交涉。結果是校長竟挾款去東京留學。學生們遂組成核心秘密小
組，決心改革學校，謀求出路。最後，適值國民黨元老于右任先生由
陝抵滬，遂被推為校長。同時，孫中山先生正留駐上海，籌劃改組國
民黨，對該校甚為關注。其後，孫氏南下重建革命政府於廣州，即親
自批准月撥萬元資助上海大學。[2]

　　于右任答允出任校長後，學校改名為上海大學，邀約李大釗、張
繼商議校務。李大釗即介紹鄧中夏出任教務長、瞿秋白任社會學系系
主任。[3] 在于右任校長的領導下，上海大學面貌一新，由「野雞」大學
一變而為革命潮流中的一所學術重鎮。梁披雲先生遂毅然轉校，以第
一名入讀中國文學系。現在稍加回顧，其時上海大學名師頗多，讓人
驚訝！任課的老師包括陳望道（中文系系主任）、葉創楚、劉大白、田
漢、俞平白、胡樸安、沈雁冰、傅東華、鄭振鐸、瞿秋白等等，他們

---

1 梁靈光：〈回憶青少年時代和龍光大哥〉，頁4；本文載於澳門文化研究會編：《梁披
　雲先生九五紀念文集》（澳門：中西文藝出版社，2001年）。

2 黃美真、石源華、張雲等編：《上海大學史料》（上海市：復旦大學出版社，1984
　年），頁37-38。

3 黃美真、石源華、張雲等編：《上海大學史料》（上海市：復旦大學出版社，1984
　年），頁45。

的成就在當時或日後中國文學界曾經產生的影響廣泛深遠。[4]而梁老轉校的原因，便不言自明了。由於受到于校長和眾多學養極深的中文教授的薰陶，對梁披雲先生國學基礎及書法修養，均有深遠的影響。[5]

曾就讀於上海大學的學生之中，有秦邦憲、王稼祥、張治中、陳伯達、曾山、丁玲等。丁玲回憶其上課的情境：

> 我們文學系似乎比較正規，教員不大缺課，同學們也一本正經的上課。我最喜歡沈雁冰先生（茅盾）講的《奧德賽》、《伊利阿特》這些遠古的、異族的極其離奇又極其美麗的故事。……王劍虹則欣賞俞平白講的宋詞。……田漢是講西洋詩的，講惠特曼、渥茲華斯……最好的教員是瞿秋白。……他講希臘、羅馬，講文藝復興，也講唐宋元明……我常懷疑他為甚麼不在文學系教書而在社會科學系教書？……後來，他為了幫助我們能很快懂得普希金的語言的美麗，他教我們讀俄文的普希金的詩。[6]

此外，由瞿秋白、蔡和森等革命份子為主組成的社會學系，加上教務長鄧中夏的影響，梁披雲先生的思想自然較為前衛，對國事深表關懷。在師友的交互影響下，梁氏對社會運動的參與和認識有了顯著的進步。事實上，早在一九二三年梁披雲先生已因「在集美中學鬧學潮被學校開除學籍」，一九二五年「在上海參加五卅慘案運動，（梁

4　黃美真、石源華、張雲等編：《上海大學史料》（上海市：復旦大學出版社，1984年），頁51-53。

5　關於梁披雲先生在上海大學就讀時的教師與課程，可參看附表一（上海大學中國文學系及社會學系教職員表）和表二（上海大學中國文學系課程表）。

6　黃美真、石源華、張雲等編：《上海大學史料》（上海市：復旦大學出版社，1984年），頁92-93。

老）上街遊行，著文演說，曾被華夷巡捕拘禁閘內」後，更「奉上海
學聯之命，南下福建、廣東宣傳反英、反日」活動。[7]一九二六年畢
業後，為實現獻身改造中國，促進中華振興，他苦學日語，於當年夏
天，入東京日語補習學校學習，並旁聽東京早稻田大學部分課程。一
九二七年，梁氏受到瞿秋白、施存統、蔡和森等社會學系教授的啟
發，撰寫近二十萬言的《世界社會運動史略》[8]。一九二八年，梁氏
從日本返國，主編廈門《民國日報》。同年，梁氏對其弟梁靈光
（按：改革開放後曾任廣東省長）「講述了帝國主義列強、反封建、
烏托邦、五卅慘案」等[9]，並鼓勵他往上海學習。[10]這些經歷和活動，
均能反映梁老當時思想的一斑。

三 黎明大學的前身──黎明高中

梁氏一生從事教育工作的起點，應是從一九二九年開始的。當
時，他與許卓然、秦望山、張貞諸董事，在泉州領辦黎明高中。[11]一

7　梁靈光：〈回憶青少年時代和龍光大哥〉，本文載於澳門文化研究會編：《梁披雲先
　　生九五紀念文集》（澳門：中西文藝出版社，2001年），頁4。關於上海大學學生參
　　加五卅運動的情形，可參看《上海大學史料》（上海市：復旦大學出版社，1984
　　年），頁133-164。

8　其時先生利用寒暑假回閩，參與晉江縣黨部宣傳養成所主持校務，講授社會進化
　　史、社會問題研究，並於課餘撰寫《世界社會運動史略》。此書後來雖然遺失了，
　　但仍可說明當日梁氏熱衷社會運動的思想傾向。參看澳門文化研究會編：《梁披雲
　　先生九五紀念文集》（澳門：中西文藝出版社，2001年），頁13。

9　參看澳門文化研究會編：《梁披雲先生九五紀念文集》（澳門：中西文藝出版社，
　　2001年），頁4-5。

10　參看澳門文化研究會編：《梁披雲先生九五紀念文集》（澳門：中西文藝出版社，
　　2001年），頁5。

11　陳覺萬、吳端陽、林天木主編：《梁披雲教育思想研究》（廈門市：廈門大學出版
　　社，1994年），頁14。

一九二八年冬，著名教育家蔡元培、馬敘倫二先生因參加浙江起義，受軍閥追捕，撤退至泉州。梁披雲先生參加接待工作。蔡先生提出「我們應辦自己的高中」。[12]當時在泉州唯一的高中——培元高中，是教會辦的。此外，則只有農村的一些私塾和私塾改良的學堂，思想守舊，方法落後。加上泉州是僑鄉，有一些和海外有聯繫的地方開明人士的維護，環境較為寬舒。在蔡元培先生的啟示和指導下，梁老毅然承擔了創辦黎明高中的沉重任務，並認為在這樣的社會條件下，教育改革不但可能，而且是必要。[13]在泉州友好的推舉下，被推為校長。梁老更利用家族讓其出國私款六千兩白銀購買儀器和圖書。黎明教師陣容極盛，包括王魯彥、楊人楩、周貽白、張庚、陳君冷、呂驥、衛惠林、陳範予、葉非英等，都是一時之選，他們都成為我國著名的教授、文學家、戲劇家、音樂家、歷史學家、社會學家、農學家和社會活動家。巴金曾三次來黎明高中考察和寫作。[14]這種廣泛招聘優異人材的宗旨，是以蔡元培先生主持北大的兼容並包的思想作指導的。梁老在一九九一年憶述其辦學方針時說：

> 當時黎明高中，沒有高樓大廈，是砌土牆，沒有瓦屋頂，像北方用稻草做屋頂。但靠甚麼呢？我受蔡元培先生的影響。我請的老師，沒有一個比我差的，他們都可以當我的老師。所以沒多久，在泉州社會上就有許多人認識黎明高中的了。[15]

---

12 陳覺萬、吳端陽、林天木主編：《梁披雲教育思想研究》（廈門市：廈門大學出版社，1994年），頁63。

13 陳覺萬、吳端陽、林天木主編：《梁披雲教育思想研究》（廈門市：廈門大學出版社，1994年），頁16。

14 陳覺萬、吳端陽、林天木主編：《梁披雲教育思想研究》（廈門市：廈門大學出版社，1994年），頁17。

15 澳門文化研究會編：《梁披雲先生九五紀念文集》（澳門：中西文藝出版社，2001年），頁12。

　　梁老認為辦學要「有一條主線,就是愛。進行愛的教育。把貧苦
的平民子弟,把全校青少年學生當自己的親骨肉一般來愛。……(因
為)沒有愛,家就不成為家,國就不成為國。」[16]梁老又說:「要教育
人學蜜蜂釀蜜,母雞護雛;要學愛群,學戀侶,還要學鳥築巢,學雁
傳書。」[17]梁老的教育思想核心是「生活就是教育」。它包括的特點
有:(一)要設置生活環境;(二)師生打成一片,教學相長;(三)
學和做統一,理論與實踐統一。他參考了當時較新穎的教學理論,如
以學生為本位的道爾頓制,主要目的是使教學適應學生的能力、興趣
和需要,發展學生的個性;但又不是生硬的模仿,而強調取長補短,
靈活變通,例如:(一)充分發揮學生的主體作用;(二)發揮老師的
主導作用,重視啟發教育;(三)極力培養學生的自學以力;(四)注
意發展學生的個性。結果是避免道爾頓制那種過於自由放任和打亂學
科體系的不利因素而保留其優點。[18]

　　為了培養優秀的學生,黎明高中大力反對「四氣」:少爺氣、小
姐氣、書呆氣、流氓氣,又反對官僚化、衙門化、學店化。學校成立
宣言的結句很能代表梁老一生的教育理想:

　　　　夜在崩潰,冬在崩潰,黎明在到來,春天在到來,我們迎著黎
　　　　明的光輝,把春天的種子播遍全世界。[19]

這就是選用「黎明」一詞為校名的真實含意。聯繫到二、三十年代中
國的時局,內憂外患接踵而來。中國的老百姓所期待的,不就是這個

16　《梁披雲教育思想研究》(廈門市:廈門大學出版社,1994年),頁19。

17　《梁披雲教育思想研究》(廈門市:廈門大學出版社,1994年),頁19。

18　《梁披雲教育思想研究》(廈門市:廈門大學出版社,1994年),頁18。

19　《梁披雲教育思想研究》(廈門市:廈門大學出版社,1994年),頁16。

嗎？而救亡圖存、振興中華，還有比此更重要的嗎？所以，黎明高中
的精神是「奮鬥便是生活」。年僅二十四的梁老，其辦學宗旨確實深
具意義，遠非一般人所能企及。正是具有這種「拯生民於水火」的氣
魄與抱負，才造就黎明高中的根基深植，也埋伏下五十年後「黎明學
園」在改革開放的大潮下能夠煥發新枝，茁壯成長的一頁。

四　四○年代黎明大學的初次籌辦

　　梁披雲先生於三○年代中到了南洋，曾在吉隆坡尊孔中學任教，
並負責增辦中學部。其後，擔任印尼蘇東中學校長（1936-1938），又
創辦了吉隆坡中華中學，並擔任校長（1939-1940）。日軍迫近南洋，
梁老遂回國擔任中央軍事委員會政治部設計委員（1942）和福建省黨
部書記長（1943）。一九四四年至一九四六年，先後任福建音樂專科
學校和海疆專科學校校長。一九四七年，調任福建教育廳長。[20]其
時，有建議重辦黎明高中。梁老「根據當時情況，認為應創辦一所大
學。」[21]梁老規劃的大學藍圖包括工學院、農學院和醫學院等三個學
院。他認為：

> 要辦好一所大學，必須走企業與教育相結合的道路。這是因為
> 企業有能力養活大學，為大學提供資金、師資和實習場所，而
> 大學反過來為企業培養專業人才，促進企業發展。[22]

20　以上事蹟見〈梁披雲先生年譜〉，收於黎明大學董事會編：《梁披雲先生事蹟陳列
　　室》（特刊）（香港：香港榮譽出版公司，2005年），頁95。
21　《梁披雲教育思想研究》（廈門市：廈門大學出版社，1994年），頁101。
22　《梁披雲教育思想研究》（廈門市：廈門大學出版社，1994年），頁101。

梁老的好友王廷芳先生詳細解釋其設想，指出梁老是利用泉州的地區
特點作為辦學的基礎，以適應人才的培養和企業的需要。[23]王廷芳先
生將其體會析述如下：

> 近年來我國名省市大力發展地區的職業大學……這些職業大學
> 都是以培養地方急需的應用型、技能型的高層次專門人才為目
> 標，適應當地經濟、社會發展的需要，強調為地方建設服務。
> 有的學校也開始自辦企業，或與校外企業掛鈎，或與企業聯合
> 辦學，「按需培養」，使專業設置以及畢業生的去向都與該地區
> 企業緊密聯繫起來。這樣，高校不僅可得到企業在經濟上的支
> 持，而且可聘請企業的專業性、技術性人員為教師，企業也為
> 高校提供實習基地，實現教學──科研──生產一體化的辦學
> 模式。泉州黎明職業大學就是其中的一所。[24]

這種「按需培養」，配合地區發展的辦學構想，是八、九〇年代的中
國是十分流行的，而梁老早在四〇年代末期已經有相似的主張，並嘗
試加以實行，真可說是洞燭先機。只是一九四八至一九四九的中國正
處於國內戰爭時期，梁老當日的設計唯有等待日後更合適的機遇。

五　配合改革開放、籌建黎明大學

一九七八年十二月，中共召開第十一屆三中全會，決定改革開放
的方針，中國正進入一個嶄新的時代。翌年適值建國三十周年，梁老

---

23 王廷芳先生詳細介紹這三個學院與泉州的企業的配合和互補情形，其內容請參看同
　上書，頁102。
24 《梁披雲教育思想研究》（廈門市：廈門大學出版社，1994年），頁103。

心情興奮，遂賦詩七律一首，題為〈國慶三十周年〉：

> 不信沈陰慘莫消，天高氣爽見晴朝；
> 卅年剝復雲初展，四化恢弘道豈遙。
> 上下同期趨正鵠，旌旗一派湧春潮；
> 揮戈逐日心原壯，重整乾坤有舜堯。[25]

從這詩中我們看到梁老也喜不自勝的心境。十年文革隨風而逝，春風拂面，百廢待興，梁老雖年在桑榆，卻壯心未已，老驥伏櫪，志在千里。憑著多年在文教界和僑務的工作經驗，熱心鄉梓教育，為祖國培育四化人才的堅定信念，便開始新的規劃。經過多番的努力和五十年前舊同事的響應，在泉州黎明高中舊址上，終於在一九八一年創辦黎明學園。黎明學園屬專上程度，課程內富包括電大班、工藝美術班、外語進修班（日語班和英語班）、口腔美容班等課程。由於配合泉州地區的發展需要和師資優良，黎明學園很快便獲福建省政府的支持，社會大眾亦寄予厚望。在奠定初步基礎後，梁老便再進一步將學園改為正規職業大學。在梁老的奔走號召下，南洋僑胞熱心鄉梓教育，踴躍集資支持梁老，永春梁氏僑胞如梁良斗先生、梁祖輝先生、梁清輝先生等。其中特別是印尼華商李尚大先生受梁老的感召，答允獨力承擔新舊校區的建校費用。又，巴金先生在文革之後痛定思痛，開始撰寫《隨想錄》。當他知悉梁披雲先生在泉州重新領辦黎明學園時，即將上海家裡的藏書數千冊贈送給黎大。巴金先生始終對黎大的發展深表關切，例如在黎大成立五周年時來信祝賀，信中說：

---

25 梁披雲：《雪廬詩稿》（澳門：澳門文化司署，1991年），頁193-194。

讀來信，想起今年十月是黎明大學建校五周年，同時又是梁龍
光兄從事教育工作六十年，這是值得慶祝的兩件喜事。可惜我
身患重病，不能參加慶祝活動，也無法傾吐我真誠的祝賀。敬
祝黎明大學在發展中對祖國教育事業作出更大貢獻。敬祝梁龍
光兄的工作取得更多的成就。巴金。七月十六日，八九年。[26]

在獲得海外僑胞的熱烈支持下，黎明大學發展迅速。直至二〇〇六年
為止，大學共佔地六百二十畝、建築面積近十八萬平方米，有土木建
築工程、計算機與信息工程、電子工程、人文社科、經濟貿易、工商
管理、外語和服裝工程八個系四十六個專業，在校生七千人。校內共
有專任教師三百六十三人，各類實驗室六十二個，多媒體教室二十四
間，圖書館藏書六十八萬冊。在二十多年的高等職業教育實踐中，黎
大師生以黎明精神[27]發揚梁披雲先生「育人為本，德育為首，教學為
主，以就業為導向」的辦學理念，開拓前進，改革創新，學校的規
模、質量、效益穩步提高。[28]

在眾力易舉的情況下，黎大終於發放它的光芒，為泉州以至中國
的青年學子、海外僑胞提供優質課程，為二十一世紀的中國現代化和
人類未來發展作出貢獻。[29]

---

26 原件見黎明大學董事會編：《梁披雲先生事蹟陳列室》（特刊）（香港：香港榮譽出
　版公司，2005年），頁33。

27 黎明精神包括：愛國主義思想、無私奉獻精神、學生本位與愛心教育的辦學理念和
　手腦並用的人才培養觀（見《黎明大學》小冊子，2006年編製）。

28 《黎明大學：2006年度招生簡章》，頁1-2。各有關專業的內容介紹可參看《簡章》
　頁7-14。

29 黎明大學成立後發展過程，作者擬另文探討。又梁老的教育思想和年表和參看附件
　三、附件四。

附表一　上海大學中國文學系及社會學系教職員表

姓名	籍貫	學系	教授學科
陳望道	浙江義烏		文法、修辭學、美學
邵仲輝	浙江紹興		散文
葉楚傖	江蘇吳縣		詩歌
劉大白	浙江		中國文學史
田漢	湖南長沙		文學概論、近代戲劇
俞平伯	浙江	中	詩歌、小說
沈仲九	浙江紹興	國	語體文
胡樸安	安徽涇縣	文	文字學
沈雁冰	浙江桐鄉	學	歐洲文學史、小說
傅東華	浙江金華	系	詩歌原理
瞿秋白	江蘇		社會學
周頌西	浙江		英文
曾杰	湖南		英文
馮子恭	湖北		英文
火賁達	上海		英文
瞿秋白	江蘇		社會學、社會哲學
施存統	浙江金華		社會思想史、社會問題、社會運動史
蔡和森	湖南		社會進化史
安體誠	直隸	社	現代經濟學
周建人	浙江紹興	會	生物哲學
周頌西	浙江	學	英文
曾杰	湖南	系	英文
火賁達	湖北		英文
馮子恭	上海		英文

資料出處：黃美真、石源華、張雲等編：《上海大學史料》（上海市：復旦大學出版社，1984年），頁52-53。

附表二　上海大學中國文學系學程表

第一學年 課目	學分	第二學年 課目	學分	第三學年 課目	學分	第四學年 課目	學分
詩歌一（詩）三百篇─漢	六	詩歌一（詩）漢魏六朝隋唐	六	詩歌一（詩）宋至現代	六	詩歌一（詞）宋以後	四
國文名著選─漢以前	六 四	國文名著選─漢以前	六	詩歌一（詞）宋詞	二	詩歌一（曲）南北散套	四
國語文選	四	小說	八	國文名著選─漢至唐	六	國文名著選─唐至現代	六
中國文學史	四	中國文學史	四				
歐洲文學史	四	歐洲文學史	四	小說	八	中國哲學史	四
文學概論	二	美學	二	戲劇	四		
修辭學		社會心理學	二	日本文學史	二		
				古書校讀法	二		
文字學大意	四	外國文學選讀	四	樂律─普通樂學	二	此外選修課目十八學分，分甲乙丙丁四組，任學生志願選修一組，詳細內容見附表	
社會學	二	外國語	四				
外國語	八						
				樂律─普通和聲學	四		
				外國文學選讀	四		
				外國語			
共計	44		40		40		36

第四年分組進修科目			
甲組	乙組	丙組	丁組
小說作法 詩歌作法 戲劇作法 文學批評論	新聞學 政治學大綱 法學通論 經濟原倫 社會問題 現代政治 外交史	國音學 文字學 文法語法研究 言語學 藝術教育論及 作文教授法	金石學 文字學 歷史哲學 社會進化史 中國美術史

（一）學生第四年分組選修課目，須經本系教授審定。

（二）學生須具左列二條件，始得請求畢業；

      1.至少習滿百四十學分；

      2.提出論文，經論文審查會審查合格。

（三）本系課程，如有變更順序之必要時，得施相當的變更。

（四）本系課程表，得由本系教授會隨時修改。

資料出處：黃美真、石源華、張雲等編：《上海大學史料》（上海市：復旦大學出版社，1984年），頁55-56。

附表三　梁披雲教育思想簡輯

(一) 思想根源	中學我喜歡孟子、墨子、莊子，可能這對我有影響。對孔子的教育方法也感興趣，輕鬆愉快地教人。對學生，不同的人不同的回答，因材施教。「作之君，作之親，作之師」可說是孔子理想心中的師範……老莊、馬列、克魯泡特金的思想都有影響。
(二) 提倡平民教育	從古以來教育都掌握在高高在上的人的手裡，沒有真正的平民教育，教育沒有個性，只有共性，是唯上的。只有到了文藝復興後才有個性。教育怎樣能夠真正平等？

	一方面要使人人都有接受教育的機會，另一方面是把人扶持起來，便其能趕上自我完善的道路（對照社會，解剖自己）。
(三)注重「人的教育」	教育是一種從巫覡轉化為師傳的人學，要教育人要學蜜蜂釀蜜，母雞護雛；要學愛群，學戀侶；還要學鳥築窩，學雁傳書，學龍吟虎嘯……自己要學自我完善。與他人接觸也是學習，沒有字的書，勝過有字的書。對教育，不應光是學校教育，成人教育應是同樣重要，要終身教育。
(四)熱愛學生，並十分重視教育要適應少年的特長	教育一方面要愛護青春，另一方面要發揚青春。（梁老解釋說，青春就是「童心」）我們教育就是要保持青春，如果學校沒有青春就沒有活力。固此，老師保持青春是十分重要的。青春要與教育劃等號。老師必須要以關心、愛撫的態度栽培學生。標準的教師是「經師」兼「人師」。
(五)要重視人生觀教育	要以友愛和諧進步教育學生，要從方法論上，本體論上對學生進行啟發，不能「唯書」，重要的是要開拓，眼光要遠大，思想要清醒，不僅要學生口到眼到，而且要學生動腦動手。思考是極重要的。教育觀來源於人生觀，人生觀來源於宇宙觀。教育是培養人才，不是製造工具，要從人的教育，再到物的教育。
(六)在課程設置方面基礎課十分重要	我們要把史、地、論理當作必修課。師範不應該獨立設置，而應該在綜合大學設師範學院。
(七)在基礎教育的同時增添部分職業教育課程	在蘇東中學（印尼）實施的課程中增加一些技術方面的，女生加手工，男生加筆記，高年級加教育通論。
(八)關於華文教育	華文教育的目的，不僅是為了懂得自己中國的文字，更重要的是不要忘記當前所處的時地和自己的祖宗、祖籍

	國。華文教育的方法，可以從音樂、美術（書畫）著手，甚至中醫，以及南音，梨園戲，湖州戲，通過藝術技術形式弘揚中華文化。
(九) 在全國政協提議有關教育問題	（1）要重視愛和法的教育。 （2）建議開一個全國教育會議，不是由教育的官員開會，而是請全國各方面的專家和港澳專家來開會，商討教育的改革。 （3）教育要搞上去，人比錢更重要。希望學校不要辦成衙門，商店或收容所。

資料來源：黎明大學董事會編《梁披雲先生事蹟陳列室》（特刊）（香港：香港榮譽出版有限公司，2005年），頁44。

附件四　梁披雲先生年表

一九〇七年三月十五日，生於福建永春山鄉。六歲入村塾啟蒙，其後進新式學堂、中學。年十七，考入上海大學。

一九二五年，在上海參加五卅運動，上街遊行，著文演說。

一九二七年，撰寫《世界社會運動史略》。

一九二八年，兼任廈門《民國日報》社長。

一九二九年，與許卓然、秦望山等創辦泉州黎明高中，被推為校長。以私款六〇〇〇兩白銀購買儀器和圖書。黎明教師陣容極盛，包括巴金、王魯彥、楊人楩、周貽白、張庚等。

一九三〇年，東渡日本，為早稻田大學政經學部研究生，研究農業經濟。

一九三一年九月，因九一八事變，回國參加抗日運動。

一九三二年，蔣光鼐調任福建省主席，以先生任惠安、永泰縣長。其後，任興泉省顧問。

一九三〇年代後期，赴南洋，在吉隆坡創立中華中學，任校長。

一九四四年至一九四六年，先後任福建音樂專科學校和海疆專科學校
　　校長。

一九四七年，調任福建教育廳長。

一九五〇年代，移居印尼雅加達，創辦《火炬報》。

一九六六年，印尼排華，遂移居澳門。一九六八年起，任澳門歸僑總
　　會主席。

一九七四年，在香港創辦《書譜》雜誌，任社長。

一九八一年，在泉州黎明高中舊址創辦黎明學園。

一九八四年，在黎明學園的基礎上創辦黎明職業大學。

一九八四年，主編《中國書法大辭典》。

一九九〇年一月，發起成立澳門福建同鄉會，被推選為會長。同年，
　　創辦（澳門）福建學校。

一九九一年，出版《雪廬詩稿》古典詩集，由澳門文化司署出版。

一九九六年十一月，獲廈門大學授予名譽教授。

一九九八年十二月，獲澳門大學授予名譽博士學位。

二〇〇〇年四月，在黎明大學新校區首期工程竣工慶典上致辭。

二〇〇二年二月，澳門特別行政區政府授予　先生銀蓮花勛章。

二〇〇三年三至六月，在澳門藝術博物館舉行「梁披雲書法展」，《梁
　　披雲書法集》出版。

二〇〇五年三月：梁氏伉儷百齡壽慶，特首到賀。全國政協副主席馬
　　萬祺親自到先生家祝賀。

二〇〇六年十二月：全國政協副主席劉延東探望　先生，並讚嘆說：
　　「梁老這一生真的很了不起，人生能在這麼多方面都有成就，真
　　的很不簡單，所以很敬佩您！」

歴史教育

《資治通鑑》的編纂及其現代意義

一 《資治通鑑》的編纂

1 背景

　　司馬光的《資治通鑑》兼具《左傳》和《史記》的優點，在中國史學上佔據有非同凡響的地位。而《通鑑》的編寫，雖也曾受帝王的鼎力襄助，卻無異是一本私家修撰的巨著。這種狀況，與歷代官修史籍大相逕庭。民國史學史專家金毓黻教授曾經指出：「試考（司馬）光自言及劉恕所述，其蓄志修史，非一日矣。及承英宗之命，乃得實踐其言；且官修諸史，皆取稟監修，任編纂者往往擱筆相視，含毫不斷，而光之修《通鑑》則無是也。編纂之役，統由自任，上無監修之牽制，下無同輩之推諉，二劉（恕、攽）一范（祖禹），則悉取光旨，其任助役，有相濟之美，無意見之差，故撰人獨署光名，而他人不得與。雖云近於官修，而與向來之官修者異矣。」（金毓黻：《中國史學史》〔香港：商務印書館香港分館，1964年，頁182）因此，這部史書並不可以官書視之，其實是一部曠代巨著。即使後世不斷有續編和改寫，但直至今天，這部著作仍可稱為「前無古人，後無來者」的經典著作。

　　中國最早史學著作是《左傳》，它是魯國史官左丘明在孔子逝世後，因恐怕弟子們錯誤理解孔子編纂《春秋》的宗旨，遂利用史官的特殊角色，努力收集各國的歷史文獻，對《春秋》加上詳細的補充，

終於完成了我國一部傑出的編年史——《左氏春秋》（按：又名《春秋左氏傳》），世人多稱之為《左傳》）。千餘年後，宋代歷史學家司馬光在年輕時已經非常喜歡和熟習《左傳》，並立志要續寫一部自戰國至五代、繁簡適中的編年史。

這是由於自魏晉南北朝以後，史部典籍急劇增加。這也導致傳統圖書分類法由六藝、諸子、兵家、數術、方伎、詩賦的《七略分類法》逐漸轉變為以經、史、子、集的《四部分類法》，變化的主因是為了適應史籍數量的急增。下及宋代，隨著文化知識的日趨普及，歷史典籍仍不斷膨脹。面對汗牛充棟的史籍，任何勤奮的讀者，即使終其一身，也難以完全通讀一遍。特別是自班固《漢書》出現以後，無論是紀傳體的歷代《正史》或按時間順序撰寫的編年史，絕大部分都是「斷代為史，無復相因之義」。即使貫通數代的《南北史》或《十六國春秋》等史籍，也都只是侷限於一個較長的時段，再沒有產生如司馬遷《史記》般貫通古今的歷史巨著。

2 創作動機

從今天看來，這部書的讀者並不僅僅是帝王，即使是一般的讀書人也需要《通鑑》。在司馬光的心中，認為當時讀書人的歷史知識也極為貧乏。事實上，自南北朝以來，像《史記》貫串古今的著作已絕無僅有。同時，紀傳體的正史在史事安排上，同一事件的記載往往過於分散，讓人難獲完整的印象。若要在其中總結出可以借鑑的經驗，確實十分困難。因此，一般的情況是只選讀前四史。對三國以後的歷史，學者往往茫然。部分人對唐史有較大的興趣，這在當時已屬罕見。因此，司馬光反覆思量，曾慨嘆地說：「《春秋》之後，《史記》至《五代史》，一千五百卷，諸生歷年莫能盡其篇第，畢世不能暇舉大略，厭煩趨易，行將泯絕。」因此，「常欲刪取其要，為編年一

書」。要完成這部偉大著作，在人力和圖書兩方面必須有更佳的條件。因此，為了實踐其宿願，遂在《歷年圖》的基礎上，向英宗皇帝上奏，表示「自少以來，略涉群史，竊見紀傳之體，文字繁多，雖以衡門專學之士往往讀之不能周浹。況於帝王，日有萬機，必欲遍知前世得失，誠為未易。竊不自揆，常欲上自戰國，下至五代，正史之外，旁採他書。凡國家之盛衰，繫生民之休戚，善可為法，惡可為戒，帝王所宜知者，略依《左氏春秋傳》體，編為一書，名曰《通志》」[1]，希望獲得英宗的支持。不久，英宗皇帝遂命司馬光設局於崇文院，自行選擇協修人員，以進行其修史工作。稍後，神宗皇帝嗣位，司馬光曾多次為神宗講述《通志》，深得這位年青皇帝的稱許，認為司馬光這部書「有資治道」，故特賜名為《資治通鑑》。他並預先寫了一個序文，命令待全書完成後收入書內。

3 前期工作

為了打破斷代史的侷限，以便利讀者能夠更有效的「以史為鑑」，司馬光在四十多歲撰寫了上起戰國，下迄五代的《歷年圖》，並在治平元年（1064）進獻宋英宗。這部書共有五卷，內容以大事年表形式展示，把我國千百年間的歷史變化加以簡明握要的介紹。這是司馬光第一部歷史著作，也標誌著他的終身事業正式開展。這時適值宋代第五個皇帝英宗在位。在這個基礎上，司馬光隨即撰寫了由周威烈王二十三年（前403年）到秦朝滅亡的歷史，名叫《通志》。這個著作事實上便是《資治通鑑》的前八卷。現在看來，《通鑑》以編年史方式呈現繁複的史事，是有很多優點的。首先，以時間為序，史事先後本末較紀傳體史籍為清晰。又參用《左傳》追敘、倒敘、插敘等多元化的敘事方法，故讀者較易掌握事件的發展脈絡。

1　陳光崇：《中國史學史論叢》（遼寧市：遼寧人民出版社，1984年），頁184、211-212。

　　當然，由於敘事基本以時間先後為序，故一些前後牽連數十載的重大史事，如武帝征伐匈奴、東漢宦官與外戚衝突事件等，往往難以獲得完整的印象。無容置疑，編年史也有一定的侷限性，但與當時甚為流行的紀傳體史書相互比較，則其優點仍是十分明顯的。

4 分工情況

　　司馬光是一位偉大的史學家、政治家。我們通過他所撰寫的兩篇奏章和其助手劉恕的〈通鑑外紀引〉追述其早年言論為例，以考察司馬光對《資治通鑑》的創作歷程的自述。我認為這類自述式資料對了解《資治通鑑》的價值有所幫助，十分接近「口述歷史」的本質。

　　最早出現關於《資治通鑑》的材料是劉恕的〈通鑑外紀引〉，它雖寫於元豐元年（1078），但其內容卻包含了宋仁宗嘉祐（1056-1063）初年關於司馬光的一則談話。劉恕首先評論宋代讀書人疏於史學。他說：

> 司馬遷始撰本紀、年表、八書、世家、列傳之目，史臣相續，謂之正史。本朝去古益遠，書益煩雜。學者牽於屬文，專尚《西漢書》，博覽者乃及《史記》、《東漢書》。而近代士頗知《唐書》。自三國至隋，下逮五代，懵然莫識。承平日久，人愈怠墮。莊子文簡而義明，玄言虛誕而似理，功省易習，陋儒莫不尚之，史學寖微矣！

這段說話其實可能是受到司馬光的影響，他也自稱是「司馬公門生」。無論如何，在〈通鑑外紀引〉中，他直接引述了一段司馬光的說話，反映光早在皇祐（1056-1063）初年已有志撰寫《通鑑》。司馬光對劉恕說：

春秋之後，迄今千餘年，《史記》至《五代史》，一千五百
卷，諸生歷年莫能竟其篇第，畢世不暇舉其大略，厭煩趨易，
行將泯絕。予欲託始於周威烈王命趙魏韓為諸侯，下訖（迄）
五代，因丘明編年之體，仿荀悅簡要之文，網羅眾說，成一
家書。

這是司馬光準備編纂《通鑑》的一則珍貴資料。他的創作動機也很單
純，是希望為讀書人提供一部長短合宜的史籍。過了差不多十年，即
宋英宗治平三年（1066），司馬光「以學士為英宗皇帝侍講」，遂以他
以初步完成的《通志》（按：此書由戰國至秦的編年史，總共八卷）
充當歷史教材，深受英宗的稱賞。隨即「詔修光編次《歷代君臣事
蹟》，仍謂光曰：卿自擇館閣英才共修之。」光終於引薦了劉恕，並
稱「專精史學……唯劉恕一人而已」。光又說：「共修書凡數年，史事
之紛錯難治者則諉之，光仰成而已。」[2]

事實上，司馬光能夠完成這項宏大的工程，當然非單憑個人的力
量。在獲得英宗皇帝的支持後，便下令其「擇史館英才共修之」，以
進行編纂《通志》的工作。但司馬光卻婉拒了英宗，並選用了自己認
為合適的青年史家劉恕（字道原）、趙君錫作助手（按：因適值趙氏
喪父，未能入館，故改任精於漢史的太常博士、國子監直講劉攽〔字
貢父〕代替。）到了熙寧四年，攽因出為泰州通判，司馬光又薦用知
資州龍水縣范祖禹（字純甫）代之。據資料顯示，劉攽其後仍繼續參
與《通鑑》的長編的隋代以前部分。[3]

2　引文出自司馬光〈資治通鑑外紀序〉。按：司馬光的言論一方有反映其謙遜的態度，
　　另一方面也說明劉恕對《通鑑》貢獻之大。
3　王盛恩：《宋代官方史學研究》（北京市：人民出版社，2008年），頁276-277。

　　除劉恕外，兩漢部分主要由劉攽負責，二劉亦共同負責魏晉至隋代的長編工作，而唐代則由於史料繁多，由范祖禹總其成。由於范氏乃後來加入的參加者，故司馬光曾寫信指導其工作，反映通鑑長編的編纂安排。司馬光〈答范夢得（祖禹）書〉說：

> 附注（按：指叢目）俱畢，請從（唐）高祖起兵修長編，至哀帝禪位而止。其起兵以前、禪位以後事，於今來所看書中見者，亦請令書吏別用草紙錄出，每一事中間空一行許，素紙（原注：以備剪開黏綴故也）。隋以前者與貢父（劉攽），梁以後者與道原（劉恕），令各收入長編中。蓋緣二君更不看此書，若足下止修武德以後，天祐以前，則此等事盡成遺棄也。二君所看書中有唐事亦當納足下處修入長編耳。

此書詳細交代叢目和長編的具體辦法，又寄去「貢父所作長編一冊」、「道原廣本兩卷」供祖禹參考。由此而言，此時三人的分工十分清晰。雖然三人是各有職分，其中以劉恕出力最多，全祖望作〈通鑑分修諸人考〉有云：「溫公平日服膺道原（劉恕），其通部義例，多從道原商榷；故分修雖止五代，而實係全局副手。」

　　其後，劉恕逝世，分工略有調整。司馬光之子康（字公休）曾對晁說之言：

> 《資治通鑑》之成書，蓋得人焉。史記、前後漢則劉貢甫（父），自三國歷七朝而隋則劉道原，唐訖五代則范純甫。此三公者，天下之豪英也。我公以純誠粹識、不憚晝夜，不時飲食，而久乃成就之。庶幾有益於天下國家之大治亂，不自幸所志也。（晁說之：《景迂生集》，卷17；轉引自王盛恩：《宋代官

方史學研究》〔北京市：人民出版社，2008年〕，頁278。）

而司馬光在與宋次道的信中也曾說：

> 某自到洛陽以來，專以修《資治通鑑》為事，僅了得晉、宋、
> 齊、梁、陳、隋六代以來奏御。唐文字尤多，托范夢得將諸書
> 依年月編次為草卷，每四丈截為一卷。自課三日刪一卷，有事
> 故妨廢則追補。自前秋始刪，至今二百餘卷，至大曆末年耳。
> 向後卷數又須倍此，共計不減六七百卷，更須三年，方可粗成
> 編。又須細刪，所存不過數十卷而已。（《文獻通考》，卷193；
> 轉引自陳光崇：《通鑑新編》，頁155。）

誠如孔子的《春秋》，「子夏之徒不能撰一言」。司馬光的《通
鑑》也極相似，雖然長編由各助手負責，但最後的刪訂全由光一人負
全責。劉羲仲（劉恕之子）《通鑑問疑》曾說：

> 先人在局，止類事蹟，勒成長編，其是非予奪之際，一出君實
> 筆削。（劉羲仲：《通鑑問疑》；轉引自陳光崇：《通鑑新編》，
> 頁155。）

全書的初稿（長編），基本上由各協修人員負責，再由司馬光總
其成，包括「對於全書的體例、書法，以致史料的考訂，文章的剪
裁」等方面。此外，更以「臣光言」對重大事件加以評論，讓其歷史
觀貫串全書。（按：這是繼承了《左傳》的「君子曰」、《史記》的
「太史公曰」的方式，突顯出作者難以替代的地位，亦即史遷所說的
「成一家之言」。）這種作法，完全避免了前代官修史書的毛病，特

別是：一、監修官多，意見不一；二、責任不明，互相推諉。[4]

除了受到宋英宗的支持外，《通鑑》的完成和流傳也是宋神宗賜予的恩寵。神宗在「治平四年（1067）十月初開經筵，（光）奉聖旨讀《資治通鑑》。其月九日，臣光初進讀，面賜御製序，令候書成日寫入。」司馬光視神宗賜〈序〉為個人極大的榮譽，遂上〈謝賜資治通鑑序表〉，自述其早年立志修史的志趣。未幾，英宗歿，神宗繼位。由於是奉詔編纂的作品，故司馬光隨即將經修訂《通志》八卷[5]送呈乙覽，再獲神宗稱讚，「命之進讀，而又序其本原，冠於篇秩」，對此書高度贊賞。〈序文〉說此書「博而得其要，簡而周於事，典刑之總會，冊牘之淵林」的褒獎。事實上，本書因獲神宗親自賜序，後來才能避過新黨的攻擊和免於燬版之災。

到了元豐七年（1084）十二月，上起戰國，下迄五代，共一千三百六十二年的鉅著終於完成。在〈進書表〉中，司馬光詳細追述此部經歷二十多年的作品的撰寫經過和內容重點，並如實地說：「臣之精力，盡於此書。」這部堪與《史記》匹敵的《資治通鑑》終於完成了。

5 司馬光的高超的敘事方法

《通鑑》在流傳過程中，在敘事方面受到極高的推崇。《左傳》、《史記》、《漢紀》等史學名著的善於敘事的優良傳統，在司馬光手中得到充分的發展，讓《通鑑》在某種程度上突破了編年體史書的限制。根據陳光崇教授的分析，《通鑑》的體裁故然是編年紀事，但「並不是把史事作流水賬式的記載；它往往用各種敘事的方法，把一件事的前因後果和背景材料，較為集中地予以敘述，從而使編年史的

---

4 陳光崇：《通鑑新編》，頁48。
5 按：根據神宗序文內容，此八卷即為今本《資治通鑑》的首八卷。

寫作達到了一個新的高度。」[6]。陳氏也概述了司馬光在敘事的四種
方法：

（一）提綱法：即「先提其綱而後原其詳」，後來朱熹《通鑑綱
目》發展了這方法，創造了「大書為綱，分注為目」的綱目
體。

（二）追敘法：此法仿自《左傳》，如〈隱西元年〉「鄭伯克段於
鄢」即以此法追述鄭伯母子惡劣關係的前因為「寤生」。司
馬光在追敘本事時，多用「初」、「先是」等筆法，追溯它的
由來，使事件的始末一覽而知。

（三）連類法：為整合不同時間發生但又相關連的史事，如逐一分
敘恐怕太繁瑣了，司馬光會仿效《左傳》、《漢紀》的連類敘
事法，把同料的事和人連類有及，如關於建寧二年第二次黨
獄後，連敘郭泰的免禍，張儉的逃亡，以至袁閎、申屠蟠的
遁世，而又旁及汝南袁氏的富盛，為後來袁紹、袁術起事的
張本。

（四）帶敘法：這是指人物而言。史書必載人物，但編年史多不載
其邑里世系，學者頗費稽考。司馬光於行文中，多帶敘其
邑里世系。例如，貞觀十年提及「命太僕少卿蕭銳運河南
諸州糧入海。」蕭銳在此為初見，也不知名。少便寫著
「銳，瑀之子也。」原來他是唐初重臣蕭瑀的兒子，其家世
和邑里便很清楚了。

通過運用各種敘事方法，「採紀傳之長，補編年之短」，便《通鑑》的
敘事為後世史家的楷模。

6　陳光崇：《通鑑新論》（遼寧市：遼寧教育出版社，1999年），頁152-153。

6 《通鑑》的歷史哲學：從「以史為鑑」到尋求「致治之道」

司馬光所說，《通鑑》這部上下千百年的巨著，一方面可以力求能夠刪繁削簡、上下連貫，以求讓人君在日理萬機之餘，也能夠廣泛閱讀歷史，並「以史為鑑」，以豐富其治國的經驗；另一方面，他更期望借用歷代史事，以求帝王「致治之道」。其中，司馬光多次指出，治國之道不外以下三者：「曰任官；曰信賞；曰必罰」（頁192）。而德行為統治者所必須具備的素質，故提倡「人君之德三：曰仁；曰明；曰武」。通過不同的歷史經驗，以了解「治亂存亡安危之本源。」

國史大師錢穆先生曾在一封給嚴耕望師的信中論及《通鑑》，對我們提高對這書的價值很有幫助。錢先生說：

> 古人治學，本無文史哲之分。如讀溫公《通鑑》，於兩書（按：指新唐書和舊唐書）外多增入小說筆記，不僅有關史事，其間有甚深蘊蓄、屬於義理方面者。溫公書實已文史哲三者兼顧。專論文與史，班不必不如馬；若論義理，則所差遠甚。穆教人治理學，須從年譜、詩文集入手，再及其語錄，則易於啟發也。悔翁詩能化，中年後極少理學氣味。陽明早年曾刻意吟詠，而中年以後反多理學氣。兩家高下，於斯可見。東萊《古史》，一見便是史；溫公《通鑑》，史中兼融文哲。弟試從此兩義參入，學問必可更上一層。（嚴耕望：〈錢先生致作者書信手蹟選刊〉（六通之三），《錢賓四先生與我》〔臺北市：臺灣商務印書館，2008年〕）

錢先生是史學界巨匠。這封信是寫於一九七二年二月二十日。其時嚴

先生已是譽滿天下的大師，年約五十七歲，兩年前已當選中研院院士。師徒二人論學，甚可觀。信中涉及錢先生提及如何讀《通鑑》使學問能更進一步，真讓人感受到「學無止境」的真正意義，也是我們所說的「生命與學問」的結合。《通鑑》非一般史書，更不是一部資料書，看過這封書函，真讓人回味不已。而《通鑑》的學術價值更應讓大家深思！

二　《通鑑》的現代意義

中華民族正邁向全球化的今天，帝制早已結束，我們是否仍需要它呢？這樣的一部經典，對我們今天是否仍具參考意義？這個課題，實在值得讀者的深思。可以肯定的，是人類社會異常複雜。一個民族的發展，也必然受到歷史的制約。《通鑑》一書，以善於敘事為世所稱許，它的內容包含了極為豐富的經驗。無論從「多識前言往行」以作為日常行事的指南，或增加對本國民族的了解，《通鑑》的內容也是有高度的價值，值得現代讀者的關注。

《通鑑》上起戰國，下迄五代，記載了一三六二年的歷史，總共兩百九十四卷。中國疆域遼闊、人口眾多。在芸芸眾多的歷史事件中，它記了些甚麼？是否都需要我們有所把握。根據司馬光對歷史的獨特眼光，它選擇史事基本上只關於以下四點：（一）國家盛衰；（二）生民休戚；（三）善可為法；（四）惡可為戒。符合這個標準的便記錄，不符合這個標準的便捨棄。由此而言，這部書對現代中等文化水平的讀者仍然具有極大的價值。

專制時代既結束，人民便是國家的主人翁。以往限於統治階層的歷史知識，現在卻成為一個合格公民的基本常識。我們既要當家作主，對本國的歷史發展便需要有一定程度的了解。《通鑑》記載了

「國家盛衰、生民休戚」的種種因由，對我們參與國家的建設發展、促進國家的繁榮安定、防止國家的衰敗滅亡，都是每個現代公民必須承擔的責任。要完成這個責任，我們怎麼能夠忽視以往的寶貴經驗。司馬光昔日為統治者提供的鑑戒，今天正好為我們所利用。至於我們在行事上，對那些「善可為法、惡可為戒」的言行，當然也有足資借鏡和反省的地方。而作為社會棟樑的青年人，更可在其中「尋求致治之道」（按：這個目標，今天已不再侷限於君主了），作為日後擔任領袖時的參考。古書說：「君子多識前言往行以蓄其德」；俗語說：「凡事，預則立。」青年人要裝備自己，才能在碰到的機遇時加以掌握。「臨淵羨魚，不如退而結網」，大概便是這個道理了。

清末民初的歷史教育：以新式教科書為中心

一 引言

經過百日維新和晚清新政的洗禮後，實施了一千三百年的科舉制度終於敵不過時代的巨輪，在一九〇五年黯然結束。代之而興的是新式教育的引入。為配合「廢科舉、興學堂」的時代需要[1]，由民間主導的新式教科書遂陸續出現。其中，由張元濟主持的商務印書館率先傾力組織編寫人員，短時間內即推出全套的語文、修身、歷史、地理等不同學科的教科書。而著名學者如劉師培也曾編寫了《經學教科書》、《歷史教科書》等一批教科書以應社會的急切需求。設於上海的商務印書館、文明書店等出版社，在編輯這些教科書時，均嚴格按照清政府在一九〇四年頒佈的《癸卯學制》，為初等小學堂、高等小學堂和中學堂的各級學生提供適切的課本。隨著新式學堂的逐步普及，教科書市場有了急劇的發展。其中，與歷史教育關係密切的新式中國歷史教科書亦正式出現。據現在能夠掌握的資料來看，最早的歷史教科書在光、宣之際產生，並廣泛在各級學堂中使用。由於歷史教育需要切合本國國情，在實行帝制的晚清，歷史教科書的編輯者必須秉持忠君愛國的立場。然而，在數年之後，革命成功，共和政體成立。以

1　參看拙作：《中國第一所新式學堂》（北京市：中國社會科學出版社，2012年），第七章，〈從「變科舉」到「廢科舉、興學堂」〉，頁106-124。

往推崇帝制的歷史教科書，一變而為共和政體國民教育的基本教材。由於國情出現巨變，歷史教科書的立論和觀點上也必須加以相應的調整。本文試圖探究這個與國情有緊密聯繫的學科在這些年的一些變化，以填補這方面認識的空白。

二　清末歷史教科書的產生

國民教育的主體內容其實就是歷史教育。古代的歷史教育大概與六經的關係最為密切。當中，通過閱讀《尚書》、《詩經》和《春秋》等儒家典籍，大概能對古代歷史有一定程度的理解。漢唐以後，一些識字課本如《急就章》、《三字經》等，都包含了一些粗淺的歷史知識。在蒙學階段以後，《左傳》、《史記》、《資治通鑑》、《通鑑綱目》、《御批通鑑輯覽》等都是歷代士子喜歡閱讀的歷史教材。至於一般老百姓，也透過觀賞小說、戲曲、說書、彈詞等通俗文學來充實自己的歷史知識。這些通俗作品雖不具系統性，但仍不失為一些可供參考的歷史材料。

傳統蒙學識字課本以《三字經》最為流行。每句三字，多屬隔句用韻，便於學童諷誦記憶，也十分配合中國文字的特性。內容除品德教育外，也包含一些粗淺的歷史知識。現以民國初期章太炎修訂的《三字經》為例，其記載的歷史知識雖甚為簡略，但仍具備貫通古今，簡而有序的優點。據統計，《三字經》用了三百多字便能對自上古到清末的全部中國歷史作一素描，且頗具系統性。其對傳統歷史教育具有一定的貢獻，值得學者的注意。

清末產生的歷史教科書，除了政治觀點偏於保守的時代侷限外，在內容和修習安排上，均能對傳統歷史教材作適度的改良，故整體而言，實在有不少的進步的地方。即使以今天的標準，這些歷史教科書

不但佔有較重要的位置，還是在蒙學基礎上走出一條貫通古今、由淺入深的歷史學習之路。編訂這些教材的人，或是留日學生，或是具備新時代視野的知識份子。他們繼承傳統歷史教育的經驗，對不同程度的學堂學生施以合適其心智和年齡的歷史教育，對國民教育作出重要的貢獻。與語文教材不同[2]，歷史教科書的內容較具完整性和可操作性，除按時間先後以紀事本末方式為主外，並加入內容簡明、文字淺白的人物傳記。這兩方面的內容都承繼了對敘述史事始末的紀事本末體和人物傳記為主的紀傳體史書的優良傳統，再輔以簡約淺白的文字，以適應年幼學童的需要。此外，這些教科書也沿用蒙學教材的編寫方法，加入插圖和簡明地圖以加強兒童的直觀印象，以增加其學習的興趣。歷史教科書以說故事的方法來吸引兒童的學習興趣，是符合兒童的學習心理的。人物傳記亦容易產生激勵模仿的作用，鼓勵其立志向上，促進其發展個人能力的重要意義。這類作品應以柳詒徵在一九〇二年九月據日人那珂通世的《支那通史》（卷四至宋代止）的基礎上，增輯元明兩卷的《歷代史略》為最早。

晚清初等小學學制為五年，高等小學學制為四年。以完成高等小學為十五歲的兒童來計算，高等小學的班級約相當於今天的小六到中三的程度，而初等小學則約是小一至小五的程度。以清末比較流行的商務印書館編輯的《初等歷史教科書》為例，全書總共四卷，「專備初等小學第四第五兩年教授之用。」其〈編輯大意〉首先提出在措詞方面力求顯淺，以便兒童易於領會。而在字數方面亦儘量配合兒童需要，故課文必定「限定字數，自一百餘字至二百字為率，以期適合程

---

2 語文教科書因以中國語言文字為主要學習目標，編寫時受表意文字的特性所限制，難以借鑒於以拼音為主的西方語文教材。當時，商務印書館語文教科書的主要編者蔣維喬曾撰寫〈編輯小學教科書的回憶〉（張靜廬輯注：《中國近現代出版史料補編》〔上海市：上海書店出版社，2003年〕，冊6，頁138-148），對當日國文教科書的編輯過程有詳細的記述。（http://big.hi138.com/wenhua/lishixue/200807/51864.asp）。

度。」[3]由於中國的師範教育尚在啟動階段，一般小學教員均缺乏正式師範學歷，故此，商務印書館在編輯小學教科書時，並同時出版教師參考用書。出版社特別指出：「教授兒童，與尋常研究史學不同，故別撰《教授法》一冊，以為教師講解之助。」[4]商務印書館這套小學歷史教科書是最先配合新學制的教本，所設課文多為日後同類課本所沿襲，具有一定的創新作用，今詳列本書課目以供參考：

卷一

1 三皇	11 周室東遷	21 孟子	31 七國之叛
2 伏羲神農	12 管仲	22 藺相如	32 漢武帝
3 黃帝	13 鄭子產	23 戰國四公子	33 張騫
4 堯舜	14 伍員申包胥	24 荊軻	34 漢宣帝
5 夏禹	15 夫差句踐	25 秦併六國	35 王莽
6 少康中興	16 孔子	26 秦始皇	36 漢光武
7 商湯	17 三家分晉	27 豪傑亡秦	37 佛教東來
8 伊尹傅說	18 商鞅	28 項羽	38 班超
9 周武王	19 蘇秦張儀	29 漢高祖	39 東漢黨禍
10 周公	20 燕齊構兵	30 諸呂之變	40 董卓

---

3 姚祖義：《最新中國歷史教科書（初等小學堂課本）》（北京市：商務印書館，光緒三十（1904）年甲辰季冬月初版，光緒三十二（1906）年丙午孟夏月九版），上冊，頁1，〈編輯大意〉第2、3、5條。按：姚氏另有《最新高等小學中國歷史教科書》四冊，也是由商務印書館在光緒三十（1904）年甲辰季冬月初版，到了光緒三十二（1906）年丙午三月已出第十版。後者於二〇一三年二月二十六日摘自（http://book.kongfz.com/item_pic_10362_111547440/）。

4 姚祖義：《最新中國歷史教科書（初等小學堂課本）》（北京市：商務印書館，光緒三十（1904）年甲辰季冬月初版，光緒三十二（1906）年丙午孟夏月九版），上冊，頁1，〈編輯大意〉第9條。

卷二

1 曹操	11 中原大亂	21 隋煬帝	31 唐憲宗
2 諸葛亮	12 拓跋氏之興	22 李唐之興	32 唐代宦官
3 孫氏據江東	13 劉裕	23 唐太宗	33 牛李黨爭
4 司馬氏統一	14 宋魏構兵	24 唐初兵威	34 朱全忠
5 八王之亂	15 齊篡宋及梁代齊	25 武氏之亂	35 五季分裂
6 五胡亂晉	16 元魏遷都	26 唐元（玄）宗	36 李存勖
7 晉保江東	17 魏分東西	27 安史之亂	37 李嗣源
8 石勒	18 侯景亂梁	28 唐肅宗	38 石晉臣契丹
9 桓溫	19 周滅齊及隋代周	29 郭子儀	39 郭威篡漢
10 苻堅	20 南朝之亡	30 唐代藩鎮	40 周世宗

卷三

1 宋太祖	11 岳飛	21 元征日本	31 王守仁
2 寇準	12 秦檜	22 海都	32 嚴嵩
3 天書	13 宋孝宗	23 燕帖木兒	33 倭寇
4 西夏	14 韓侂冑	24 元末內訌	34 豐臣秀吉
5 范仲淹	15 成吉思汗	25 元順帝	35 大清肇基
6 王安石	16 蒙古滅金	26 明太祖	36 東林黨
7 司馬光	17 蒙古西征	27 明惠帝	37 明三大案
8 宋徽宗	18 蒙古滅宋	28 明成祖	38 魏忠賢
9 阿骨打	19 兩宋學派	29 土木之變	39 袁崇煥
10 宋高宗	20 元世祖	30 于謙	40 明懷宗

卷四

1　大清開國	11　回部	21　張格爾	31　收復伊犁
2　史可法	12　高宗南征	22　鴉片肇釁	32　中法之戰一
3　明遺臣起兵	13　征撫安南	23　發匪之亂一	33　中法之戰二
4　明桂王	14　改土歸流	24　發匪之亂二	34　中東交涉一
5　吳三桂	15　本朝法制一	25　捻匪之亂	35　中東交涉二
6　鄭成功	16　本朝法制二	26　剿平回匪	36　中東交涉三
7　尼布楚之約	17　歐人東來	27　北京條約	37　讓割臺灣
8　喀爾喀	18　白蓮教	28　基督教	38　戊戌變政
9　西藏	19　艇盜	29　中俄新界	39　義和拳一
10　準噶爾	20　天理教	30　復位新疆	40　義和拳二

　　事實上，這是第一部以現代學制為基礎的新式歷史教科書，供學童在年約十至十一歲時修習。全書以配合晚清新式學堂的使用，全部共兩冊四卷。卷一、二為上冊，卷三、四為下冊，每卷四十課，總共一百六十課。以每學期二十周、每週二課時、每小時學習一課計算，這部教科書足供兩年四學期使用。如上文所言，每課約百餘至二百餘字，以平均一課一百五十字計算，全書共約二萬四千字。以內容分佈而論，卷一為上古至秦漢；卷二為三國至五代；卷三為宋元明；卷四為清朝。誠如編者所言，對史事的安排屬於詳近略遠。其中，晚清七十年約占全書八分之一，篇幅比例明顯較其他時段為高。這種安排至今仍具十分重要的參考作用。另一部較流行的歷史教科書是陳慶年著的《中國歷史》，全書共六卷，在一九〇三年初版。陳氏這部書在清末頗為流行，到了一九〇九年三月，這書改名為《中國歷史教科書》，並於十二個月內出第三版。據了解，陳氏將中國歷史分為上古（太古至秦統一）、中古（秦統一至唐亡）、近古（五代至明）和近

世（清建國後的三百年），其分期與商務版的略有不同。至於內容的
詳細程度，由於是中學堂用書，自然遠遠超過前者。

再就本文較為關注的清代政體的變化而論，商務版初小歷史教科
書雖未在書中提倡排滿革命的思想，但對明末君臣的評論尚屬客觀。
例如，該書對明末重臣楊漣、左光斗、熊廷弼、袁崇煥、史可法、黃
道周以至抗清名將的鄭成功、鄭經父子[5]等人的評述均屬正面，與清
朝的官方立場頗有異同，這也許能夠反映當時政治氣候已經有所改
變，故編者的立場遂與官方有一定距離。

三　民國初年歷史教科書的變化

清社既覆，民國成立，原有的教科書遂被禁止。原因是共和政體
已經成立，原來以清朝為崇敬對象的行文和版式均亟需改正。例如，
以清光緒三十二年商務印書館出版的初等小學和上海文明書局在宣統
二年（1910年）出版的《中國歷史教科書》為例，內容遇到涉及清朝
或清帝的敘述，格式上都會空格。[6]這種安排自然必須改正，以符總
共和體制。根據民國元年新任教育總長蔡元培在一九一二年一月二十
五日頒佈的〈中華民國教育部暫行辦法通令〉[7]稱：

> 民國既立，清政府之學制有必須改革者，各省都督府或省議會
> 鑒於學校之急當恢復，發臨時學校令，以便推行……惟是省自
> 為令，不免互有異同，將使全國統一之教育界俄焉分裂，至為

5　商務版《初等小學歷史教科書》，下冊，頁21、23、25-28。

6　按：商務版空一格，文明版則空三格，而涉及清朝則稱為本朝或大清。

7　中國蔡元培研究會編：《蔡元培全集》（杭州市：浙江教育出版社，1996年），卷2，
　頁7。

可慮……？將辦法及暫行課程表列如下：

一、從前各項學堂，均改稱學校。監督、堂長，一律通稱校
　　長。

二、（略）

三、在新制未頒行以前，每年仍分二學期……

四、初等小學可以男女同校。

五、（略）

六、凡各種教科書，務合乎共和民國宗旨。清學部頒行之教科
　　書，一律禁用。

七、凡民間通行之教科書，其中如有尊崇滿清朝廷及舊時官制
　　軍制等課，並避諱、抬頭字樣，應由各該書局自行修改，
　　呈送樣本於本部、本省民政司、教育總會存查。如學校教
　　員遇有教科書中有不總共和宗旨者，可隨時刪改，亦可指
　　出呈請民政司或教育會，通知該書局改正。

八、小學讀經科，一律廢止。

九、（略）

十、（略）

十一、（略）

十二、（略）

十三、中學校、初級師範學校，均改為四年制畢業……

十四、廢止舊前獎勵出身（按：如由捐納取得資格），初高等
　　　小學畢業者，稱初等、高等小學畢業生；中學校、師範
　　　學校畢業者，稱中學校、師範學校畢業生。

以上數項，均與本文較有關係者，其中第六、七兩項需要稍加說明。
這兩項明顯標示新時代的來臨，各種教科書的內容必須合符「共和民

國」宗旨。由此而言，一切不符合此宗旨者自當予以取締。而「共和民國」一詞不但不曾出現帝制時代，即便在民國時期，這個四字詞也確屬罕見。

四　政體變革對歷史教育的影響

　　共和既立，帝制政治體制遂改變為全新的「民國共和」政制，而教育部門亦公告晚清教科書或即行廢止，或由出版商自行依據新政體加以改訂。由於實行審查制度，歷史教科書在立場、觀點也必須加以改變。現以民國元年（1912）商務印書館出版的中學歷史教科書為例，對上述轉變加以說明。這書為精裝硬皮，全一冊，總共六卷。此書原在丁未年（1907）三月初版，是一部配合「廢科舉、興學堂」而出現的中學堂歷史課本。到了民國元年重新校訂，以配合帝制終結、民國肇始的新局面。這部書十分流行，到了中華民國二年（1913）一月，已印了四版。（按：晚清共印十三版，民國元年四月重訂，在九個月後已需第四次重印。）本書的重訂者為「丹徒趙玉森」。書中扉頁上端由右至左特別標明「民國元年校定」六字，中間部分大書《新體中國歷史》六字。讀者一經翻閱，必能察覺是民國新版，與晚清舊版截然不同，十分醒目。頁一〈重訂新體中國歷史序〉所記十分能反映當時的時代思潮，故詳引如下：

> 是書原為漢陽呂瑞廷、丹陽趙澄璧所編，成於前清光緒三十三年（1907年），至宣統三年，凡行十三版，頗為海內人士所共歡迎。近頃國體既新，萬端更始，凡從前專制時代之所諱飾，自不得不概予擴（廓）清，而我中華民國之所開始經營，尤不得不特加紀載。爰將原書參酌校訂，闕者補之，繆者正之，務

期合于共和宗旨，以餉遺我學術界。倘蒙鴻達匡其不逮而糾其
不及，是則民國前途之幸福也夫。

新紀元四月重訂者識

　　此序文有不少值得注意的地方。首先，這篇文字原先是沒有任何
標點符號（按：引文中的新式標點，是筆者所加），符合當時文壇對
較重要文字的處理習慣。其次是特別指出「近頃國體既新，萬端更
始，凡從前專制時代之所諱飾，自不得不概予擴（廓）清，而我中華
民國之所開始經營，尤不得不特加紀載。」足證我國歷史教科書重視
現當代史的傳統，讓青少年學生能夠「通古知今」，以增加學習本科
的趣味性和實用性。此外，序文也提及「專制時代」、「共和宗旨」一
類明顯政體變更中的觀點立場應加以改變的言論。由此而言，一般民
眾對實行了二千多年的皇帝制度已經走到盡頭，似乎已取得共識。因
此，所有傾向於帝制的行文格式、諱飾和觀點，大底都在這次重訂中
一掃而空。這對民國政體的確立，必然產生深遠的影響。例如，當曾
經宣誓「效忠民國，擁護共和」的袁世凱製造輿論，圖謀恢復帝制
時，便很快受到梁啟超的聲討，發表〈異哉所謂國體問題〉，最終讓
帝制陰謀在世人的責備中告終。而其後的張勳復辟，更演變成為一場
鬧劇。歷史教科書在推動民智方面，曾在民國發揮積極作用。參加一
九一九年五四愛國運動的中國青年，或多或少均曾接觸這時期的歷史
教科書，深受其中所貫注的時代精神所洗禮。
　　正如本書的重訂者強調，「我中華民國之所開始經營，尤不得不
特加紀載」，故關於辛亥革命的敘述方面，可再進一步加以分析。本
書卷六第二十節〈武昌之革命與清帝之退位〉曾列出清朝覆亡的遠因
和近因，頗值得讀者的注意：

其覆亡原因，至為複雜。前者為諸帝之極端專制。後者為近時之假飾立憲。而最大之公例（引者按：即「原因」），實為專制政體，必不容於今日之新世界。至於最近的導線，則鐵路國有，為之動機也。[8]

課文對當時的演變情況析述如下：

宣統三年（1911年），詔以鐵路國有。所有商辦成案，皆行取銷（消）。人民起而爭者，朝旨嚴屬，迭下格殺勿論之諭。愈激愈烈，四川遂有保路會之舉，停課罷市，風潮日急。政府力主痛剿，戕殺無算，人心思亂。八月十九日[9]，革命軍起事于武昌。總督瑞澂夜遁。公推黎元洪為都督。兩日間遂據漢口、漢陽。出示安民，秩序井然。東西各國嚴守中立，蓋已默認為交戰團矣。清廷大震，命陸軍大臣蔭昌督師，起用袁世凱為湖廣總督。未幾東南各省，聞風回應，組織民軍，宣告獨立，勢益蔓延。清廷乃以袁世凱組織責任內閣，以馮國璋督師攻武漢。久之，漢口漢陽先後陷落，而民軍克復南京。北方諸省，亦有起義者。清廷乃命停戰議和。袁世凱委任唐紹儀為代表，民軍委任伍廷芳為代表，會議于上海，久而未決。會孫文歸自海外，各省因公舉為臨時大總統，以十一月十三日[10]就職于南京。改用陽曆，即以是日為中華民國元年之元旦。

由於當時並不是每個國民都對革命黨有所了解，故編者再補充了一段

---

8 商務版《新體中國歷史》，卷6，頁67。

9 按：即西曆十月十日。

10 按：即西曆一九一二年一月一日。

孫中先生等人的革命活動資料。編者說：

> 孫文者，粵之香山人也。素持革命主義，奔走四方。秘密結
> 社，所謂中興會是也。民國紀元前十七年，謀舉事於廣東，未
> 成而泄，僑寓南洋群島，僑民多歸附之。又遊歷歐美日本，所
> 至鼓吹革命，徒黨益眾。唐才常、徐錫麟、熊成基、趙聲、黃
> 興等，先後舉事，前仆後繼，終不稍餒。
>
> 孫文既就職，袁世凱撤銷唐紹儀代表名義。自與民軍通電續
> 議，久之，議成，清帝退位，民國予以優待條件。南北既統
> 一，孫文辭職。因公推袁世凱為臨時大總統。黎元洪為副總
> 統。合本部、滿洲、蒙古、回部、西藏五大部之民族，為共和
> 國云。袁世凱以三月十日就職北京，任唐紹儀為內閣總理，組
> 織新內閣，於是統一政府乃成立。

　　由於政體的變更，歷史教科書對傳統民本思想的敘述也有所改
變。例如，重視民本觀念的孟子，在民國初年出版的高等小學歷史科
中，對其學說的敘述如下：「孟子學既成，欲行孔子之道，時戰國君
臣上下，競尚功利，孟子周遊列國，以養民之政，告其君主，當時無
用其言者。乃退與弟子講學論道，著《孟子》七篇，傳於後世。孟子
好言仁義，尤重民權。嘗曰：『民為貴，君為輕。』湯放桀，武王伐
紂，孟子謂之誅一夫。其論用人也，曰：『國人皆曰賢，然後用之，
國人皆曰不可，然後去』」[11]，較之清末相類的教科書，明顯增多了關
於「民貴君輕」的內容。又如同書第六冊最的最後一節，課目為〈近

---

11 傅玉森編：《高等小學新歷史教授法》（北京市：商務印書館，1913年6月初版，同
　　月十版），冊1，頁22。

世之文化〉，文中總結了「五族共和，文明日新」的現代意義，對民
國新形勢分析頗為深刻。其文如下：

> 綜而言之，我國數千年來文化，非一民族之功，即今日改專制
> 為共和，亦我五大民族共同之力，故將來發達文化、鞏固國
> 家，必賴五族之相親相保矣。試觀漢族移殖海外者數百萬人，
> 前代不加保護，遂至受人凌虐；又如緬甸多藏族，中亞、西北
> 非多回族、西伯利亞多滿蒙二族，以不能相保，外人侵奪其地
> 而奴視其人，故我國民雖有五千年文化，雖有廣土眾民，雖中
> 華民國已成立，五族已為一家，尚宜實體共和之旨，互相愛
> 護，永鞏民國萬年之基，豈第國內文化，光輝日新，且將遠庇
> 海外諸同族，俾同享人類之幸福，增世界之和平焉。國民其共
> 勉之。[12]

根據以上兩套歷史教科書所引述的內容，一些維護專制統治的觀點已
在民初作出全面修訂，其立場和論點已基本配總共和政體的根本主
張，人民才是新中國的主人翁。同時，這些局部的修訂也反映晚清歷
史教科書其實正逐步動搖專制政治的根基。因為，自從有了貫通古今
的歷史教科書，人們才較容易和較正確的掌握中華民族的發展。假若
細看上文所徵引的初等小學歷史課本的一百六十篇課目，簡要地展示
中國歷史的全部發展過程，對讀者必然產生較為完整的印象，也客觀
反映朝代興替的必然過程。而中學歷史科仍屬必修，其內容也更詳
盡。青年學生於年齡日長、心智愈趨成熟的過程中，對中國歷史的演
進也較能掌握。這種全新的、淺易的、貫通古今、循序漸進的歷史讀

12 傅玉森編：《高等小學新歷史教授法》（北京市：商務印書館，1913年3月初版，同
　　年12月十五版），冊6，頁58。

本，對普通民眾提供較客觀和較全面的中國歷史教材。這對推動清末的革命運動，有不容低估的作用。

五　小結

晚清面對接踵而至的內憂外患，政治權威日趨低落。同時，自甲午戰爭之後，中國教育正逐步走上變革的歷程。「廢科舉、興學堂」的口號終於在二十世紀初逐步實現，並在一九〇五年因永停科舉而激起千層浪花。在新學制之下，中、小學堂逐漸取代了傳統書院的角色。學生在接受蒙學教育以後，接續的便是進入初等小學、高等小學和中學堂。由於我國重視經史教育的傳統，歷史科自然成為當時各個學習階段的必修科，大大促進了我國的歷史教育的水準。通過對五千年歷史文化的初步了解，青少年學童在學習本國史時定必激起愛國心，是清末民初我國民氣鼎盛的一個主因。正如上文所言，袁世凱違背自己「擁護共和」的誓詞，強行恢復帝制，終於受天下人的唾棄，鬱鬱而終。而五四運動時青年學生愛國情緒的高漲，自然也是植根於十多年來施行的歷史教育的良好效果。其中的因果關係，或不易證明，但良好的歷史教育對愛國情懷的激勵作用，已是各國教育界的共同認識。

二〇一三年五月二十日初稿，八月二十八日修訂

香港回歸前後中國歷史科的變化

　　早在一九五三年十一月，香港政府的中文科目委員會完成報告書[1]，當中提及香港中國歷史科內容須偏重社會和文化歷史多於政治歷史，讓學生尊重美好的中國文化和傳統美德，需具備廣闊和國際的視野，避免狹隘的排外思想。一九五四年，香港中六階段首先出現獨立的中國歷史科（以下簡稱中史科），一九六二年，初中亦實施中史科，高中課程則在一九六三年及一九六五年在英文中學和中文中學的中學會考課程開辦中史科。初中、高中、中六三層均出現中史科，中史科是香港中學中史教育的主流，也是二十世紀結束前在香港唯一有完整課程系統的中學中國歷史課程（梁慶樂，2009年，頁80-81）。

　　由於中英聯合聲明在一九八三年，正式簽訂，香港於一九九七年七月一日回歸中國。此後中國歷史課在課程上有不少改變。本文會分初中、高中階段的課程綱要／課程指引闡述香港中史科於回歸前後的變化。

一　香港初中中史科

　　以下將選用一九八二年實行的「初中中國歷史科課程」（以下簡稱「八二課程」）及一九九七年實行的《中學課程綱要中國歷史科（中一至中三適）》（以下簡稱《九七綱要》，相關課程稱「九七課程」）兩份課程文件，以其課程目標及課程架構進行比較。

1　該報告書名為：《高中及高等教育新學制－投資香港未來的行動方案》。

（一）比較「八二課程」的教學目的與「九七課程」課程宗旨及目標

初中中史科成立以來，曾經出現兩個課程，前者在一九七七年試行，一九八二年正式實施的「八二課程」，後者在一九九七年開始實施的「九七課程」，一直沿用至今。由於前期輔導視學處強調的是教學，課程是為教學服務，因此「八二課程」的課程文件只有教學目的而沒有課程宗旨和學習目標；而後由課程處接掌後，強調的是課程，因此「九七課程」的課程文件所用的詞語為「課程宗旨」及「學習目標」（梁慶樂，2009年，頁109）。下表一將從兩課程的教學目的／課程宗旨及目標作出對比，並以知識、能力及態度三個層面進行分析其差異性：

表一　「八二課程」的教學目的與「九七課程」的課程宗旨及目標的比較

	「八二課程」的教學目的	「九七課程」的課程宗旨及目標
知識	1. 認識中國固有文化傳統及民族生活特色 2. 認識中外文化交流 3. 了解現今事物之背景與演變	認識中國歷代重要史事、人物事蹟及文化知識，包括歷代治亂興衰的基本史實和非政治史的歷史內容（科技發明、中外文化交流及學術、宗教思想），並藉此了解現今事物之背景與演變，以及中國文化兼容並蓄和開拓創新的精神。
能力	1. 增進對歷史的認識和了解 2. 培養對事理之分析能力	1. 增進對歷史的認識和了解 2. 培養理解、綜合分析（對事理的分析能力）及評論史事的能力

	「八二課程」的教學目的	「九七課程」的課程宗旨及目標
態度	1. 培養對事物之客觀態度 2. 培養優良品格	1. 培養對事物的客觀態度 2. 培養優良的品德 3. 培養對民族、國家的歸屬感和對社會的責任感

資料來源：梁慶樂，2009年，頁109。

　　比較兩份課程文件，可以看出「九七課程」是以「八二課程」為基礎，再加以修改。後者修訂時間接近香港回歸，因此在知識層面較前者重視中國歷代的史事，政治史佔主導；同樣在態度層面，加強國民意識，增強對國家的歸屬感。在能力層面，後者除了要求分析史事的能力，要求對史事有個人見解。總而言之，「九七課程」進一步展現中史科的理念，較原用「八二課程」為詳盡。

（二）「八二課程」與「九七課程」的課程架構的改變

　　下表二、表三將從兩課程的課程架構作出對比，並以通史體系、詳近略遠及政治史與文化專題並立三個層面進行分析：

表二　「八二課程」與「九七課程」的課程架構（甲部課題）的比較

「八二課程」 （1982年實行）	「九七課程」 （1997年實行）
中學一年級 1. 傳疑時代之中華民族 2. 商代──信史之開端 3. 周之封建 4. 秦之一統 5. 兩漢國力之發展 6. 魏晉南北朝之分裂局面與民族融和	中學一年級 1. 華夏政治的肇始 2. 周代封建與列國相爭 3. 秦代一大統帝國的建立與驟亡 4. 兩漢國力的統整張弛 5. 東漢的戚宦政治 6. 魏晉南北朝的分裂

「八二課程」 （1982年實行）	「九七課程」 （1997年實行）
中學二年級 1. 隋唐之盛世 2. 宋之積弱 3. 元之高壓統治 4. 明之君主極權	中學二年級 1. 隋代統一南北與速亡 2. 唐代的盛世及其後的藩鎮宦官亂政 3. 五代的武人專政 4. 北宋的積弱與變法 5. 南宋的偏安 6. 元代的高壓統治 7. 明代的君主集權統治
中學三年級 1. 清之部族統治及其對外關係 2. 當代中國之內政與外交	中學三年級 1. 滿清入關與康、雍、乾盛世的統治政策 2. 道、咸時期的內憂外患 3. 同、光年間救國運動的起落 4. 革命運動與中華民國成立 5. 軍閥政治 6. 國共第一次合作與分裂 7. 國共第二次合作與抗日戰爭 8. 戰後國共關係與中華人民共和國成立 9. 中華人民共和國的內政與外交

資料來源：梁慶樂，2009年，頁136。

表三　「八二課程」與「九七課程」的課程架構（乙部課題）的比較

「八二課程」 （1982年實行）	「九七課程」 （1997年實行）
中學一年級 1. 中華民族之起源 2. 文字文具之演進	中學一年級 1. 遠古時期的文化 2. 文字的起源與發展
中學二年級 1. 農業及科技之發展 2. 運輸及交通之演進	中學二年級 1. 科技發明與重要建設 2. 中外交通的發展
中學三年級 1. 商業及工業之發展 2. 學術思想及宗教概說	中學三年級 1. 學術思想的發展 2. 宗教概說

資料來源：梁慶樂，2009年，頁137。

　　香港初中中史科的課程編排自「八二課程」至「九七課程」一直沿用至今，當中並沒有進行大改動，都是以此三項作編排模式：（一）通史體系（二）詳近略遠；（三）政治史與文化專題並立。

1 通史體系

　　自制定「八二課程」時就將初中中史科的教學內容分設甲乙兩部，甲部為政治史，介紹歷代治亂興衰的概略；乙部為文化專題，讓學生對遠古時期的文化、文字、科技、中外交通、學術思想及宗教的發展能較有系統地認識，即「政治史與文化專題並立」。政治史按中國歷代排序，讓學生對中國歷史有一整體概念，即「通史體系」。初中三個年級，自「八二課程」開始，中一學習傳疑時代至魏晉南北朝

時代；中二學習隋宋元明四朝；中三則學習清朝及中國當代。可以看出，越往古時的教學內容越少，即「詳近略遠」。

2 詳近略遠

「九七課程」在「八二課程」的基礎上擴展教學內容，改善了「八二課程」的空洞說法，加強每個朝代的側重點。「九七課程」雖然將中華人民共和國成立及成立後的內政和外交都另設課題，但其篇幅亦屬較少，未能體現「詳近略遠」的精神，宜再加強當代史事。

3 政治史與文化專題並立

由於甲部課程長期受到教學內容影響甚多，課節遠遠不夠，因而「九七課程」於乙部課程進行增刪個別專題，而每年學習兩項專題則維持不變，於整體上刪減一些遠離現代生活，學生難以產生聯繫的課題。

由於考古學界在一九八二年後有新發現，課程必須進行更新。在「中華民族的起源」一項，「九七課程」在「北京人」的課題外加入「元謀人」和「藍田人」，又在「仰韶文化」和「龍山文化」之外加入「良渚文化」、「幾何印紋陶文化」和「紅山文化」三項課題（梁慶樂，2009年，頁119），因而增加教學內容，為此「九七課程」於中一年級將「文字文具之演進」刪除文具的專題部分，只講解「文字的起源與發展」。中二年級，「九七課程」由於農業相對香港學生較難引起共鳴，因而刪除其專題內容，以「重要建設」作替代。中三年級由於「八二課程」內容太多，因而「九七課程」刪除「商業及工業之發展」，並將「學術思想及宗教概說」分拆為兩個專題。

二　香港高中中史科

　　由於香港的教育制度至二〇〇九學年前都是以「三二二三學制」形式，即三年初中，二年高中，二年預科及三年大學的制度。直至香港教育局於二〇〇五年發表報告書，公佈三年高中學制將於二〇〇九年九月在中四年級實施，更改為「三三四學制」，即三年初中，三年高中以及四年大學的制度。

　　因此，比較高中中史科課程綱要，本文會選用回歸前修訂，於一九九三年開始實行的《中學課程綱要中國歷史科課程綱要（中四至中五適用）》（以下簡稱《九三綱要》，相關課程稱「九三課程」）以及回歸後但仍未改學制的二〇〇四年實行《中國歷史科課程及評估指引（中四至中五）》（以下簡稱《零四指引》，相關課程稱「零四課程」）此兩課程學制仍為「三二二三學制」。而於二〇〇九年實行，並於二〇一四年更新的《中國歷史科課程及評估指引（中四至中五）》（以下簡稱《零九指引》，相關課程稱「零九課程」）因學制已更改為「三三四學制」則只作參考評論。

　　由於高中中國歷史教學內容繁多，又需面對公開考試的壓力，因而香港教育局都會標明每個課題其教學重點，冀能減輕師生的負擔。因而本文於高中中史科課程會就「九三課程」和「零四課程」的教學目的／課程宗旨及學習目標，以及兩者的課程架構進行比較，「零九課程」則作參考評論。

（一）「九三課程」的教學目的與「零四課程」的課程宗旨　　　　及學習目標的異同

　　表四將從兩課程的教學目的／課程宗旨及目標作出對比，並以知識、能力及態度三個層面進行分析其差異性：

表四　「九三課程」的教學目的與「零四課程」的課程宗旨及學習目標的比較

	「九三課程」教學目的	「零四課程」的課程宗旨及學習目標	「零九課程」課程宗旨及目標
知識	1. 認識中國傳統文化 2. 了解歷代治亂興衰之基本史實 3. 認識歷代重要制度、經濟發展、中外交通、學術思想與宗教傳播之概況	1. 認識中國的重要史事，從政治、社會兩方面了解歷史與文化的承傳 2. 理解中國歷史的發展脈絡，從而了解中國古代的治亂因由，以及社會、民族的重要發展 3. 認識習中國近現代史，了解中國近現代史的發展，從而對生活的背景有更深的體會和認識	1. 認識歷史與文化的承傳變化 2. 理解中國政治歷史的面貌與治亂因由、社會和民族的發展狀況與演進關鍵
能力	1. 理解重要史事間之因果關係及相互影響，從而培養其對事物之客觀態度及對事理之分析能力	1. 培養依據相關史料，通過獨立思考，對歷史人物、歷史事件和歷史現象，產生個人的認識和判斷能力 2. 整理及綜合相關的重要史實，從而培養思辨及評價史事的能力	1. 培養整理、綜合及分析相關的歷史資料，運用歷史探究的方法，提升個人思辨及評價史事的能力 2. 培養解難、內省、批判及創意思維等技能，提升他們處理日常生活事務及參與社會決策的能力

	「九三課程」教學目的	「零四課程」的課程宗旨及學習目標	「零九課程」課程宗旨及目標
態度	1. 通過對歷史人物之認識，培養其優良品格	1. 透過對中國歷史史事及歷史人物的認識和思考批判，建立優良的品德 2. 透過對中國歷史的學習，提高對國家及民族的認同感和歸屬感	1. 培養積極的人生態度，培育個人對社會、國家及民族的責任感 2. 體會中外文化交流的意義，欣賞中國文化的特質與價值所在，建立民族認同感，尊重不同的文化與承傳

「九三課程」資料來源：梁慶樂，2009年，頁169。

1 知識

三份課程文件在知識層面大致相同，都要求認識中國文化，但「九三課程」就沒有要求認識中國重要史事，亦不需理解中國歷史的發展脈絡，較為著重於文化制度。「零九課程」是「零四課程」的修改版，只是修改課程架構、課程規劃及評估等方面，在課程宗旨及目標都是一致的，因而並沒存在差異。

2 能力

「零四課程」於能力層面，加以重視學生的獨立思考、思辨、評價史事的能力。「零九課程」再增添要求學生具有內省、批判及創意等能力。「九三課程」則停留於理解史事間的關係層面，並未深入到學生個人層面。

3 態度

「九三課程」於態度層面只強調認識歷史人物，從而培養優良品格，並未說清需學習歷史人物的正面行為，容易存在誤會。「零四課程」及「零九課程」則補充應批判，再建立優良的品格，兩份課程文件強調的是學生對國家的認同感及歸屬感，三份課程文件是從「認識中國傳統文化」到「強調公民教育和國民教育」。

（二）「九三課程」、「零四課程」及「零九課程」教學重點的不同

表五、表六將從兩課程的教學重點作出對比，並以教學內容的起迄點、政治史與文化專題並立及教學重點三個層面進行分析：

表五　「九三課程」、「零四課程」及「零九課程」教學重點（歷代發展）的比較

「九三課程」 （1993年實行）	「零四課程」 （2004年實行）	「零九課程」 （2009年實行）
甲部課程 商代至明代的教學重點	甲部：上古至十九世紀中葉	歷代發展（必修部分） 甲部：上古至十九世紀中葉：
1. 商代宗教、農業、商業及文化概況介紹	1. 周代兩次封建衍生的政治形勢與民族摶成	1. 周代兩次分封形成的政治局面
2. 周初封建之目的及經過、封建制度之內容、封建之影響	2. 春秋戰國與周初在政治和社會兩方面的不同	2. 周代兩次分封促成的民族摶成
3. 霸政之興起與影響及秦國之政治改革	3. 春秋和戰國在政治和社會兩方面的不同	3. 西周與春秋在政治和社會兩方面的不同
4. 秦之政治措施及影響	4. 春秋戰國學術思想蓬	4. 春秋和戰國在政治和社會兩方面的不同

「九三課程」 （1993年實行）	「零四課程」 （2004年實行）	「零九課程」 （2009年實行）
5. 西漢士人政府形成之原因及其影響	勃發展的原因 5. 儒、墨、道、法四家的政治思想	5. 春秋戰國諸子百家爭鳴局面的形成
6. 王莽篡漢之背景、新政之內容及失敗之原因	6. 秦皇以法家思想治國及漢武獨尊儒術的原因	6. 秦始皇以法家思想治國的原因
7. 戚宦相爭之原因、黨錮之禍、戚宦擅權與東漢衰亡之關係	7. 秦皇、漢武的政策及措施	7. 漢武帝獨尊儒術的原因
8. 三國鼎立之因素	8. 秦皇、漢武統治政策的評價	8. 秦始皇、漢武帝的政策及措施
9. 晉武帝之政治措施、八王之亂及永嘉之亂	9. 王莽篡漢所利用的時勢	9. 秦始皇、漢武帝統治政策的評價
10.東晉北伐、淝水之戰	10.東漢戚宦掌權的由來及對國運的戕害	10.王莽篡漢所利用的時勢
11.隋代各項建設、煬帝之暴政，它們對隋代速亡之影響，以及各項建設對後世的影響	11.魏晉政策與北朝漢胡融和的概況	11.東漢戚宦掌權的由來及對國運的影響
12.唐代貞觀與開元治績、安史之亂、唐代衰亡因素	12.北魏孝文帝漢化運動	12.北朝漢胡融和的概況
13.五代政治與社會之特色	13.東晉、南朝政權與士族的關係	13.北魏孝文帝推行的漢化措施及影響
14.北宋中央集權、熙寧變法	14.東晉南朝士族與寒門的關係	14.東晉、南朝政權與士族的關係
15.南宋得以偏安江南及其未能北定中原之原因	15.六朝江南開發的因素	15.東晉、南朝士族與寒門的關係
16.元代統治政策之內容及其對元代覆亡之影	16.六朝江南經濟的發展概況	16.開皇、貞觀、開元三朝的治績與盛況
	17.開皇、貞觀、開元三朝的治績與盛況	17.隋文帝、唐太宗、唐玄宗的歷史評價
	18.文帝、太宗、玄宗的評價	18.安史之亂與唐朝國運的關係
		19.安史亂後的政局與唐

「九三課程」 （1993年實行）	「零四課程」 （2004年實行）	「零九課程」 （2009年實行）
響 17.明太祖之統治政策、宦官擅政、滿洲入侵、民變 **清代至現代的教學重點** 1. 清廷對漢人統治政策之內容及其統治手段 2. 鴉片戰爭前之中外貿易關係 3. 太平天國興起之背景、戰爭經過、南京條約及其影響 4. 英法聯軍之役之背景、戰爭之經過、北京條約與影響 5. 洋務運動之背景及其在軍、工業及培養人才方面之成就、失敗之原因 6. 中日甲午戰爭之背景、經過及影響 7. 港灣租借、勢力範圍之劃分、門戶開放宣言 8. 維新運動之背景、百日維新、戊戌政變 9. 義和團事件、八國聯	19.安史之亂與唐朝國運的關係 20.安史亂後的政局與唐室衰亡 21.經濟重心南移的原因及概況 22.宋代的中央集權制 23.元代的行中書省制 24.明代太祖、成祖的君主集權措施及其對政局的影響 25.清代聖祖、世宗的君主集權措施及其對政局的影響 26.清初的民族政策及其影響 <u>乙部：十九世紀中葉至二十世紀末</u> 1. 列強入侵的歷程 2. 中國主權的喪失及面對的危機 3. 圖強運動的歷程 4. 圖強運動的特色 5. 袁世凱、段祺瑞掌權時的政局 6. 山東事件、五四運動 7. 外蒙事件、西藏事件	室衰亡 20.宋代的中央集權制 21.元代的行中書省制 22.明太祖、明成祖的君主集權措施及其對政局的影響 23.清聖祖、清世宗的君主集權措施及其對政局的影響 24.清初的民族政策及其影響 <u>歷代發展（必修部分）</u> <u>乙部：十九世紀中葉至二十世紀末</u> 1. 列強入侵的歷程 2. 中國面對的危機 3. 改革與革命的歷程 4. 改革與革命的特色 5. 袁世凱、段祺瑞掌權時的政局 6. 山東事件、五四運動 7. 外蒙事件、西藏事件 8. 國共第一次合作 9. 國共關係破裂 10.國共第二次合作 11.日本侵略中國東北及華北

「九三課程」 （1993年實行）	「零四課程」 （2004年實行）	「零九課程」 （2009年實行）
軍及其影響 10.興中會及同盟會之成立、武昌起義及中華民國之建立 11.袁世凱之帝制運動 12.軍閥混戰 13.五四運動 14.中國共產黨之成立與發展 15.國共合作 16.國民革命軍北伐 17.國共分裂 18.中原大戰 19.中日大戰（九一八事變、一二八事變、七七事變、八年抗戰） 20.戰後之國共和談與內戰 21.中華人民共和國之成立 22.大躍進 23.文化大革命 24.當代之經濟建設	8. 國共第一次合作 9. 國共關係破裂 10.國共第二次合作 11.日本侵略中國東北及華北 12.中國全面抗日 13.中國的國際關係 14.國共和談與內戰 15.政治運動及經濟改革的發展脈絡 16.政治運動及經濟改革衍生的問題 17.文化大革命的歷程 18.文化大革命衍生的問題 19.改革開放政策與政、經局勢 20.中國內地與港澳臺三地的關係 21.外交發展的脈絡 22.外交成就	12.中國全面抗日 13.中國的國際關係 14.國共和談與內戰 15.政治運動及經濟改革的發展脈絡 16.政治運動及經濟改革衍生的問題 17.文化大革命的歷程 18.文化大革命衍生的問題 19.改革開放政策與政、經局勢 20.中國內地與港澳臺三地的關係 21.外交發展的脈絡 22.外交成就

「九三課程」資料來源：梁慶樂，2009年，頁169-170。

表六　「九三課程」、「零四課程」及「零九課程」教學重點（文化專題）的比較

「九三課程」 （1993年實行）	「零四課程」 （2004年實行）	「零九課程」 （2009年實行）
乙部課程 專題一：重要制度 1. 秦代及漢初三公九卿之內容及特色 2. 唐代三省制之內容及其特色 3. 宋代中央制度之特色及其流弊 4. 明代內閣制度之形成及其對明代政治之影響 5. 清代內閣與軍機處之組織及清代專制統治 6. 漢代察舉與徵辟制度的內容及其與漢代士人政府之關係 7. 魏晉九品中正制之施行背景、內容與影響 8. 唐宋明清歷代科舉制之內容特色及影響 9. 唐代府兵、宋代禁軍與廂軍、明代衛所、清代八旗兵等制度之內容及特色 專題二：經濟發展 1. 春秋戰國工商業之發展概況 2. 漢初、漢武帝及王莽時重農抑商諸措施 3. 唐代租庸調制、兩稅制及經		歷代專題（選修部分，任選一單元） 單元一：二十世紀中國傳統文化的發展：承傳與轉變 1. 五四時期知識份子本著民主與科學思想對中國傳統文化的批判 2. 五四時期知識份子對中國傳統化的擁護及整理 3. 五四時期知識份子歸納的中國傳統儒家文化特點 4. 五四時期後西方新思潮對中國傳統文化的衝擊與批判 5. 五四時期後中國傳統文化的承傳與創新 單元二：地域與資源運用 1. 黃河與國都興廢 　◎自然環境農耕文化 　◎戰亂對國都興廢與政治發展的影響 2. 唐代的長安 　◎長安的盛衰 　◎長安的文化面貌 3. 長江與資源運用 　◎自然環境與水利開發

「九三課程」 （1993年實行）	「零四課程」 （2004年實行）	「零九課程」 （2009年實行）
濟重心東南移 4. 宋代工商業發展概況、海上貿易與市舶司 5. 明初賦役及一條鞭法 6. 明代江南手工業發展之概說 **專題三：中外交通** 1. 漢代張騫、班超通西域之經過及影響 2. 唐代文化東傳 3. 唐代玄奘法師西行及其影響 4. 唐代西域文化之交流 5. 元代中西交通發達之原因 6. 元代中西文化交流之概況與影響 7. 明代鄭和出使西洋之背景、經過與影響 8. 明末清初傳教士東來之影響 **專題四：學術思想與宗教傳播** 1. 春秋戰國學術思想興起之背景 2. 春秋戰國儒、墨、道、法四家學說的內容與影響 3. 魏晉清談產生之背景 4. 魏晉清談對當日政治、社會、學術之影響 5. 宋代理學發達之背景 6. 宋代理學派別思想之重點 7. 宋、明理學家朱熹、陸九淵		◎江南開發與經濟重心南移 4. 南宋的臨安 　◎背海建都的特點 　◎工商業與文化的發展 5. 珠江與中外接觸 　◎自然環境與農業開拓 　◎海外貿易與工商發展 6. 清代的廣州 　◎一口通商與十行貿易 　◎商品經濟與文化交流 **單元三：時代與知識份子** 1. 知識份子的個案研究（孔子、司馬遷、王安石、何啟、梁啟超），中國知識份子的特色、實踐理想與貢獻時代 **單元四：制度與政治演變** 1. 田制與政治興衰 　●概論：田制發展的特色──從井田制的規劃到均田制的破壞 　●專論：北魏至唐中葉期間均田制發展與政治興衰的關係 　──土地分配與政權穩定的關係 　──土地兼併與社會動亂的關係

「九三課程」 （1993年實行）	「零四課程」 （2004年實行）	「零九課程」 （2009年實行）
及王陽明之學說 8.民國新文化運動之背景、內容與影響 9.魏晉至唐代佛、道二教興盛之原因及其對中國社會文化之影響		2.兵制與國勢強弱 ●概論：兵制發展的特色——徵兵制與募兵制的取捨 ●專論：唐、明兩代徵兵制與國勢強弱的關係 ◎兵制與田制發展的關係 ◎兵制與國勢強弱的關係 3.科舉制與人才消長 ●概論：科舉制發展的特色——從唐到清科舉內容的轉變與人才消長的關係 ●專論：明代科舉制與人才消長的關係 ◎考試內容及形式的轉變 ◎官僚集團的成分 ◎社會階級的流動 **單元五：宗教傳播與文化交流** 1.道教 ●概論：漢魏南北朝道教的傳播與文化交流 ●專論：南北朝道教與佛教的衝突與調和 2.佛教 ●概論：漢唐期間佛教傳播的特色 ●專論：唐代佛教與中國文化的交融 3.伊斯蘭教

「九三課程」 （1993年實行）	「零四課程」 （2004年實行）	「零九課程」 （2009年實行）
		●概論：宋元期間伊斯蘭教傳播的特色 ●專論：元代伊斯蘭教與中國文化的互動 4.基督教 ●概論：明清時期基督教傳播的特色 ●專論：明末清初基督教與中國文化的衝突與調和 **單元六：女性社會地位：傳統與變遷** 1.中國傳統社會女性典範的特點 2.理學思想下女性地位的特色 3.近代社會的轉變：新思潮與婦權思想的關係 4.二十世紀前期女性在政治、社會及經濟的新角色 5.二十世紀後期影響女性地位的新社會政策

「九三課程」資料來源：梁慶樂，2009年，頁170-171。

1 教學內容的起迄點

　　「二戰」後的香港高中中史科課程並非使用通史體系，無論中文中學或是英文中學的中國歷史部分都是由明末開始。隨後，殖民地政府對香港學生修讀近代史有疑慮，因而一九五八年在英文中學實行的

課程改為由宋代至清末（1911），中文中學則在（1960）實行的課程改為史前至清代（1911），又於一九六五年改為由周代至馬甘尼來華（1793）（梁慶樂，2009）。由此看來，中文中學從一九六〇年開始實施的課程仍可算是通史體系，但英文中學實施的課程則不能算是通史體系。由於中國歷史源遠悠長，內容博大，課程制訂者擔心師生負荷過多，英文中學的中國歷史課程都會將其分組，學生進行選讀。但有歷史學者不認同這種課程理念，終於在一九九〇年完成檢討，頒佈《課程綱要》，並於一九九三年開始實行，修訂課程重用通史體系，上起商代，下迄一九七六年（梁慶樂，2009）。

「九三課程」的教學內容起點為商代，「零四課程」及「零九課程」即由周代開始，周代之前的內容則以「概論」形式教授，而「概論」部分則不列入公開評核範圍。從三份課程文件可以看出，自一九九三年香港高中中史科的課程內容以通史體系作編排。

2 政治史與文化專題並立

梁慶樂（2009）提及一九九三年之前，高中中史科的課程是按朝代分組，以便學生選組修讀，在這時期，非政治史的教學內容都歸入朝代史中，教師都會在政治史教學後再使用若干時間處理非政治史的教學內容。但到一九九三年「九三課程」實行後，非政治史的教學內容被歸納為不同的文化專題，設為乙部課程，與甲部課程的政治史並立。但其文化專題與初中的文化專題內容大致相同，只是部分課題作出改變，且內容繁瑣、冗長。而初中的文化專題大多是被忽略的，香港中史教師早已有重政治史，輕文化專題的傾向。直至二〇〇四年「零四課程」實行，又將文化專題自成一部的規劃方式摒棄了，形成課程散亂，既有政治史部分又有文化史部分，課程組織顯然雜亂無章。這種情況維持到二〇〇九年「零九課程」實行，高中中史科再次

政治史與文化專題並立，由於甲乙兩部的教學內容眾多，因而文化專題部分成為選修，學生可任選讀兩個單元。但由於高中中史科內容仍沉重，因此於「零九課程」二〇一四年作出修改，將文化專題部分由任選修兩個單元，減至任選修一個單元。

3 教學重點

　　「零四課程」及「零九課程」的教學重點都較「九三課程」詳細，但相對需教的內容亦會增加，另外都以「列強入侵」設為甲乙兩部歷史的分界點，「九三課程」則以整個清代的開端為分界點。「九三課程」教學重點輕重不均，如「三國鼎立的因素」、「義和團事件」等相對其他史事份量應較為輕，不應將其獨立為一個教學重點，因而在「零四課程」及「零九課程」都沒有獨立為教學重點。「零四課程」及「零九課程」則增設內地與港澳臺的關係與中國外交方面為教學重點。

　　「零九課程」的文化專題部分相對「九三課程」更接近現代，學生更能與生活作聯繫，由於可以讓學生任選單元，學生可以根據自己的興趣進行選擇，加深學生的興趣，減輕龐大的歷史教學內容，但相對會減少學生的知識面。

三　總結及建議

　　香港中國歷史教育現在面臨著重要的難題，學校的統整課程，將重要史料分割式教授，雖然能在某程度上減輕學生的學習負擔，但這樣卻會帶來另一難題──學生對中國歷史缺乏整體觀念。

　　現行的香港初中和高中的課程綱要／課程指引，都強調認識中國歷代治亂興衰的史實，以了解現今事物的背景與演變，通過中外文化

交流，了解中國文化具有兼容性，借鑒中國文化，培養民族情感，相對忽略香港本地文化的重要性，因為只要求教師在不影響原定的教學時間編排下作出補充，單是基本課程編排來說已經是很緊湊，若加入香港史事對教師來說是雪上加霜。因此，或許可以於中國古代史進行整體大概略說，一些重大事件再抽取出來重點教授，將重點放於中國近現代史，並適當加入本土歷史課題，讓學生可以親身體驗歷史的痕跡。

加強學生的愛國愛港精神，提升學生對國家的認同感及歸屬感，可以循序漸進，學習香港殖民政府在文化上著手，中國文化源遠流長，有著傳統美德，可以加重文化史部分，讓學生體會中國傳統文化精髓，過度強調政治史及硬推加強學生愛國情懷，學生有著獨立的批判思考能力，會對中國歷史產生抗拒感，從而排斥美好的中國文化，難以培養認同感及歸屬感。

附：參考資料

立法會教育事務委員會（2015年2月）。香港的中國歷史教育。教育事務委員會會議，香港。2015年3月11日，取自：（http://www.legco.gov.hk/yr14-15/chinese/panels/ed/agenda/ed20150209.htm）

姚繼斌（2014）。國史教育與教材——清末以來的變遷。香港：香港教育圖書公司。

香港課程發展議會（1997）。中學課程綱要中國歷史科（中一至中三）。香港：香港教育局。2014年12月28日，取自：（http://www.edb.gov.hk/attachment/tc/curriculum-development/kla/pshe/CSS13CH.pdf）

課程發展議會、香港考試及評核局（2003）。中國歷史科課程及評估指引（中四至中五）。香港：香港教育局。2015年2月28日，取自：（http://www.edb.gov.hk/attachment/en/curriculum-development/kla/pshe/archive/CA_Guide_Chin_Hist_revised_7-Dec-2003.pdf）

課程發展議會、香港考試及評核局（2007）。中國歷史課程及評估指引（中四至中六）。香港：香港教育局。2015年2月28日，取自：（ http://www.edb.gov.hk/attachment/tc/curriculum-development/kla/pshe/chi_hist_c.pdf）

課程發展議會、香港考試及評核局（2007）（2014更新）。中國歷史課程及評估指引（中四至中六）。香港：香港教育局。2015年2月28日，取自：（http://www.edb.gov.hk/attachment/tc/curriculum-development/kla/pshe/Chist%20C&A%20Guide_updated_c_20140212.pdf）

梁慶樂（2009）。緣何沉淪——香港中學中國歷史課程研究（1990-2005）。香港：教研室出版社。

葉國洪（2002）。殖民地社會中的民族意識：香港回歸前後的公民教育。香港教師中心學報，1，125-130。

變革中的澳門歷史教育

一 引言

隨著澳門回歸、課程改革及澳門城區成為世界文化遺產，澳門歷史教育面臨新的機遇與挑戰，無論在正規課程的規劃及作為社會教育的一個主要部分，均面對著巨大的變革。澳門歷史教育在不同學習階段現正逐步進行變革中，總的方向是對歷史教育的重要性作出更大的肯定。在非高等教育領域內，從課程內容以至師資培訓工作，正在進行較大範圍的改善工作。至於作為澳門最高學府——澳門大學，其教育學院與社會及人文科學學院亦相繼推出增強歷史教育領域的教學與研究工作。因此，澳門歷史教育的變革雖然仍處於起始階段，相信在未來數年內將會取得較大的成績與進步。然而，由於歷史的原因，在教學方法、教科書和升學考試等問題，將仍困擾前線的歷史教育工作者，需要更大的力度與投入更多的資源，才足以糾正目前的一些不正常現象。

二 澳門歷史教育的現況

澳門歷史課程可分為三個階段：

（一）小學階段：常識科中的歷史教材通常均與地理教材合為一個單元，所佔授課時間較少。以二〇〇一年出版的現代教育出版社《現代澳門常識》為例，有關澳門和中國的史地編置於四年級《單元

三：澳門的地理環境與歷史》和五年級《單元一：澳門特別行政區與中國內地》。由於材料較少，故學生所獲歷史知識其實相當有限。

（二）中學階段：澳門中學學制主要為三－三制，即初中三年和高中三年。也有採用五－一制的情形，但數量較少。以歷史科而論，初中課程包括中國歷史、世界歷史和澳門史的範圍。課時安排上一般只有兩至三節。由於講授的範圍較多，老師往往需要趕進度，形成以單向形式的授課，較少討論和分析，不利於鼓勵同學的學習興趣與培養探究精神。高中課程則集中中國歷史和世界近代史，通常中四、五講授中國史，中六講授世界近代史。一般而言，程度其實是仍屬中五水平。此外，中六下學期多安排應試訓練為主。由於親中學校和天主教會學校的升學方向不同，學校在應試訓練的內容亦有很大的差異。舉例來說，投考國內大學的學生，以暨南大學、華僑大學的人數較多，他們會利用歷屆試題為主，並使用專門為投考此類大學而編寫的參考書。澳門學校多使用暨南大學文學院為「暨南大學、華僑大學聯合招考港澳臺籍學生考試復習叢書」所編的《歷史》。其內容以中國古代史、近代史和現代史（至中國加入 WTO）。外國史則集中近代史和現代史兩部分（至蘇聯解體）。整體而言，均有詳近略遠的傾向。至於投考臺灣的大學的，則以歷屆試題為主，再以臺灣地區出版的中國通史、西洋通史的部分複印材料作參考。此外，親中學校在初中使用的教材，香港版和國內版均屬普遍，而高中則一律使用國內版教科書。以升學臺灣為目標的教會學校，中一至中五多採用香港版的中國史和世界史教科書。只是近年香港的歷史課程（西史）有較大的改變（如中四、中五課程只包括二十世紀世界史和香港史），故部分澳門中學仍採用舊版的課本。此種情形也引致前線教員產生相當大的困擾。

此外，雖然教育暨青年局於一九九九年的歷史課程規定初中講授

八至十五節的澳門史，但實際是由於課程的緊迫，只有少部分學校能
按照處理。其餘大部分學校則作為暑期班讓同學選修，甚或付之闕
如。整體情況並不理想。同時，由於沒有相關的教科書或教材，授課
老師便需自編材料，額外加重教師的負擔。而材料亦難臻理想。

（三）專上階段：澳門特區以澳門大學為唯一的綜合性大學的專
上院校。[1]大學的人文及社會科學學院至今仍尚未設置歷史系或相關專
業課程，故澳門迄今尚無專門的歷史課程和系所。然而，大學對此似
將加大有關科系的資源投入，並在本年五月聘請一名副教授／助理教
授擔任相關的工作。同時，該學院亦罕見地連續組織了六次歷史學的
專題講座，邀請不同地區的學者來澳。

澳門大學教育學院近年十分關注澳門歷史教育的推展工作。在二
○○三年開始，本院增設學士學位的「歷史教學」副修課程，由鄭潤
培博士主持。此外，本院新任院長單文經教授對歷史教育和教育史的
推展十分熱心。在臺灣師範大學工作時，單院長曾主持《鹿港鎮志》
〈教育篇〉的編纂[2]。現在，單氏又規劃澳門教育史及口述歷史的工
作。在最近的一個項目中，是以搶救澳門教育史料為主的人物傳記和
圖書資料的收集和整理。此外，為回應澳門歷史科老師多由中文科老
師兼任，而未具備歷史專業訓練的情形[3]，於二○○六年九月開設為
一年制的「歷史教學補充課程」。通過系統地為本地中史科教師提供
培訓，澳門歷史科師資的優化將可望逐步實現。

此外，本院的小學學位課程亦提供關於史地教學的專門訓練。目

---

1 其餘專上院校包括理工學院、旅遊學院（以上公營）、澳門科技大學（私立）。

2 單文經主編：《鹿港鎮志》（教育篇）（彰化縣：鹿港鎮公所，2000年）。

3 陳子良：〈澳門中學歷史教學的現狀與培正中學歷史科的改革路向〉，頁167，收於
蘇慶彬主編：《跨世紀學科教育——中國語文、歷史與地理教學研討會論文集》（澳
門：澳門大學出版中心，2000年）。

前，同學均需修讀以下兩個課程：「歷史與地理」和「史地教學」。雖然兩者均屬學期課程，但對日後任教常識科的老師應有一定的幫助。

三　課程改革中的澳門歷史教育

回歸後的澳門特區政府，對教育作出較大的支持。隨著經濟的改善，政府正規劃十五年免費教育。由於歷史的原因，本地課程雖經教育暨青年局整理推行，但各個辦學團體均以澳門特別行政區基本法的規定，保留其對教學內容的自主權。結果是政府通過私立學校聯網的架構資助各辦學團體，而其所教授的內容只能作出建議，卻無法強行要求其依據已經制訂的課程大綱。

最近，政府通過學校評鑑來對學校的整體表現，作為決定每所學校獲得資助的份額的一個參考指標。通過這種安排，政府開始加強對學校課程的管理。其中，是否有完備的課程大綱便可能成為其中的一個因素。因此，預計此類評鑑活動將會吸引更多的學校參照教青局的課程大綱進行教學安排，或至少對其現行課程定排的合理化與完善化作出適當的調節。目前，教青局亦正委託澳大教育學院重新審訂澳門非高等教育的各項課程，作為未來教育改革的參考。

在澳門特區政府資源相對充裕、社會氣氛比較和諧的大環境下，歷史教育或會產生相當正面的影響。首先，學校在資源較前豐富的前提下，歷史課程規劃將會配合「以學生為本的探究式教學」，亦即以減少相對繁雜的教學內容，並以培養探究精神、理解分析為主的學習方向。北京師範大學王英傑教授曾在二〇〇〇年針對澳門的教學情況撰寫〈「減負」——澳門教育改革的一個主題〉。[4]王氏以初中為例，

4　王英傑：〈「減負」——澳門教育改革的一個主題〉，頁197-205，收於梁成安主編：

澳門學生的基本課時為每週一千四百八十至一千八百五十分鐘，而內地的相應數據為一千四百分鐘，低於澳門教育法令規定的最低限。但是，與內地相比，由於澳門有多種的升學渠道，也不存在統一的會考或升學考試，澳門的學生升學壓力較少。因此，澳門的中小學課程改革必須在減少授課時間、課後作業、課後補習方面作出努力。同時，對於重知識傳輸，忽視學生能力的培養；重智育，輕道德教育的種種偏差，均須加以糾正。[5]以中國史為例，二〇〇四年出版的《新理念中國歷史》（香港教育圖書公司）以「鼓勵探索式學習」為目標，幫助學生成為主動的學習者，對減輕學生的學習負擔有顯著的效果。隨著香港在二〇〇九年實行三－三制，整個大中華地區的學制基本劃一，此將有助解決澳門與香港學制上的分歧所帶來的困擾，特別是教科書的規劃方面。

四　澳門城區成為世界文化遺產的歷史教育意義

二〇〇五年七月十五日，澳門歷史城區（The Historic Centre of Macau）成為中國第三十一個世界文化遺產，澳門歷史教育自然面臨新的機遇與挑戰。事實上，澳門的歷史在香港開埠以前已相當重要。十六至十八世紀的澳門，是東西商貿與文化交流的中心，建立了四條重要貿易路線：

（1）澳門—果亞—里斯本貿易路線
（2）澳門—長崎貿易路線

《澳門教育如何邁進新紀元》（澳門：澳門大學教育學院，2001年）。

5　王英傑：〈「減負」——澳門教育改革的一個主題〉，頁200，收於梁成安主編：《澳門教育如何邁進新紀元》（澳門：澳門大學教育學院，2001年）。

（3）澳門—馬尼拉—美洲貿易路線

（4）澳門—望加錫—帝汶貿易路線[6]

由於管治澳門的葡人早年基本採取順應明、清政府的方針，至一八四〇中英鴉片戰爭爆發前，雙方關係尚屬平穩。此段約三百年的歷史，由於澳門的經濟相當繁榮，澳門人口雖有起伏，整體情況變化不大。大量古建築物便陸續出現，如大三巴、仁慈堂、大炮臺、聖若瑟修院及聖堂等建築群。隨著時間的流逝，其歷史價值與文化意義日益顯著，成為澳門城市至可寶貴的文化資源。[7]澳門文化局局長何麗鑽表示：

> 此次提出申報的澳門歷史建築群，它向世人展示的，不僅是中國境內現存最古老、最集中的西式建築群，不僅是中國以至遠東地區西方宗教文化的生動見證和中國民間信仰別樹一幟的獨特反映，而且最重要的是，它是在四百多年的歷史裡，中國人與葡萄牙人合力經營的獨特的生活社區。這個生活社區，除展示澳門中、西建築藝術特色外，更展現了中葡兩國人民不同宗教、文化以至生活習慣的交融與相互尊重。這種中葡人民共同醞釀出來的溫情、淳樸、交融的社區氣息，是澳門最具特色、最有價值的所在。[8]

6　參看黃啟臣：《澳門通史》（廣州市：廣東教育出版社，1999年），頁36-55。

7　楊允中、黃鴻釗、莊文永等：《澳門文化與文化澳門──關於文化優勢的利用與文化產業的開拓》（澳門：澳門大學澳門研究中心，2005年），頁229。

8　楊允中、黃鴻釗、莊文永等：《澳門文化與文化澳門──關於文化優勢的利用與文化產業的開拓》（澳門：澳門大學澳門研究中心，2005年），頁228。

從長遠的角度來看，這個分析是全面而正確的。澳門的歷史在近世、近代中國史上扮演獨一無二的角色。澳門歷史文化遺產的教育意義非常顯著。舉例來說，澳門培正中學早於一九九一年成立史地學會，主要負責老師為黃就順（地理科）和陳子良（歷史科），兩位均為澳門的資深老師。在他們的推動下，培正中學史地學會在一九九一年成立。黃就順先生在二〇〇一年回顧時培正中學史地學會十年來的發展時說：

> 培正史地學會成立的宗旨：為促進同學了解澳門，認識祖國，放眼世界，提高史地科水平及增進同學之友誼。回顧十年來應屆會員都循著建會的宗旨，邁步完成任務，可喜可賀。
>
> 為了促進同學認識祖國，學會每年組織會員前往國內考察，實現第二課堂教學的要求。理論與實踐結合，不斷提高會員史地科之水平，也從考察過程中增進了同學間之友誼，發揚互助互愛的精神。
>
> 在實地考察及拍攝大量有關史地之照片，放大後公開在校內展出，讓全校同學分享考察的成果，並間接提高史地科的常識。
>
> 學會還組織會員澳門一日遊，考察澳門廟宇、教堂及名勝古跡、海岸線變遷、地形、城市規劃、水文狀況，亦曾組織會員參觀垃圾焚化爐、污水處理廠，深入了解澳門環保實況。
>
> 老師或會員利用假期出國旅遊所拍之照片亦在校內放大展覽或出版刊物，以達到同學們放眼世界的目的。
>
> 通過每次考察寫成的報告，將所見所聞、或感想等文章整理及編輯成《紅藍史地》刊物，每年一冊，現已出版十期，一九九六年起學會還彙集歷史考察報告，出版《澳門百業》，至今已出至第三集，大獲社會好評。[9]

9 　以上資料均採自該學會網頁：（http://students.puiching.edu.mo/hga/index.php?page=02g）。

此外，原本任職方澳門培道中學、現任澳門旅遊學院的林發欽先生，以澳門培道中學歷史學會輔導老師的角色指出：

> 在上中國歷史課的時候，我時常向學生順帶提及與澳門有關的歷史內容，發現同學們表現出極大的興趣。這促使我生起在校內成立歷史學會，組織同學進一步研習本土歷史的想法。我這個想法提出後，得到同學和學校積極的響應，「培道中學歷史學會」便在這種背景下於二〇〇二年九月成立。
>
> 歷史學會是培道中學一個由學生自主的學術團體，作為負責老師，我的責任是輔導而非主導，讓學生自行開展專題研習活動。所謂專題研習，是指由教師設計若干專題，並提供相關的參考文獻和網絡資源，讓學生自由分組，充分利用如圖書館和檔案館等社區資源，通過研究性的協作學習，探討澳門的歷史滄桑、名人軼事、風物掌故等史事。這是一種以學生自學為主的學習方式，強調學習的過程和參與程度，試圖使學生透過對本土歷史文化的探索，養成對澳門歷史的興趣，以後繼續自發學習，進而達致由點到線及面的教育目標。[10]

由此可見，同學在經過老師的精心訓練與學校的積極支持下，對歷史科的興趣和能力的提升是有目共睹的。探究式教學是現代教學的一種以學生為中心的教學模式。同學通過「指導式探究」（guided inquiry）開展對以上領域的課題的探究。[11]而教育學家蘇克曼（Richard

---

10 以上資料均採自該學會網頁：（http://history.pooito.edu.mo/tmessage/tm.html）。林發欽先生在主編《澳門街道的故事》（澳門：培道中學歷史學會，2004年）及《澳門歷史建築的故事》（澳門：培道中學歷史學會，2005年），分別成為該年度的暢銷書。

11 此種學習方式是「協助學生如何學習」。教師可在學生進行探究之前或在探究之中

Suchman）曾進行一系列有關「探究訓練」的實驗（inquiry training），對於探究教學法有重要的貢獻。[12]以上兩例是成績較為突出的。澳門一般中學也有同類型的史地考察活動，只是效果沒有那麼明顯。這種重視第二課堂的趨勢以增強學生自行探究問題的能力。當然，這亦可訓練同學的合作精神和組織能力。隨著澳門歷史文化遺產的確認，這種學習方法應可持續在澳門中學中推廣，並獲得家長以至社會大眾的普遍接受。

五　小結

本文著重介紹（一）澳門歷史教育的現況；（二）課程改革中的澳門；（三）歷史教育澳門城區成為世界文化遺產的歷史教育意義。通過這三方面指出澳門歷史教育的方向與面貌，總的方向是澳門教育當局、歷史教育工作者和澳門社會，均對歷史教育的重要性作出更大的肯定。通過本文所析述的情形來看，澳門歷史教育改革的前景仍算樂觀。而在教學方法、教科書和升學考試等問題上，解決的方法仍不外是資源的更大投入，這在澳門未來數年內，是有很大的可能性。

二〇〇六年六月
澳大銀禧樓

給予指示和引導，而後再讓學生實際進行探究並自行發現答案所在。參看林寶山：《教學原理與技巧》（臺北市：五南圖書出版公司，1998年），頁167-171。

12 計細步驟可參看林寶山：《教學原理與技巧》（臺北市：五南圖書出版公司，1998年），頁169-170。

澳門小學教育歷史課題的分析與評說

一　前言

　　澳門小學課程正經歷一個重要的變革階段[1]，各個學科均逐漸出現重大變革。其中，與歷史教育有密切關係的有關教材，似有收縮的趨勢。究竟其變化的實情為何？導致有關變化的原因又如何？又其結果有何影響？有何補救方法？這些疑問均屬歷史教學的重要課題。本文試以新近出版的澳門小學常識科和品德與公民科為例，作出具體分析，以求對上述變化有所了解，並期能提出改善的建議。

二　目前澳門「小學常識」和「品德及公民科」涉及的歷史課題

　　正規澳門教育中的歷史課程可分為小學、中學及專上三個階段。其中，處於基層的小學階段，以常識、品德與公民兩學科涉及較多的歷史課題，其餘部分學科如小學中國語文也會涉及較多與歷史知識有關的題材，只是各校所用語文教材並不一致，內容亦頗為參差，故現時難以作全面評估。以目前狀況而論，澳門小學常識科和公民科的歷

1　本文初稿曾於香港樹仁大學／香港浸會大學舉辦的第二屆「廿一世紀華人社會的歷史教育」研討會（2011年4月20-21日）。

史課題較為簡略，內容貧乏且欠缺連續性，對初步培養小學生的歷史知識十分不利，也為中學階段歷史教育提供初步認識歷史的功能受到削弱。我們試以傳統蒙學教育和外國的歷史教育相比較，其問題便相當明顯。

澳門「小學常識」和「品德及公民科」兩科是小學課程兩個必修科，大部分澳門學校均有開設。[2]在上世紀末之前，澳門小學有開設「常識」科的，也有社會、健教、科學三科分設的。到了近年，一般小學均跟隨香港的發展，將之合併為「常識」科。而隨著澳門社會對品德及公民教育的日益重視，近年教青局與人民教育出版社合作編寫一套適合澳門學生的教材，稱為「品德及公民」（澳門教材試行版）[3]在二○○八年推行，是現時澳門主要使用的公民科教材。

檢視以上兩科的教材，其中與歷史題材相關的課題有以下特點：

1 常識科、歷史課題內容較為簡略，題材欠連續性

根據現時普遍使用的澳門常識科教材，其內容基本與香港方面的相同，只是出版社為配合澳門特區小學同學的需要，編寫了以澳門為題的內容，即：

---

2 澳門只有一些小學在高年級設置歷史科，例如澳門青洲小學曾單獨設立「歷史」科；又，鮑思高粵華小學英文部六年級有「世史」科，用書則為初中一年級的英文課本，以銜接初中一時修讀的初中二課本。由於程度較深，任課老師對教材有所調節，以減輕同學的壓力。以上兩種情況，在澳門均屬罕見。

3 人民教育出版社課程教材研究所編著，共十二冊，二○○八年十月版。

表一　港澳兩地常識科歷史課題的差異

香港「常識」科的歷史課題	年級	澳門「常識」科的歷史課題題	年級
香港的地理環境與歷史	四	澳門的地理環境與歷史	四
香港與中國：地理、歷史	五	澳門特別行政區與中國內地：地理、歷史	五

　　以歷史教育的眼光觀察以上內容，實難以令人滿意。我們並不是要求小學生已能對以往的歷史有全面而深入的了解，但作為一個現代社會的小公民，教科書的編者對本國歷史知識的介紹竟然如此疏略零碎，實令人費解。其忽視學生的需要，是難以讓我們接受的。

　　事實上，常識科中的歷史教材通常均與地理教材合為一個單元。正如上文所言，在未將社會、健教、科學三科合併為常識科之前，澳門小學的社會科屬單獨設置的。以一九九七年出版的《澳門現代社會》（現代教育研究社）為例，地理和歷史是分為兩大部分的，表述方式是各自獨立的。其中，關於歷史課題分為兩個單元，總共有十四課，即包括：

　　甲、近代史和我們：一、辛亥革命；二、中華民國；三、五四運動；四、抗日戰爭；五、中華人民共和國；六、澳門的歷史步伐；七、「九七」和「九九」。

　　乙、列強的崛起與中興：世界古文化的中心；二、英國的立憲制度；三、美國的誕生、四、法國大革命；五、德國和義大利；六、日本的明治維新；七、俄國革命。

　　由於科目合併的原因，自千禧年以後，大部分澳門小學將社會科歸併到常識科中，所佔授課時間減少。以二○○一年出版的《現代澳門常識》（現代教育出版社）為例，有關澳門和中國的史地的課題安排於四年級《單元三：澳門的地理環境與歷史》和五年級《單元一：

澳門特別行政區與中國內地》。以單元三為例，歷史題材包括兩章，
總共六節課。第一章為「澳門現存的古蹟」，課文總共二〇三字，第
二章為「昔日的澳門」，課文僅一六〇字。除包含兩幅地圖和多張圖
片能有一定的補充作用外，正文總共三六三字。再以二〇〇四年出版
的《澳門今日常識》（教育出版社）為例，五年級關於歷史的教材亦
有兩章，題目為「影響澳門近代發展的歷史事件」（一）和（二）。
「影響澳門近代發展的歷史事件」（一）的內容為「葡人來澳」和
「辛亥革命」，前者共一五七字；後者共一六四字，兩者總共三二一
字。「影響澳門近代發展的歷史事件」（二）的課題為「中日戰爭」、
「中華人民共和國的成立」和「澳門回歸祖國」，三項的總字數為四
四七字。[4]同時，外國史的題材亦幾乎全部刪掉。

　　換言之，在小學常識科課程中，關於歷史的課題僅有一一三一字
和一批圖片。大量圖片確有助小學同學的了解及提高其學習興趣，但
字數的稀少卻也必然導致內容的疏略和不連貫，引致小學生歷史知識
的貧乏。上述課題共有七項：「澳門現存的古蹟」、「昔日的澳門」、
「葡人來澳」、「辛亥革命」、「中日戰爭」、「中華人民共和國的成立」
和「澳門回歸祖國」，它們概括了近五百年的中國和澳門的歷史。如
以合併為常識科前的社會科比較，無論從材料和授課節數均遠較合併
前為少，故學生所獲歷史知識不但欠缺系統，內容也相當貧乏。其
中，由於二〇〇一年的版本對國情方面的課題明顯不足，導致於二〇
〇四至二〇〇五年度的改版，加強了若干近代中國和現代中國的一些
知識點。比較二〇〇一年和二〇〇五年兩個版本的內容，後者的重點
稍為清晰，內容稍為豐富，似有一定的改善。然而，此等改良尚未適
應我國現時急劇發展的基本需要。

4　上述字數包括標題和內文，不計算標點符號。

2 公民科歷史課題的內容常與他科重複

除了常識科外，公民科也基於良好公民必須對本國的歷史和現狀有所了解，並從而培養同學的愛國情懷，故亦加入了若干歷史題材的元素。[5]以「品德及公民（試用版）」[6]為例，它是目前澳門小學「品德及公民科」的主要教材。本書總共十二冊，分作六年使用，即每年為兩冊。其中涉及的歷史知識的教材，分別收錄於四年級下學期的第四單元：「源遠流長的文代」（8.古老的中國；9.燦爛的中華文化）和六年級下學期的第三單元：「走向富強」（6.日新月異的澳開；7.百年變遷話中國）。前者以中國傳統的飲食文化、古今漢字、都江堰、中國四大發明、偉大的先人（孔子、李白）、中國的國粹（書法、中醫藥、絲綢、瓷器、涼茶、太極拳、京劇、剪紙）等為主題，作了一些專題介紹或概述；後者以今昔澳門、百年變遷話中國為題（按：主要是一九〇一與二〇〇一國勢之比較），概略析述了有關課題。據了解，以上內容有些與常識科重複，有些則與語文科重複（按：內容雖因學科性質而略有差異，但由於都是較基礎的歷史和文化的知識，故重複是明顯的）。這種重複，其實也是難以避免，原因之一是兩科是各自獨立的，其二是兩者所關注的課題有重疊的地方。

三　引致小學課本關於歷史課題內容貧乏的主因

導致澳門歷史課題內容貧乏的原因為何？這個重要的課題必須作

5　例如，錢穆先生在《國史大綱》（臺北市：商務印書館，2002年），上冊，頁1，序論前指出：「任何一國之國民……對其本國已往的歷史，應略有所知……尤必附隨一種對其本國已往歷史之溫情與敬意。」

6　人民教育出版社課程教材研究所與澳門教育暨青年局合作編訂，並由專家學者擔任審訂工作。

出探索。首先，澳門特別行政區屬面積狹少的微型城市，人口約有五
十餘萬。由於學生人數有限，歷來本地的出版機構均沒有專門為澳門
編寫和出版教科書的動機。因此，澳門學校以往均採用香港、臺灣或
中國內地的教科書為主，少部分大型學校[7]則自編部分教材。社會科
或常識科中的歷史和地理，均以學生所處的地方為背景，故借用外地
課本是難以配合實際需要。澳門社會曾多次要求要有本地的教科書，
但直到上世紀九十年代開始，香港的出版商才逐漸作出了回應。最先
出現為澳門學生編寫的是社會或常識科。社會或常識科是以本土地理
和歷史（按：即鄉土地理與鄉土歷史）作為學生對所處環境的認知，
故以本地為題材的教材需求較殷切。[8]然而，限於成本控制，香港的
出版商並非重新為澳門學生撰寫一套新的教科書，而是僅就涉及地區
或鄉土內容部分作改寫。表一所展示兩地教科書的差異，其實已是香
港版和澳門版的全部差異，因為其他章節的內容是完全一致的。與此
同時，如仔細比較兩者，便能發現香港的歷史課題比較完整，原因是
它在編寫時是較有全盤設想，並根據香港教育統籌局課程發展處所提
供的詳細指引來編寫的。至於澳門的部分，執筆者可能也是香港的原
編者。他們參考了一些相關材料，便毅然下筆，不但未能揭示澳門歷
史發展的特徵，更在編寫中出現一些明顯的錯誤。[9]

　　事實上，澳門雖是彈丸之地，在近世中外文化和經濟交流上非常
重要。自十六世紀地理大發現和葡人東來，澳門在宗教、文化、軍

7　如澳門濠江中學（附設小學部）會自編部分教材。現時該校總學生人數約八千多人。

8　按：中國語文科和英文科也有相同的需要。

9　以二〇〇四年出版的《澳門今日常識》（香港：香港教育出版社，2004年）「影響澳
　　門近代發展的歷史事件」（一）為例，第二十三頁「齊齊活動」一項，列出了廣州
　　黃花崗七十二烈士墓圖片，其文字說明年份為「一九一〇年」，但事實上是一九一
　　一年。

事、經濟各個領域，都曾扮演關鍵的角色，我們將它譽為「海上的敦煌」。它的早期歷史發展較香港更具特色，相關史料更為豐富，不少古舊建築被認定為世界文化遺產。即使到了二十世紀的抗日戰爭時期，亦曾發揮積極的歷史作用。因此，對澳門歷史的豐富內容，上述教科書的簡略、不連續的內容，沒有反映其特殊歷史地位和特徵。

同時，錯誤的歷史觀念引致對本國歷史教育的忽視，是有關課題貧乏的直接原因。對此問題，我們將之分為下列兩點：

1 政治上的積重難返

港澳兩地曾長期被葡人和英人所管治。基於殖民地的管治策略，其歷史教育特別是中國史和港澳史的教育，明顯不被重視。這種態度，亦常見於十九、二十世紀世界各國殖民地政府，其目的在抑壓被管治民眾的民族主義情緒。然而，這種狀況不但沒有隨「九七」和「九九」回歸而改變，且有習非勝是、變本加厲的危險。忽視歷史教育似在港澳兩地均有積重難返的現象，情況實在令人憂慮。

2 對歷史教育的誤解

港澳兩地既長期忽視歷史教育，故現時社會上對歷史知識形成一種錯誤的印象，即歷史知識不切實用，中國歷史綿長繁雜，沒法引起學生的興趣。由於小學階段的課時有限，學習內容普遍艱深，故對非主科的歷史知識似難作系統、全面、深入的把握，故學校往往根據教材將其內容淡化，使之聊備一格，並假設將來在中學階段自然能夠作出合適的補充。這種畏難苟安的態度，在兩地均十分盛行。事實上，這只是一個似是而非的觀點，但它的影響卻極為深遠。

以上兩種違背歷史潮流的錯誤觀念，對開展小學歷史教育十分不利，故必須加以分析。上文曾提及相對於舊課程，現時的內容顯然予

人簡略、貧乏的印象。但既是課程的變更，我們便難以作出唯一的依據。因此，我們如要作出較全面的判斷，便需作更大範圍的比較。

四　與傳統蒙學的歷史課題之比較

究竟小學階段的歷史知識要有多少深度和廣度，只從本科內容的變革，仍難得一客觀的尺度。因此我們可以試從傳統蒙學和外國最新發展兩個方面作分析。首先以傳統蒙學為例。

對於傳統蒙學課本關於歷史課題的材料，暫以唐代以後作為討論的開始。唐代蒙書中有一種是李瀚的《蒙求》，題目取《易經》蒙卦的「童蒙求我」之義，對象是兒童，其內容乃「信手肆意雜襲成章，取其韻語易於訓誦而已，遂至舉世誦之，以為小學發蒙之書。」[10]它以四言韻語的形式來排列，首二十句為：

> 王戎簡要，裴楷清通。孔明臥龍，呂望非熊。
> 楊震關西，丁寬易東。謝安高潔，王導公忠。
> 匡衡鑿壁，孫敬閉戶。郅都蒼鷹，寧成乳虎。
> 周嵩狼抗，梁冀跋扈。郗超髯參，王珣短簿。
> 伏波標柱，博望尋河。李陵初詩，田橫感歌。[11]

以上所涉及都是較著名的歷史故事，其餘較為人熟知的，包括：「蕭何定律，叔孫制禮……管寧割席，和嶠專車……陳平多轍，李廣成

---

10 陳振孫：《直齋書錄解題》（上海市：上海古籍出版社，2005年），卷14，頁424；又，本節關於傳統蒙的歷史教育，主要參看李良玉：《中國古代歷史教育研究》（合肥市：合肥工業大學出版社，2007年）。

11 參看維基網（http://zh.wikisource.org/wiki/%E8%92%99%E6%B1%82），2011年3月28日摘錄。

蹊……向秀聞笛，伯牙絕弦……綠珠墜樓，文君當墟……仲宣獨步，子建八斗」[12]等。

到了南宋，王應麟編輯了以三字為句，韻語以便童蒙記誦的《三字經》。它的內容包括：

> 教育和學習的重要性、綱常倫理道德、名物常識、讀書次第、發憤勤學的典型事蹟，因此被人們稱為「袖裡《通鑑綱目》」。[13]

《三字經》終於發展為中國傳統社會最重要的蒙學課本，學習者均為年紀幼少的兒童。它的內容包羅廣泛，其中關於歷史課題如下：

經子通	讀諸史	考世系	知終始	自羲農	至黃帝	號三皇
居上世	唐有虞	號二帝	相揖遜	稱盛世	夏有禹	商有湯
周文武	稱三王	夏傳子	家天下	四百載	遷夏社	湯伐夏
國號商	六百載	至紂亡	周武王	始誅紂	八百載	最長久
周轍東	王綱墜	逞干戈	尚遊說	始春秋	終戰國	五霸強
七雄出	嬴秦氏	始兼并	傳二世	楚漢爭	高祖興	漢業建
至孝平	王莽篡	光武興	為東漢	四百年	終於獻	魏蜀吳
爭漢鼎	號三國	迄兩晉	宋齊繼	梁陳承	為南朝	都金陵
北元魏	分東西	宇文周	與高齊	迨至隋	一土宇	不再傳
失統緒	唐高祖	起義師	除隋亂	創國基	二十傳	三百載
梁滅之	國乃改	梁唐晉	及漢周	稱五代	皆有由	炎宋興

12 參看維基網（http://zh.wikisource.org/wiki/%E8%92%99%E6%B1%82），2011年3月28日摘錄。
13 李良玉：《中國古代歷史教育研究》（合肥市：合肥工業大學出版社，2007年），頁149。

受周禪　十八傳　南北混　十七史　全在茲　載治亂　知興衰
讀史者　考實錄　通古今[14]

以上總共九十九句兩百九十七字。它的內容由遠古開始，迄於宋代，
簡略而又系統地將中國歷史發展勾劃出一個概略。就其內容而言，除
時代結束較早外[15]，已遠遠超過上文提及的常識科和公民科，其中的
系統性更非後者所能企及。我們若以此種蒙學課本是五、六歲的兒童
所習，便能深刻感受今天的小學教材中歷史題材的貧乏和零碎了。[16]

　　再以歷朝國號為例，清代蒙學家曾以三十八句、每句七言概括歷
代國號，也可供我們參考。《歷代國號總括歌》[17]歌訣如下：

盤古首出傳三皇，有巢燧人功難忘。
五帝之說至不一，羲軒治績猶微茫。
唐虞歷說始可紀，夏商及周為三王。
春秋戰國不足數，嬴秦滅古可倡狂。
漢能順取治雜霸，新莽篡之旋滅亡。

---

14 吳蒙標點：《三字經百家姓千字文》（上海市：上海古籍出版社，1989年），頁49-
74。

15 《三字經》初稿成於晚宋，歷代皆有續訂。至民初，章太炎曾將內容延至民國時
期，加入了晚清民初的材料。參看吳蒙標點：《三字經百家姓千字文》（上海市：上
海古籍出版社，1989年），頁98-111。

16 按：必須注意的是，傳統蒙學以背誦為主，塾師多對內容欠缺講解，故存在一定的
侷限。但是，相對於只入學二、三年的蒙學，現代小學階段共有六年，加上三年的
學前教育，總共九年。加上幼童背誦這些書籍，多能終身不忘，到了年紀較長，這
些粗淺的歷史知識仍對其做人處事有相當的價值。

17 轉引自李良玉：《中國古代歷史教育研究》（合肥市：合肥工業大學出版社，2007
年），頁190。按：此歌訣成於清代，故對滿清政府多所稱許。又，筆者也有一個以
簡馭繁的四句口訣可供小學生記憶：「上古唐虞夏商周，秦漢魏晉南北朝。隋唐宋
元與明清，還有五代及金遼。」熟誦可免主要朝代的混淆。

光武中興號東漢，蜀漢吳魏成分疆。

兩晉之勢擾紛亂，十有六國皆稱強。

宋齊梁陳繼南國，元魏齊周爭北方。

隋能一之僅再世，三百年社歸有唐。

朱梁雖篡非長久，後唐短促猶朱梁。

晉漢迄周盡轉瞬，五代國勢堪愴傷。

是時割據國有十，趙宋蕩掃世運昌。

惟遼北境西擾夏，及金崛起猶難當。

二帝北狩土宇削，建炎南渡偏於杭。

有元繼起成混一，幅員之衰臨八荒。

百年未滿復遜去，朱明膺命稍延長。

遼海旭日自東出，爝火既息無餘光。

大清定鼎傳萬祀，敷文偃武稱垂裳。

堯舜及今四千載，斯民何幸生同康。

五 與外國社會科的歷史課題之比較

除了傳統蒙學書籍反映對小幼學童的歷史知識的內容和深度外，外國社會科的歷史課題或更能顯示兒童對歷史知識的迫切需要。以美國國家社會科理事會（National Council for the Social Studies）在二〇一〇年九月發表的報告書為例，指出社會科可分為十大範疇[18]：

- 文化（Culture）
- 時間、持續性與改變（Time, Continuity, and Change）

---

18 National Curriculum Standards for Social Studies：A Framework for Teaching, Learning, and Assessment, (http://www.socialstudies.org/standards)，摘錄於2011年4月7日。

- 人、空間與環境（People, Places, and Environments）
- 個人發展與身分（Individual Development and Identity）
- 個人、團體與制度（Individuals, Groups, and Institutions）
- 權力、政府與管治（Power, Authority, and Governance）
- 生產、分配與消費（Production, Distribution, and Consumption）
- 科學、科技與社會（Science, Technology, and Society）
- 全球關係（Global Connections）
- 公民意識與公民實踐（Civic Ideals and Practices）

其中，關涉到歷史知識的內容極多，可以說歷史知識是社會科的骨幹知識。根據報告的主編者陳述，十個領域之中，除第二項「時間、持續性與改變」與歷史課題關係最為密切外，其餘的部分如「文化」、「個人、團體與制度」、「權力、政府與管治」多個領域均或多或少涉及歷史課題，反映西方國家的社會科與歷史課題有較緊密的關係。[19]我們從其分項內容中，很容易發現本科對歷史知識的要求，遠較港澳兩地的課程為詳細、廣泛和更具系統。因此，相對於澳門目前常識科和品德與公民科的安排，應可理解為澳門正明顯落後於世界最新的發展。

---

19 參看 Tom V. Savage 等著，廖珊等譯：《小學社會科的有效教學》（北京市：中國輕工業出版社，2003年），頁9-21。其中，值得提及的是在小學高年級的課程中，涉及對「鄰近國家」和「世界上典型地區」的課題。我們生活在全球化的世代，對外國的歷史知識其實也相當重要。著名史學家許倬雲教授便主張我們要從世界史的角度認識中國歷史；參看許倬雲：《尋路集》（臺北市：八方文化企業公司，1996年）和《歷史大脈絡》（廣州市：廣西師範大學出版社，2009年）。

六　小結

　　本文檢討目前澳門小學課程，指出現時澳門教育中的歷史課題存在疏略、不連貫等嚴重問題，並分別從相關課程內容及其變革作出分析，以考察其成因。此外，本文又以傳統蒙學和外國最新發展兩個方面作分析比較，發現現時澳門歷史教育無論在內容上和系統性兩方面，不但落後於外國的最新發展，即使與傳統蒙學比較，也遠為遜色。因此，更為完整和具條理的歷史課題在小學階段的出現和利用，是目前澳門小學歷史教育中的一個合理期待。

豬仔貿易與澳門
──澳門鄉土歷史讀書札記

　　「豬仔」是指清末民初，大批中國人被騙到非洲及拉丁美洲等地區從事勞役工作，「豬仔」被運到國外，受雇主壓榨，長期從事搬運、開礦等苦工。殖民主義者為了掩飾豬仔貿易的惡行，將被販賣的人員稱為「契約勞工」。這種於十九世紀西方國家成批販運華人充當勞工的貿易，稱為豬仔貿易，亦即苦力貿易。葡萄牙人是較早的殖民主義者，亦是較早的奴隸販子，澳門便是他們從事豬仔貿易的據點。

　　葡萄牙人於十五世紀在西南非洲進行殖民擴張時，便從事奴隸販賣。他們於入據澳門之前，曾騷擾粵閩浙沿海，進行走私及拐賣人口等惡行，當時明朝政府對其惡行是嚴厲打擊。

　　鴉片戰爭前後，葡萄牙人以澳門為根據地，掠奪人口活動越來越頻繁，澳門的豬仔貿易越趨蓬勃，澳門因此成為中國東南沿海的第一個苦力貿易中心，葡萄牙人亦從中獲得豐厚的利潤。根據英國記者報導：「勞動力的需求之大，種植園的資本家都願花五百元的代價買下一名能使用八年的中國佬，這種販運的利潤很容易計算。我在苦力船看過，送到市場上去的九百名活人，對於苦力進口商來說，就等於四十五萬元，運往古巴便可得到四十萬元的盈利，即使在非洲奴隸貿易的極盛時期也從來沒有實現過這驚人的利潤。」意思就是，販賣九百名苦力的利潤達到百分之八百。換算成販賣一個苦力的純利潤就達到四百四十四點五元，而在一八七〇年間，在澳門買賣一個人大約的價

錢於六十至八十元之間，其利潤極為之豐厚。[1]

由於豬仔貿易可獲得高利潤，英國人很快便加入販賣苦力的行列中，他們將苦力貿易的根據點設於馬來半島的檳榔嶼，而葡萄牙人就將苦力們集中在澳門，然後運到檳榔嶼，從中賺取利益。到一九二〇年代，被英國殖民者販賣的苦力已遍及世界各地。由於廣東、福建等沿海的農村勞動力過剩，拉丁美洲等國家與地區又急需大批廉價勞動力，在這種情況下，大批華工以「契約勞工」的形式被輸出到國外當體力勞動工作。

雖然中國反對苦力貿易活動，但澳葡當局為了增加稅收，對苦力貿易採取默許態度，中國政府一八四九年後已無法對澳門有效使用管轄權，加上一八五六年港英政府限制苦力貿易，許多的苦力販賣分子紛紛轉移陣地到澳門，澳門的苦力貿易出現高峰期。根據統計，一八六五年，澳門有八至十家「豬仔館」（又名招工館，葡語叫Barracoon，音譯巴拉坑，即為販運、交易豬仔的地方）；一八六六年便則至三十五至四十家；一八七一年，古巴等南美幾個沿海國家相繼在澳門設立五個代理機構，主要是將苦力從澳門裝運出洋[2]；一八七三年，僅葡萄牙、西班牙與荷蘭三國於澳門開設的「豬仔館」便有三百多家。[3]當時從澳門輸出海外的苦力每年不下一萬五千人，澳葡政府每年收取二十萬銀元，苦力販運成為澳葡稅收的主要來源。[4]當時「豬仔館」主要處於華旺街（Hua Wang Kai）、白馬港（Pak Ma Kong）、海灣街（Hai Wan Kai）、善靜路（San Jing Low）及沙欄仔

1　黃啟臣、鄭煒明：《澳門經濟四百年》（澳門：澳門基金會，1994年），頁130。

2　鄧開頌、謝後和：《澳門歷史與社會發展》（珠海市：珠海出版社，1999年），頁138。

3　黃鴻釗：《澳門史》（福州市：福建人民出版社，1999年），頁267。

4　鄧開頌、謝後和：《澳門歷史與社會發展》（珠海市：珠海出版社，1999年），頁138。

（Sha Lan Tsze），聖安多尼教堂與大三巴牌坊之間曾是豬仔館林立的地方[5]。出口的苦力主要運到加勒比海與南美地區，尤其是古巴與秘魯兩國，靠苦力貿易為生的販賣分子達三、四萬人之多。[6]

根據葡萄牙官方公布的文件顯示，從咸豐六年至同治十二年（1856-1873）的十七年間，澳門出口的苦力總數約為十七萬八千一百六十二人。

表一　澳門販運中國苦力人數表（1856-1873年）

年份	總數	去哈瓦那	去秘魯	去其他地方
1856	2,578	2,253	-	325
1857	7,203	6,753	450	-
1858	9,213	8,913	300	-
1859	8,016	7,695	321	-
1860	7,871	5,773	2,098	-
1861	-	-	-	-
1862	2,211	752	1,459	-
1863	6,660	2,922	3,738	-
1864	10,712	4,469	6,243	-
1865	13,684	5,267	8,417	-
1866	23,448	15,767	7,681	-
1867	-	-	-	-
1868	12,206	8,835	3,371	-
1869	9,000	4,124	4,876	-
1870	13,407	1,064	12,343	-

5　黃鴻釗：《澳門史》（福州市：福建人民出版社，1999年），頁267。
6　黃鴻釗：《澳門史》（福州市：福建人民出版社，1999年），頁268。

年份	總數	去哈瓦那	去秘魯	去其他地方
1871	17,083	5,706	11,377	-
1872	21,854	8,045	13,809	-
1873	13,016	6,307	6,709	-
合計	178,162	94,645	83,192	325

資料來源：黃鴻釗：《澳門史》（福州市：福建人民出版社，1999年），頁270。

　　澳門的豬仔館直接受澳葡官員操縱，受到外國領事館包庇，警衛森嚴，除了僱用大批流氓打手對付苦力，還會僱用一批匪徒，主要集中在閩、粵、江、浙沿海地帶進行拐騙與綁架，或下藥迷暈拐帶、或設下賭局，強迫賭輸賣身償還、或以強行綁架、或收買廣東「宗族械鬥」的俘虜、或以介紹職業為名，誘騙到澳門豬仔館。清人曾用「髡鉗械酷，轉販它國」來概括苦力貿易的惡行[7]。

　　販奴分子會將拐擄的民眾囚禁於「豬仔館」中成為苦力，他們過著非人的生活。他們會被剝掉衣服，於身上打或塗上運往何處的記號，如「P」、「C」、「S」等等，P 是 Peru，即秘魯；C 是 Cuba，即古巴；S 是 San Francisco，即舊金山。苦力因為不願意被販賣出洋，或者不願意在契約上簽押，被會被受盡虐待與毒打。清人容閎曾說：「當一八五五年，予初歸國時，甫抵澳門，第一遇見之事即為無數華工以辮相連，接成一串，牽往囚室，其一種奴隸牛馬之慘狀，及今思之，猶為酸鼻。」[8]有位葡萄牙記者曾撰文說：「從道德的角度看，那些等待出海的數以千計的青年華工受到的待遇，簡直無異於非洲奴隸。」[9]

7　鄧開頌、謝後和：《澳門歷史與社會發展》（珠海市：珠海出版社，1999年），頁139。

8　黃啟臣、鄭煒明：《澳門經濟四百年》（澳門：澳門基金會，1994年），頁127。

9　黃慶華：《中葡關係史（1513-1999）》（合肥市：黃山書社，2005年），上冊，頁495。

　　苦力們當中有不堪忍受「豬仔館」的非人生活而自殺身亡的，亦有企圖逃跑而被抓回鞭笞至死的，還有在被追捕時遭到槍殺的。即使倖存的苦力們，被押上船後，境況更淒慘，為了防止苦力潛逃與反抗，苦力們全部被困在陰暗、潮濕、狹窄、懨悶的底艙，苦力們的日常生活全在底艙解決，生活環境極之低劣。運送苦力的豬仔船，從澳門到秘魯需要航行四個月；到古巴則需近半年時間，苦力們長時間被困於環境極之惡劣的情況下，常常未到達目的地之前，已經因為飢渴、虐待、疾病等而死亡。豬仔船被稱為「浮動地獄」，清末維新派陳熾於《續富國策》中提及：「數百人閑置一艙，悶而死者三分之一；飢餓、疾病、鞭笞而死者又三分之一；僅延殘喘者不及一成。」[10]

　　苦力們到了外國後，主要從事採礦、伐木、開山、築路、架橋等重體力勞動工作。他們當中也有不少因不適合氣候，或者受到殘酷的奴役與虐待，於抵達後不久便因病死去，所以絕大多數的苦力被賣到外國去都難以返國與家人團聚，以古巴為例：

表二　古巴華工返國數

年份	返國人數
1880	300
1881	298
1882	175
1883	460
總計	1,333

資料來源：黃啟臣、鄭煒明：《澳門經濟四百年》（澳門：澳門基金會，1994年），頁129。

---

10 黃慶華：《中葡關係史（1513-1999）》（合肥市：黃山書社，2005年），上冊，頁496。

　　由於豬仔貿易極為之殘酷，在國際輿論與譴責的壓力下，里斯本政府於一八七三年（同治十二年）決定禁止澳門的豬仔貿易，並於十二月二十日將這決定電告澳葡總督。十二月二十三日，澳葡總督歐美德（Januário Correia de Almeida）接到里斯本的指示後，正式頒布法令，於一八七四年三月二十七日，徹底取締豬仔貿易，豬仔貿易於名義上結束了。但澳葡當局並沒有輕易放棄這個巨大的財源，葡萄牙駐上海領事賈貴祿（José Joaquim Coelho de Carvalho）於一八八五年（光緒十一年）向清政府呈遞的〈領事章程〉（十四款）中有關「准許契約華工出洋」的規定，說明澳門的豬仔貿易不僅仍然存在，澳葡當局及葡萄牙政府還企圖將澳門豬仔貿易合法化。[11]

　　十九世紀七〇年代，澳門豬仔貿易亦因西方資本主義國家經濟的不景氣而趨於衰落，西方各國工農生產萎縮，勞力過剩，失業隊伍不斷擴大，許多輸入中國苦力的國家實行排華政策。加上，西方列強逐漸對華資本輸出的增加，在我國的通商岸和內地開設許多工廠，可以就地奴役和剝削我國廉價勞動力，這比遠涉重洋的豬仔貿易更有利，也更少風險，因而澳門豬仔貿易逐漸衰落。停止苦力貿易對澳門的經濟起著很大的影響，導致成千上萬的人失業，由於人口與資金的外流，促使房地產的價值大大降低，澳門政府每年失去約有二十萬銀元的財政收入。綜觀之，苦力貿易曾在澳門經濟生活中佔有非常特殊的地位。

---

11 黃慶華：《中葡關係史（1513-1999）》（合肥市：黃山書社，2005年），上冊，頁497。

歴史研究

《史記》載孔安國「蚤卒」為錯簡考

孔安國為西漢一代大儒，而司馬遷曾「問故」於安國，故《史記》〈孔子世家〉關於安國「蚤卒」的記載，歷來學者均深信不疑，以致關於司馬遷的生年和孔安國的事蹟，多扞格難通之處。今就《史記》、《漢書》、〈尚書序〉等相關史料及近世的考證加以比勘，試將引致有關問題的根源予以澄清，以求對西漢中期學術文化的發展有更準確的了解。其中值得注意的是，雖然近年出土的竹簡本《家語》對此問題提供了新的資料，但學術界對孔氏家族遺存下來的文獻仍多採排斥的態度，即使是對中國最綿長的、最具特色的孔氏族譜，亦多加忽略。這種視角，對辨別上述問題，恐會產生十分不利的影響。本文擬分三個主題：先考察史遷的生年和早年經歷，再連繫〈孔子世家〉關於安國世系和早卒的爭論，最後指出〈孔子世家〉記安國早卒是錯簡的結論。

一 關於司馬遷的生年及早年經歷

司馬談「學天官於唐都，受易於楊何，習道論於黃子……乃論六家之要指」，仕於「建元元封之間」，「為太史公……掌天官，不治民，有子曰遷」。遷幼承庭訓，「耕牧河山之陽，年十歲，則誦古文。二十而南游江淮，上會稽，探禹穴，窺九嶷，講業齊魯之都，觀夫子

遺風，鄉射鄒嶧⋯⋯過梁、楚以歸。於是，遷仕為郎中，奉使巴蜀以南，略邛、筰、昆明，還報命。是歲，天子如建漢家之封，太史公留滯周南⋯⋯發憤且卒。而子遷適反，見父於河洛之間。」[1]此為史遷自述元封元年（前110年）以前談遷父子的學習、仕宦經歷，見於《史記》〈太史公自序〉及《漢書》〈司馬遷傳〉，絕對可信。又，根據司長談的遺命，我們肯定其早已立志於論述，故對其兒子的培養極其注意。司長談說：「予先周室之史也，自上世嘗顯功名⋯⋯予死，爾必為太史，為太史，毋忘吾所欲論著矣⋯⋯自獲麟以來，四百有餘歲，諸侯相兼，史記放絕。今漢興，海內壹統，明主賢君忠臣義士，予為太史而不論載，廢天下之文，予甚懼焉，爾其念哉！」[2]遺命中預計遷「必為太史」，反映司馬談很早便致力栽培司馬遷的學術能力。前文稱遷「年十歲，則誦古文」，是史遷於十歲前已對語文、數學以至一般經典文獻已奠定穩固基礎，才能夠進一步學習更深奧的、並不是當時流通的古文文獻。此段學習經歷約達十年，內容當包括「從孔安國問故」的《古文尚書》[3]和《左氏》、《國語》、《世本》、《國策》等歷史文獻。到了大約二十歲，史遷從長安出發，遊歷了半個中國。這

1　《漢書》〈司馬遷傳〉（北京市：商務印書館，1958年，縮印百衲本），頁757-758。又《漢書》〈百官表〉，頁157載：「郎，掌守門戶，出充車騎，有議郎、中郎、郎中，皆無員，多至千人。議郎、中郎，秩比六百石，侍郎，比四百石，郎中，比三百石。司馬遷初仕為郎中，是郎官系統中最低級別。」然《太史公自序》〈索隱〉言：「遷及事伏生，是學誦古文尚書。」（見瀧川龜太郎：《史記會注考證》〔臺北市：中新書局，1982年〕，頁1368）保按：此大誤。據《漢書》卷121〈儒林列傳第六十一〉載：「孝文帝時，欲求能治《尚書》者，天下無有，乃聞伏生能治，欲召之。是時伏生年九十餘，老不能行，於是乃詔太常，使掌故朝錯往受之。」史遷絕不可能「及事伏生」。

2　《漢書》〈司馬遷傳〉（北京市：商務印書館，1958年，縮印百衲本），頁758。

3　《漢書》〈儒林傳〉，頁1062。關於史遷「問故」的時間，筆者傾向於在二十歲出遊之前。

次遊歷不但擴闊了史遷的視野，也有點田野考察的作用。[4]西漢的交通條件並不發達，這種考察不但用上不少時間，而且也花費不菲。[5]由此可見，司馬談不但讓史遷有很好的歷史文獻基礎，也曾做大量的田野考察，並將所擅長的天文學知識傳授給他。[6]因此，司馬談實在是要培養史遷成為學究天人的歷史學家，目的是要其配合自己的修史計劃。[7]

司馬遷曾於〈報任安書〉中，提及其出仕的情況。他說：「僕賴先人緒業，得待罪輦轂下，二十餘年矣。」[8]經近代學者考證，任安在征和二年（前91年）因巫蠱之禍發生時採觀望態度，故被武帝處死，〈報書〉寫於處死前夕，當在征和二年（前91年）年底，距元封元年共二十年，若再加上出仕為郎中和奉使西南，時間也正是「二十餘年」。又據司馬貞《史記索隱》在〈列傳第七十〉〈太史公自序〉「遷為太史令」，引用張華《博物志》逸文言：「太史令，茂陵顯武里大夫司馬（遷），年二十八，三年六月乙卯除，六百石。」[9]按三年是

4　這方面我們只需從《史記》中史遷談及自己的遊踪便可確定。

5　關於司馬氏家族並不富裕，這種遊歷對司馬談當屬一個大的負擔。他「既掌天官，不治民」，故很少官俸以外的收益。故有學者懷疑史遷是奉命巡行天下，但缺乏必要的證據。對於司馬談的經濟狀況，有一條史料可能有關。據楊生民《漢武帝傳》（北京市：人民出版社，2001年），頁67載：建元二年（前138年），賜徙茂陵者戶錢二十萬，田二頃。這次賞賜，司馬氏家族應是受益者之一。對不以富裕著稱的司馬家，數目已相當可觀。

6　太史令的職責以天文曆算為重點，故文獻雖然缺乏司馬談對傳授史遷在這方面知識的記錄，但以後來史遷提出和參與《太初曆》的制訂工作，也可證明史遷於天文學具有專門知識。

7　這種期望父子相繼以從事一種偉大事業，不但見於我國，也可從第一位基督新教來華傳教的馬禮遜及其子馬儒翰的事蹟中看見。可參考張偉保：〈馬禮遜與澳門教育初探──兼論其對馬儒翰的栽培〉，收於《澳門教育史論文集》第一輯（北京市：中國社會科學出版社，2009年），頁66-76。

8　《漢書》〈司馬遷傳〉（北京市：商務印書館，1958年，縮印百衲本），頁762。

9　王國維〈太史公行年考〉，收於氏著《觀堂集林》（石家莊市：河北教育出版社，

指元封三年（前108年）。司馬談死於元封元年，史遷守三年之喪，到了元封三年六月便被委任為太史令一職。司馬談的預計也終於實現了。[10]

關於司馬遷的生年，學界一般有兩個代表意見。王國維〈太史公行年考〉認為史遷生於景帝中五年（前145年），他認為上引《博物志》二十八歲為三十八歲之誤，又認為張守節《史記正義》載「遷為太史令……五年而當為太初元年（前104年）」下注「按遷年四十二」則十分可靠。王國維並提出三個理由：

（一）以「三訛為二乃事之常，三訛為四，則於理為遠」。

（二）據〈孔子世家〉，「安國為今皇帝博士，至臨淮太守，早卒，安國生驩，驩生卬」（保按：王氏誤記，〈世家〉為「安國生卬，卬生驩」）。既云「早卒」，而又及記其孫，則安國之卒當在武帝初……時史公年二十左右，其從安國問古文《尚書》，當在此時也。

（三）史公於〈自序〉中述董生語，董生雖至元狩、元朔間尚存，然家居，不在京師，則史公見董生，亦當在十七、八歲之前。[11]

2003年），卷11，頁245-261。郭沫若：〈〈太史公行年考〉有問題〉，收於歷史研究編輯部編：《司馬遷與《史記》論集》（南京市：陝西人民出版社，1982年），頁182-18。

10 漢朝實行中央集權，一般官位已沒有世襲，而司馬談深信史遷「必為太史」，是基於其對史遷早年的嚴格訓練的客觀評估。

11 王國維：〈太史公行年考〉，《觀堂集林》（石家莊市：河北教育出版社，2003年），卷11，頁246、249。又參見郭沫若：〈〈太史公行年考〉有問題〉，收於歷史研究編輯部編：《司馬遷與《史記》論集》（南京市：陝西人民出版社，1982年），頁184-185。

所以，王國維認為「以此二事證之，知《博物志》之「年二十八為太史令」，「二」確為「三」之訛字。[12]

　　然而，郭沫若則主張史遷生於武帝建元五年（前135年），他認為王國維以「三訛為二」是大成問題的。他指出究竟是司馬貞還是張守節的錯，機率是一比一。王氏所謂的證據是不足夠的。他更認為王氏漏掉了一個重要的證據，以致得出錯誤的結論。郭氏說：〈報任安書〉有「早失二親」一句。司馬談死於元封元年（前110年），依王氏的推算，司馬遷當年為三十六歲。三十六歲死父親，怎麼能夠說「早失」呢？[13]

　　其實，古書經千百年的傳鈔，錯訛缺漏往往難以避免。以《史記》為例，史遷云：「凡百三十篇，五十二萬六千五百字……藏之名

12　王國維：〈太史公行年考〉，《觀堂集林》（石家莊市：河北教育出版社，2003年），卷11，頁249。

13　李長之：〈司馬遷生年為建元六年辨〉，收於歷史研究編輯部編：《司馬遷與《史記》論集》，頁187-191，也非常強調「早失二親」是一個很重要的證據。筆者認為父談既注意培養其學問，而遷又自稱「少負不羈之材」，故其志趣高遠，視野廣闊，而一生經歷均詳細記載於〈自序〉中。以此而論，則史遷當以二十餘歲喪父為最可能。因從十歲開始，遷既廣泛學習古文獻，又於二十歲以後前往各地考察。此段遊歷時間當有一、二年之久。回長安後，得「賴先人緒業」入仕為朗中，並於元封元年奉使巴蜀，回來時知悉父因病「留滯周南（洛陽）」。遷受父遺命準備編撰《史記》，時約為二十五、六了。到了元封三年六月，遷年二十八，被任命為太史令。如此時為三十八歲，則史遷在出仕後曾做何事？有何發展或阻滯？竟無一些事蹟可考。至於張守節所記的「年四十二」，一方面不一定來自《博物志》（按：因只是王國維的估計，並沒提出證據。又，三家注原是各自單行，到了宋代才合刻在一起）；另一方面，也不能排除是傳鈔時「三誤作四」的可能性。至於郭氏在〈《太史公行年考》有問題〉頁186提出「司馬遷可能即死於太始四年（前93年）尾，那他只活了四十二歲」。筆者認為既不能確定此項史料的可靠性，故也不應以此作隨意的推斷。事實上，《報任安書》寫作必於征和二年（前91年）戾太子巫蠱事件發生之後，上距太始四年（前93年）尾已差不多兩年了。

山，副在京師……而十篇缺，有錄無書。」[14]史遷努力保存的作品，卻很快便掉失了若干篇。例如，梁玉繩《史記志疑》曾指出〈屈原列傳〉好像沒有佚失，但卻無法通讀；又認為〈孔子世家〉載子思年六十二，錯誤也十分明顯，因子思高壽，應有八十餘歲的年壽，故梁氏也認為六十二極可能是八十二之誤。[15]因此，我們研究歷史，要參稽比勘，才能獲得可靠的結論。

二　關於〈孔子世家〉載安國早卒的爭論

上文提及王國維的論點證，第二點是以孔安國「蚤卒」的記載作為論證的基礎，王氏並以此作了一些推論。事實上，很多學者在討論《古文尚書》和《孔氏傳》的真偽時，都會引用《史記》〈孔子世家〉。其中最具代表性的自然是清代考據學大師閻若璩的《古文尚書疏證》和王鳴盛的《尚書後案》。[16]二位專家同樣引用〈孔子世家〉的原因有二：一、司馬遷親向「安國問故」的事實，是史遷親見安國，故《史記》〈孔子世家〉載「安國為今皇帝博士，至臨淮太守，蚤卒」絕無可疑；二、孔安國的早卒的記載，只有這一條資料，《史記》和《漢書》再沒有其他相關資料可作參考。為方便討論孔安國的

---

14 究竟《史記》缺多少篇，學者有不同意見，不贅；然缺漏實難免。除了全篇散逸外，更多是鈔寫時的錯誤，或是錯簡、殘簡等問題。梁玉繩：《史記志疑》（北京市：中華書局，1981年）在這方面的工作很深入。又，清人的工作可參看張新科、俞樟華：《史記研究史略》（西安市：三秦出版社，1990年），頁140-150。

15 請參看梁玉繩：〈孔子世家〉，《史記志疑》（北京市：中華書局，1981年），卷25，頁140〈字子思，年六十二〉條及卷31〈屈原列傳〉，頁1034〈雖流放〉條。

16 閻若璩：《古文尚書疏證》，收孔穎達等撰《尚書》（北京市：中華書局，1998年，《四部要籍注疏叢刊》），冊1；王鳴盛：《尚書後案》，收於《續修四庫全書》（上海市：上海古籍出版社，1995年），經部，冊45。

世系問題，現以王鳴盛《尚書後案》作為分析的對象，因王鳴盛與閻若璩對這方面的論點是一致的。

　　王鳴盛在〈尚書後案序〉說：「《尚書後案》何為作也？所以發揮鄭康成一家之學也……作案以釋鄭義……名曰後案者，言最後所存之案也。至二十五篇，則別作〈後辨〉附焉。」[17]其中，〈後辨〉的〈辨孔安國序〉與本文關係最密切。王氏引述閻若璩關於〈孔安國（《尚書》）序〉「家獻」的問題。在辨證《孔安國序》的「定五十八篇既畢，會國有巫蠱事，經籍道息，用不復以聞，傳之子孫」條時，王氏「辨曰」：

> 閻若璩曰：〈孔子世家〉安國為今皇帝博士，至臨淮太字，早卒。司馬遷親與安國遊，記其蚤卒，應不誤。然考之《漢書》，又有可疑者，見〈兒寬傳〉，以郡國選詣博士，受業孔安國，補廷尉文學卒史。時張湯為廷尉。案：湯為廷尉在武帝元朔三年乙卯（前126年）；〈楚元王傳〉：天漢後孔安國獻《古文書》，遭巫蠱之難，未及施行。[18]案：巫蠱難在武帝征和元年己丑、征和二年庚寅（前92-91年），相距凡三十五、六年。漢制：擇民年十八以上、儀狀端正者補博士弟子，為之師者年又長於弟子。安國為博士時，年最少如賈誼，亦應二十餘歲矣。以二十餘歲之博士，越三十五、六年始獻書，既甫獻書而即死，其年已五十七、八，且望六矣。安得為蚤卒乎。考荀悅

---

17 王鳴盛：《尚書後案》收於《續修四庫全書》（上海市：上海古籍出版社，1995年），經部，冊45，頁1。

18 王氏引文與原文稍異。按《漢書》（北京市：商務印書館，1958年，縮印百衲本），〈楚元傳第六〉，頁516原文為：「得古文於壞壁之中，《逸禮》有三十九，《書》十六篇，天漢之後，孔安國獻之。遭巫蠱倉卒之難，未及施行。」

《漢紀》〈成帝紀〉云：魯恭王壞孔子宅，得《古文尚書》，多
十六篇。武帝時孔安國家獻之，會巫蠱事，未列於學官。於安
國下增一「家」字，足補《漢書》之漏，而偽孔序謂作傳畢，
會國有巫蠱，出於安國口中，其偽不待辨矣。[19]

此外，王鳴盛另引朱彝尊《經義考》以加強其可信度。[20]無論是閻若
璩、朱彝尊或王鳴盛，他們都以〈孔子世家〉安國早卒為論證的基
礎，堅信史遷親見安國，堅信〈孔子世家〉記安國早卒是正確的。同
時，他們的論證主要是指孔安國不可能親見巫蠱之禍，故〈孔安國
序〉以安國親述經歷其事，認定其為偽作。

對於史遷不會誤記安國事，固屬必然。但對於荀悅於《漢書》原
文外增一「家」字，陳夢家先生仍有不同意見。陳氏說：

閻若璩《尚書古文疏證》第十七用荀悅之說，云「竊意天漢
後，安國死已久，或其家子孫獻之」。蓋在東漢時鑒於劉、班
之說既有矛盾，所以王充以為壁中書為武帝所取，荀悅以為安
國子孫獻之，無非想以此來彌補。[21]

陳夢家先生同樣接受安國「蚤卒」的記錄，但對東漢的王充和荀悅是
否確實見到異文表示懷疑。由於屬於孤證，陳氏認為「荀悅以為安國
子孫獻之，無非想以此來彌補」的想法。

---

19 王鳴盛：《尚書後案》，收於《續修四庫全書》（上海市：上海古籍出版社，1995
　　年），經部，冊45，頁307。

20 王鳴盛：《尚書後案》，收於《續修四庫全書》（上海市：上海古籍出版社，1995
　　年），經部，冊45，頁307-308；有關論點相近，不贅。

21 陳夢家：《尚書通論》（石家莊市：河北教育出版社，2002年），頁47。

筆者認為陳氏的說法有一定的道理，但卻欠文獻依據，不易為學者所接受。然而，閻若璩、朱彝尊、王鳴盛、陳夢家等學者均將注意力集中於安國的「親獻」或「家獻」的問題，卻忽略了此條資料其實仍有助證實安國卒年的大約時間。《漢紀》此一「家」字之是否可靠，以及孔安國在天漢年間是否已不在世，均不足以證明其「蚤卒」。[22]我們雖不知安國生於何年，然以其在武帝初年已為博士，至少也二十來歲了。天漢後不知確指是何年。考天漢共四年，即前一百年至前九十七年，則天漢元年上距武帝元朔五年（前124年，即兒寬從博士孔安國受業之年）已達二十五年，則即使此時安國已逝，也不足證其「蚤卒」，因安國為博士必不少於二十，兒寬受業可能更在其後。因此，到了天漢時，安國年歲必不少於四十五歲了。因此，即便是孔安國家獻之，也可反證安國逝世不久。[23]故此，「蚤卒」之說實難以成立，而司馬遷的《史記》既為「厥協六經異傳，整齊百家雜語」的文獻專家，對《古文尚書》多所採錄，又從安國問故，則對其生平豈可不留意。因此，此段記載安國「蚤卒」的文字，是極有問題的。

事實上，我們並不能確定安國為博士始於何時，然據《漢書》〈兒寬傳〉載：

> （寬）以郡國選詣博士，受業孔安國……以射策為掌故，功次補廷尉文學卒史……廷尉府盡用文史法律之吏，而寬以儒生在其間……除為從史……會廷尉時有疑奏，已再見卻矣。掾史莫知所為。寬為言其意，掾史因使寬為奏，成，讀之，皆服。以白廷尉湯。湯大驚，召寬，與語，乃奇其材，以為掾。上寬所

---

22 從史源學角度而言，荀悅《漢紀》的「家」字，雖屬孤證，但對判斷安國生年的下限還是很有參考作用。

23 按照一般情況，將遺稿上送朝廷，應在先人逝世不久便進行。

作奏，即時得可。異日，湯見上，問曰：前奏非俗吏所及，誰
為之者？湯言兒寬。上曰：吾固聞之久矣。湯……以寬為奏讞
掾……湯為御史大夫，以寬為掾。[24]

兒寬以郡國選受業孔安國必於元朔三年（前126年）至元狩二年（前
121年）之間。又，按照規定，兒寬在一年後接受考核而成為掌故[25]，再
以功補廷尉文學卒史，估計最快也需要一年。據〈漢書百官公卿
表〉：湯以元朔三年為廷尉，至元狩二年遷御史大夫。則寬「以郡國
選詣博士，受業孔安國，很可能在元朔五年（前124年）丞相公孫弘
「請為博士官置弟子」[26]之後的秋天。換言之，兒寬隨安國受業，應
在此年。再從兒寬的經歷來看，他大約在元狩元年（前122年）成為
廷尉文學卒史，並得到張湯的賞識和重用。

　　事實上，安國可能早於於元朔二年（前127年）或以前便擔任博
士。據司馬光《資治通鑑》元朔二年（前127年）條云：「張歐免，上
欲以蓼侯孔臧為御史大夫。臧辭曰：臣世以經學為業，乞為太常，典
臣家業，與從弟侍中安國綱紀古訓，使永垂來嗣。上乃以臧為太常，
其禮賜如三公。」[27]查《通鑑》此段文字是據《孔叢子》卷下。[28]又
胡三省對孔臧的言辭有以下的注解：

---

24 〈兒寬傳〉，《漢書》（北京市：商務印書館，1958年，縮印百衲本），頁730。

25 胡三省曰：余謂掌故，掌故府之典籍者也，見司馬光：《資治通鑑》（北京市：中華
　　書局，1974年），頁617胡三省注。

26 司馬光：《資治通鑑》（北京市：中華書局，1974年），頁617。

27 據《漢書》〈百官公卿表〉，頁165載孔臧於「三年，坐南陵橋壞衣冠道絕免。」司
　　馬光：《資治通鑑》（北京市：中華書局，1974年），頁609。

28 《孔叢子》（北京市：中華書局，1985年，叢書集成初編），冊517，卷下〈敘書〉
　　條。按：《孔叢子》不載於《漢書》〈藝文志〉，學者認為成書於東漢末年或魏晉之
　　際，由孔氏家族後人所編定。

臧自言世修經學,蓋謂孔子後也;安國為從弟……〈百官表〉:
侍中,加官,得出入禁中。應劭曰:入侍天子,故曰侍中……
〈漢官儀〉曰:侍中,左蟬、右貂,本秦丞相史,往來殿內,
故謂之侍中,分掌乘輿服物,下至褻器虎子之屬。武帝時,孔
安國為侍中,以其儒者,特聽掌御座唾壺,朝廷榮之。[29]

因此,孔安國以博士入任後,大概因是孔子之後裔,獲加加官「侍
中」的榮譽。故孔臧辭御史大夫而求為太常[30],提及安國,並期望以
兩人一起「綱紀古訓」。司馬光引述《孔叢子》這本被視為偽書的材
料,反映其認為相關內容具可靠性。胡三省的注亦就此加以說明,認
為安國為侍中,得出「朝廷榮之」的結論,明顯是對此項資料採取肯
定態度。由此而論,若安國在元朔年間,已成為博士,並加官侍中,
最少也必有二十餘歲,後復擔任諫大夫,以《古文尚書》授都尉朝,
最後的職務是臨淮太守。[31]《漢書》〈儒林傳〉兩次提及孔安國時,均
沒有涉及早卒的記錄。

三 關於〈孔子世家〉載安國世系的爭論

史遷受父親遺命撰寫《史記》,以繼承孔子編撰《春秋》的批判
精神。[32]史遷曰:「先人有言,自周公卒而有孔子,孔子卒後,至今五

---

29 司馬光:《資治通鑑》(北京市:中華書局,1974年),頁609。
30 〈百官公卿表〉,《漢書》(北京市:商務印書館,1958年,縮印百衲本),頁156:
　　奉常,秦官,掌宗廟禮儀……景帝中六?更名為太常。
31 〈儒林傳〉,《漢書》(北京市:商務印書館,1958年,縮印百衲本),頁1062-1603。
32 史遷引董仲舒說:「孔子知言之不用,道之不行也,是非二百四十二年之中,以為
　　天下儀表。貶天子,退諸侯,討大夫,以達王事而已矣。」其中「貶天子,退諸
　　侯」六字在班固:《漢書》,〈司馬遷傳〉(北京市:商務印書館,1958年,縮印百衲
　　本),頁758變為「貶諸侯」,真可謂之毫釐,謬以千里。

百歲。有能紹明世，正《易傳》，繼《春秋》，本《詩》、《書》《禮》、《樂》之際，意在斯乎！意在斯乎！小子何敢讓焉。」[33]由此可見，史遷既以「繼《春秋》」為己任，又深以孔子「至今五百歲……小子何敢讓焉。」[34]此外，史遷又親述其作史下限，言「卒述陶唐以來，至於麟止。」《索隱》引服虔云：「武帝獲至雍獲白麟（按：時為元狩元年，前122年），而鑄金作麟足形（按：時為太始二年，前95年），故云麟止。所謂「卒述」者，應是《史記》完成時的總結性話語。因此，《史記》的正常下限應為元始二年。史遷將孔子列於〈世家〉，並在〈自序〉中說：「周室既衰，諸侯恣行，仲尼悼禮廢樂崩，追修經術，以達王道，匡亂世，反之於正，見其文辭，為天下制儀法，垂六藝之統紀於後世，作〈孔子世家〉第十七。」[35]他又在論贊中解釋以孔子入〈世家〉的原因。他說：「天下君王，至於賢人眾矣，當時則榮，沒則已焉。孔子布衣，傳十餘世，學者宗之，自天子王侯，中國言六藝者，折中於夫子，可謂至聖矣。」此段文字，同樣也再次提「傳十餘世」。因此，很難想像史遷錯記孔氏的世系。然而，又怎樣解釋安國「蚤卒」的記載所包含的矛盾呢？

我們現在檢視一下現存《史記》〈孔子世家〉所記的孔氏世系：

> 孔子年七十三……孔子生鯉，字伯魚，年五十……伯魚生伋，字子思，年六十二……子思生白，字子上，年四十七……子上生求，字子家，年四十五……子家生箕，字子京，年四十

---

33 〈太史公自序〉，《史記》，頁1370。

34 按《史記會注考證》（臺北市：中新書局，1982年），頁1370引中井積德曰：孔子卒至元封元年，三百七十五年，而云五百歲，牽合誇張之言耳……崔適曰：云五百歲，此以祖述之意相比，所謂斷章取義，不必以實數求也。

35 〈太史公自序〉，《史記》（臺北市：中新書局，1982年），頁1375-1376。按：這也可視為〈孔子世家〉寫定的下限。

六……子京生穿，字子高，年五十一……子高生子慎，年五十七……子慎生鮒，年五十七……鮒弟子襄，年五十七……子襄生忠，年五十七……忠生武。武生延年及安國。安國為今皇帝博士，至臨淮太守，蚤卒。安國生卬，卬生驩。[36]

此段文字，於孔忠以下世系確有錯訛：

一、文中所記孔氏世系，一直以嫡長子為序，至孔鮒因「為陳王涉博士，死於陳下」，乃記錄「弟子襄年五十七，為孝惠皇帝博士」，至「武生延年及安國。安國為今皇帝博士，至臨淮太守，蚤卒。安國生卬，卬生驩。」據此，安國為孔武的次子，延年的弟弟。同時，後文只記安國及其後裔事，而再不及其長兄延年，與譜序世系以嫡長的習慣有異。又，據《漢書》八十一〈孔光傳〉載：「鮒為陳涉博士，死陳下。鮒弟子襄為孝惠博士長沙太傅。襄生忠，忠生武及安國。武生延年。」據此，則武、安國為兄弟；而安國乃延年的叔父而非其弟。如此而論，則馬、班述孔氏家世有明顯不同。[37]

二、梁玉繩《史記志疑》卷二十五載：「忠生武，武生延年及安國。案：〈孔光傳〉忠生武及安國，武生延年」；〈後序〉季中生武及安國（原注：字子國）；〈唐表〉：忠二子，武、安國。武生延年。則《史》以安國為武子，誤也。[38]

---

36 《史記會注考證》（臺北市：中新書局，1982年），頁763-765。

37 〈孔光傳〉，《漢書》（北京市：商務印書館，1958年，縮印百衲本），頁977所載孔鮒的先輩名字與〈孔子世家〉所載也有些不同，但因與本文所論無關，姑置之。參看黃慶萱：《史記漢書儒林列傳疏議》（臺北市：嘉新水泥公司文化基金會，1966年），頁195。按齊召南殿本《漢書》考證亦斷言〈孔光傳〉、〈孔子世家〉於安國世系必有一誤。

38 梁玉繩：《史記志疑》（北京市：中華書局，1981年），頁1140-1142。

〈孔子世家〉於孔忠及其先輩字號、年壽均有清楚的記錄，反映司馬遷已具體掌握了孔氏的譜牒。然於武、延年、安國、卬、驩的字號、年壽均未缺載。是其人皆沒有字號？抑有錯簡或殘缺嗎？其中，又以孔武的問題最為關鍵。孔武究竟是父是兄，故已屬必須解答的問題？且其生年必早於安國。到了史遷撰寫〈儒林列傳〉時如仍在世，則必屬高壽。然考《史記》，對此孔氏嫡裔之高壽者僅有「忠生武及安國。武生延年」數字的記錄，餘無一字可記，恐不免引人懷疑。故此，筆者疑孔武早卒，故事蹟不彰。而所謂「安國……蚤卒」者，實因《史記》錯簡或殘缺而誤將孔武早卒的記錄錯附於安國。[39]

近代學者涉及此項課題的還有王叔岷《史記斠注》。他在〈世家二〉，〈（孔）忠生武，武生延年及安國〉條考證：

> 梁玉繩：「〈孔光傳〉：「忠生武及安國，武生延年。」〈後序〉：「季中年武及子國（安國字）。」〈唐表〉：「忠二子武、安國，武生延年。」則《史》以安國為武子，誤。」
>
> （叔岷）案：安國如為武之子，則是孔子十一世孫。故《尚書序疏》云：「〈孔子世家〉云：安國是十一世孫。」〈論語序〉〈邢疏〉亦云：「〈世家〉，安國孔子十一世孫。」據〈孔光傳〉、〈後序〉、〈唐表〉，安國是忠之子，則為孔子十世孫。敦煌本《尚書目錄》（伯目二五四九），卷末有孔安國小傳：「孔國，字子國。又曰孔安國，漢武帝時為臨淮太守，孔子十世孫。」稱孔國，未知何據，恐晚出。稱「孔子十世孫」則與〈孔光傳〉、〈後序〉、〈唐表〉合，是也。去秋，陳鐵凡君據此

---

39 據孔氏家族為先祖為商朝，族譜可上溯至唐虞之際，實為我國有史志可稽的、最為綿長的家族。而流傳至今的族譜資料，對以上所缺的資料均有所補充，詳見下文。

小傳，撰文以證史公之誤，且以質於岷。岷以史公記事，固有
紕繆。然史公曾從安國受學，決不致誤安國為忠之孫，武之
子。此文蓋本作「忠生武及安國，武生延年。」與〈孔光
傳〉、〈後序〉、〈唐表〉及敦煌本〈尚書序〉卷末小傳皆合。
「及安國」三字，蓋傳鈔之誤倒在「武生延年」下耳。孔穎
達、邢昺並未留意及此，遂以〈世家〉云「安國是孔子十一世
孫。」後人亦紛紛以史公為誤矣。此文蓋本作「忠生武及安
國，武生延年。」與〈孔光傳〉、〈後序〉、〈唐表〉及敦煌本
〈尚書序〉卷末小傳皆合。[40]

按：王氏此段案語，是目前各家討論安國世系最詳盡的。其中指出
〈孔光傳〉與〈孔子世家〉關於安國世系的矛盾。並依〈後序〉、〈唐
表〉及敦煌本〈尚書序〉卷末小傳判定傳世的〈孔子世家〉於此部分
有「傳鈔之誤」，即將「及安國」三字誤倒在「武生延年」下。並認
為此文蓋本作「忠生武及安國，武生延年。」與〈孔光傳〉、〈後
序〉、〈唐表〉及敦煌本〈尚書序〉卷末小傳皆合。而不是史公之誤。
無論如何，王氏論證了此段文字在傳鈔時出現錯誤，增加了安國「蚤
卒」為錯簡的可能。若依據王氏所言，〈世家〉原文應為「忠生武及
安國，武生延年。」而下文即「安國為今皇帝博士，至臨淮太守，蚤
卒。安國生卬，卬生驩」一段文字。

　　根據孔氏家族的族譜遺存的資料，王叔岷判斷安國為十代孫，是
不計算始祖的。若以孔子為第一代，則安國為孔忠之子，孔武之弟，
即十一代孫。李學勤曾經指出，「漢代孔子後裔一家有些人世守家

---

40 王叔岷：《史記斠證》，《中央研究院歷史語言研究所專刊》七十八（臺北市：中央
　研究院歷史語言研究所，1982年），冊6，頁1794。

學，成為一個學派。其中最早是孔安國，此後傳習其學術者不少，特別值得提到的有東漢時孔僖和孔季彥，還有三國時孔猛。《古文尚書》、《孔叢子》、《孔子家語》等書，都可能與這一學派有關，《古文孝經》孔傳也是如此。王肅曾得《家語》於孔猛，他提至孔安國的《古文論語訓》、《孝經傳》自非偶然。看來我們研究古代的經學和學術思想，必須對孔氏家學做進一步的探討。」[41]所謂孔氏家學，主要是指《古文尚書》、《孔叢子》和《孔子家語》等。李學勤先生又指出《孔子家語》很可能陸續成於孔安國、孔僖、孔季彥、孔猛等孔氏學者之手，編纂、改動和增補過程很長，是漢魏孔氏家學的產物。他認為「王肅注《家語》，是由於《家語》在某些點上有利於他在經學方面反對鄭玄的學說。不論他是否在這些地方動筆改竄，說他偽造整部《家語》，恐怕是不可能的。陳（士珂）《（孔子家語）疏證》已證明《家語》文字有本，王肅當時一手抄輯出這部書，是難以欺人的。王肅在序言中已說明《家語》得自孔子二十二世孫孔猛，這應當是事實。」[42]至於上文司馬光《資治通鑑》引用《孔叢子》，成書可能在魏晉之際。李學勤認為：

> 《孔叢子》一書可以說是孔氏家學的學案，由孔子一直記到孔季彥……《孔叢子》也是長期公認的「偽書」，從宋代朱子以來備受責難……但這部書的出現並不太晚。書中〈連叢子〉記到孔季彥之死，沒有再下一代，可知最後的作者離孔季彥不遠。西晉皇甫謐《帝皇世紀》已引及此書，有明引也有暗

---

41 李學勤：《李學勤講中國文明》（北京市：東方出版社，2008年），頁220。

42 見李學勤：〈竹簡《家語》與漢魏孔氏家學〉，收於《簡帛佚籍與學術史》（臺北市：時報文化出版企業公司，1994年），頁395-397。

> 引……說明《孔叢子》的出現當早於皇甫謐……現在看來很可
> 能出於孔季彥以下一代。[43]

《孔叢子》雖非孔鮒所撰,但既是魏晉時孔氏家學的作品,其記孔氏
世系仍具有重要的參考價值。據《孔叢子》卷下〈連叢子上第二十二
敘書〉條:

> 家之族胤一世相承,以至九世,相魏,居大梁,始有三子焉。
> 長子之後,承殷統為宋公;中子之後,奉夫子祀,為褒成侯;
> 小子之後,彥以將事高祖,有功封蓼侯,其子臧嗣焉,位歷九
> 卿……侍中安國(原注:安國,孔忠之子)受詔綴集古義,臣
> 乞為太常……遂拜太常,禮賜如三公。[44]

孔臧為孔子十一代孫(按:以夫子為一代),而現存相關文獻均以安
國為臧的從弟,沒有例外,則安國絕不可能是延年之弟。此項資料,
也可再次驗證梁玉繩、王叔岷等以「忠有二子,長子為武、次子為安
國」的說法是正確的,而《史記》於此處記錄有問題。同時,此亦可
與《漢書》〈孔光傳〉得到相同的結論。

關於孔氏家族所遺留的資料,以金孔元措《孔氏祖庭廣記》的時
代較早,但內容有凌亂處。例如,《孔氏祖庭廣記》,卷六〈族孫〉
條載:

---

43 李學勤:〈竹簡《家語》與漢魏孔氏家學〉收於《簡帛佚籍與學術史》(臺北市:時
報文化出版企業公司,1994年),頁399;《孔子世家譜》(濟南市:山東友誼書社,
全四冊),冊1,頁76云:「猛,幼穎悟端嚴,從學於王肅,無傳。」按「無傳」是
指沒有兒子。

44 《孔叢子》(北京市:中華書局,1985年,叢書集成初編),頁149;又頁155有〈與
侍中從弟安國書〉,可參看。

　　（孔）襄，魺第子也，為孝惠博士，至馬沙太傅，生忠。忠生
　　武及安國、延年。[45]

按：此條可能有殘缺，因所言「忠生武及安國延年」明顯與平常行文
習慣有異，因如忠生三子，當寫作「忠生武安國及延年」。此外，忠
有三子，與現存所有孔氏世系的文獻均發生衝突，故此項資料有明顯
錯訛。但即使如此，前六字「忠生武及安國」仍有參考價值，因同書
又載：

　　十代：貞，字子忠，該習古今，有高尚之志，徵為博士，封褒
　　　　　成侯，年五十七。
　　十一代：武，為武帝博士，至臨淮太守，早卒。生延年及安
　　　　　　國。
　　十二代：延年博覽群書，無所不備。武帝時為博士，轉少傅，
　　　　　　遷大將軍，年七十一，葬祖墓北，生霸。[46]

此段文字，仍以「武……生延年及安國」，與同書「忠生武及安國」
有明顯矛盾，不贅。但此中卻有一項極具意義的資料，是武為「武帝
博士，至臨淮太守，早卒」十一字。筆者於上文曾經指出，假如孔武
為孔氏之嫡孫有又高壽，為何《史》、《漢》均沒有任何記載。引文言
其曾「為武帝博士，至臨淮太守，早卒」。其經歷與孔安國又極相
似。現存〈孔子世家〉載「安國為今皇帝博士，至臨淮太守，蚤
卒」，除「安國」二字外，其餘十二字內容完全相同（按：今皇帝即

---

45 金孔元措編輯：《孔氏祖庭廣記》（濟南市：山東友誼書社，1989年），頁167。又，
　　原文沒有點標符號。
46 金孔元措編輯：《孔氏祖庭廣記》（濟南市：山東友誼書社，1989年），頁63。

武帝）。究竟是兩人經歷、早卒均相同，抑是《史記》在傳抄過程中
出現錯誤，誤將「孔武」的資料接在安國之下，遂形成〈世家〉言安
國「蚤卒」的記錄。

　　此外，更值得注意的是《孔子世家譜》卷一也記載了二人的資
料，其文曰：

> 十代……忠：字子貞，該習今古。漢文帝時徵為博士，年五十
> 七卒。子二：武、安國。
>
> 十一代……武：字子威，漢文帝（武帝？）徵為博士，至臨淮
> 太守。子一：延年。
>
> 安國：字子國，明達淵博，動遵禮法，少學《詩》於申
> 培公，受《尚書》於伏生，以文學政事名年。漢武帝
> 時，徵拜博士，歷侍中、為諫議大夫（按：據《漢
> 書》，應作「諫大夫」）事，會魯恭王壞先聖宅，於壁中
> 得古文尚書、論語、孝經，上之，悉以書還孔氏，仍詔
> 作傳，乃考論古今文義，作論語訓解、《尚書》、《孝
> 經》傳。又集先聖《家語》，既成，會誣（按：應作
> 「巫」）蠱事起，不果上。自博士遷臨淮太守，六年以
> 病免，年六十卒。[47]

這段文獻補充兩個重要資料：第一，孔武是「漢文帝（武帝？）徵為
博士，至臨淮太守。子一：延年」；第二，孔安國「遷臨淮太守，六
年以病免，年六十卒」。此條資料補充了安國是在擔任「臨淮太守」
六年後，因病辭職，逝世時為六十歲。

---

47 孔德成總裁、孔慶堃、孔令熙監修：《孔子世家譜》（濟南市：山東友誼書社，全四
　　冊），冊1，頁73。

我們再比較武、安國二人經歷，前者只曾擔任博士、臨淮太守二種職務；至於安國，從就學到出任為博士，再經過諫大夫一職，又編輯《古文尚書》，並以此教授司馬遷、都尉朝，又曾作《（古文）論語訓解》等，晚年曾任臨淮太守六年。此外，安國也極可能編了《家語》的初稿，研究《古文尚書》的義理和為《古文孝經》作傳。[48]兩相比較，孔武和孔安國究竟誰較「蚤卒」，似不待煩言。而現存〈孔子世家〉雕印時出現了錯訛誤倒的現象，致使一代大儒在逝世約千年後忽然「蚤卒」。

四 小結

由於我們都深信史遷不會弄錯孔安國的年壽，而上文也指出安國絕不可能「蚤卒」，加上現存〈孔子世家〉出現錯訛誤倒，將安國世系推遲了一代，從而使孔武這位兄長變成了安國的父親。事實上，在漢唐時期產生的史料中，似未有一種文獻曾經提及安國「蚤卒」。安國是《古文尚書》大師，名震邇邇，絕不是一個名不見經傳的人物；而《史記》亦是斐聲文壇的鉅著，〈孔子世家〉更是《史記》中的名篇，故學者對安國「早蚤」的現象，豈能在數百年間無一提及。根據本文的論證，唯一可能是《史記》原書不誤，安國「蚤卒」只是子虛烏有。

宋代以後，很可能是由於早期雕板印刷時的疏忽，導致張冠李戴，將武「為今皇帝博士，至臨淮太守，蚤卒」誤抄或誤刻於「安

---

48 根據《漢書》〈藝文志〉、〈儒林傳〉，肯定安國曾以今文《尚書》校讀《古文尚書》，並呈獻朝廷；又以之傳授給司馬遷和都尉朝。又，何晏《論語集解》曾大量徵引孔安國的《論語》注文；而流傳至日本的《古文孝經傳》，也有學者認為是孔安國的作品。

國」名下，做成錯簡，使安國忽然「蚤卒」。自從宋代疑經風氣盛行
以來，《尚書孔氏傳》被疑為偽書。經數百年來學者多方搜證，終於
由清代考據學大師閻若璩和王鳴盛以史遷親從「安國問故，其記安國
早卒必不誤」為理由，判定安國的「蚤卒」，從而認定〈孔安國序〉
為偽作。而事實上，這個「蚤卒」的判斷是錯誤的，因為除現存〈孔
子世家〉稱安國「蚤卒」這一條孤證外，班固《漢書》和不少孔氏家
族的文獻，均有不同的記錄，卻沒有得到應有的重視。現在新出土文
獻不斷湧現，讓我們有機會重新檢視這個課題。然而必須指出，本文
只就《史記》關於安國「蚤卒」及其相關的問題作一疏理，並不涉及
《尚書孔氏傳》的真偽問題。因為即使證明安國「蚤卒」為子虛烏
有，也不足以解決這個極其複雜的學術難題。

從〈馮道傳〉看五代政權之文官通朝現象

一 引言

　　據毛漢光先生〈五代之政治延續與政權轉移〉[1]一文稱：「文官通朝的現象，在魏晉南北朝與五代均極為普通」。毛氏並指出「在（五代）政局變化不定，武人權重時代，文職通朝官宦與其個人才能有關，代表著政治延續。自西元九〇七年至九六〇年這五十四年期間，縱貫有大唐、梁、唐、晉、漢、周、宋七個朝代，其身歷官六個朝代者得七人，歷五個朝代者二十一人，歷四個朝代者四十一人，歷三個朝代者五十五人，歷二個朝代者八十九人。很顯然地有一個官僚系默默地推行政治事務，列朝君主均無意拆散這個體系，大唐禪梁、梁亡於後唐這兩次改朝換代事件中有許多宰相及高級管官吏更換替代，稍為波折；後唐晉漢周宋間之禪代，甚至許多宰相大臣皆繼續留用，猶如身歷一個朝代之中的若干政潮。」毛氏所論，已大體點出五代政權的特色，然其方法主要是根據統計正史所載人物之履歷，作一鳥瞰式的研究。今即據其所論，進而考察馮道一生之政治經歷，以說明五代政權延續的一些現象。

---

[1] 此文刊於《中央研究院歷史語言研究所集刊》（臺北市：中央研究院歷史語言研究所，1980年），第五十一本第二分冊。

二　五代政權之文官通朝現象──以馮道為例

　　據毛氏的統計，歷事四朝或以上的「在這五十餘年間，共六十九人。這些官僚中，大多數人都身居顯要之職。」（保按：這是因為只有這樣才會被正史記載。）這現象可以充分說明馮道為何歷事數朝而仍能為時人所仰慕的原因，蓋當時政治風氣所趨，文職官員在易姓之後，仍能保持其原來地位，甚或因此而被加官晉爵，馮道只是一個較突出的例子。[2]

　　考馮道之能成為五代官僚之典型，其原因約有下列數點：

1　個人之優點

　　〈馮道傳〉曰：「道少純厚，好學能文，不恥惡衣食，負米奉親外，唯以披誦吟諷為事，雖大雪擁戶，凝塵滿席，湛如也。……監軍使張承業辟為本院巡官。承業重其文章履行，甚見待遇。……尋薦為霸府從事，俄署太原掌書記，時莊宗併有河北，文翰甚繁，一以委之。……莊宗即位鄴宮，除省郎，充翰林學士。……梁平，遷中書舍人、戶部侍郎。丁父憂，持服於景城。遇歲儉，所得俸餘，悉賑于鄉里，道之所居，唯蓬茨而已。凡牧宰饋遺，斗粟匹帛，無所受焉。」馮道以好學能文，為河北武人集團所倚重，故其官運亨暢。而道本人操守較佳，在時人眼中，實為一才德兼備之士大夫，故其名譽日隆。以上為馮道個人的優點。

2　歐陽修：《新五代史》卷五十四〈馮道傳〉載：「晉滅唐，道又事晉，晉高祖拜道司空、同中書門下平章事，加司徒，兼侍中，封魯國公，……漢高祖立，（道）乃歸漢，以太師奉朝請。周滅漢，道又侍周，周太祖拜道太師、兼中書令。又文中凡稱本傳者，皆據薛居正《舊五代史》。」

2 政治手腕之圓滑

本傳稱：「凡孤寒士子，抱才業、素知識者，皆與引用，唐末衣冠，履行浮躁者，必抑而置之。」此乃乘五代士族衰落之勢而獎拔寒士，以為己用。後唐雖以唐為國號，其實際之政治社會環境，與李唐一代，已經大異。當時「士子止看文場秀句，便為學業。」（同上）而道「尤長於篇詠，秉筆則成，典麗之外，義含古道，必為遠近傳寫，故漸畏其高深，由是班行肅然，無澆漓之態。」五代時宮廷中，多屬武將，不通文墨，故多企慕馮道之才藝，故明宗入洛，即謂安重誨曰：「此人朕素諳悉，是好宰相。」吾人若稍明五代史事，當知五代政權之重心，在樞密而不在中書門下，道之能歷事數朝，與宰相職責之下降，有很大的關係。此外，馮道堅拒參與軍政之事，尤能表現其政治手腕之高明。本傳云：

> 晉祖曾以用兵事問道，道曰：「陛下歷試諸艱，創成大業，神武睿略，為天下所知，討伐不庭，須從獨斷。臣本自書生，為陛下為中書，守歷代成規，不敢有一毫之失也。臣在明宗朝，曾以戎事問臣，臣亦以斯言答之。」晉祖頗可其說。

又云：

> 道歷任四朝，三入中書，在相位二十餘年，以持重鎮俗為己任，未嘗以片簡擾於諸侯。

馮道一生而參與軍政為戒，而「未嘗以片簡擾於諸侯」，正是其政治手段圓滑之寫照。蓋「五代亂世，本無刑章，視人命如草芥，以族誅

為常事。如唐之郭崇韜、安重誨、任圜、朱友謙；晉之桑維翰、景延廣、漢之史弘肇、蘇逢吉、楊邠、王章等，皆一代重臣，位兼將相，或族或誅、無一倖免。」[3]此時為政，在補疽救弊，稍安其民，實非大有為之時也，故本傳長樂老自敘云：

> 奉身即有餘矣。為時已乃不足，不足者何？不能為大君致一統、定八方、誠有愧于歷職歷官，何以答乾坤之施。

馮道既有見於時不可為，故終身以兵權為戒，以防招武人之忌。

3 善於諫諍之術

初，馮道嘗事劉守光，因論用兵中山事，「道常以利害籤之，守光怒，置於獄中，尋為人所救免。」（見本傳）經此一役，馮道深深體會「伴君如伴虎」的難處，故日後於君臣關係，處理得較好。本傳又言：

> 莊宗與梁軍夾河對壘，一日，郭崇韜以諸校伴食數多，主者不辦，請少罷減。莊宗怒曰：「孤為效命者設食都不自由，其河北三鎮，令三軍別擇一人為帥，孤請歸太原以避賢路。」遽命道對面草詞，將示其眾。道執筆久之，莊宗正式促焉，道徐起對曰：「道所掌筆硯，敢不供職。今大王屢集大功，方平南寇，崇韜所諫，未為過當，阻拒之則可，不可以向來之言，誼動群議，敵人若知，謂大王君臣不和矣。幸熟而思之，則天下幸甚也。」俄而崇韜入謝，因道之解焉。

3　鄭雲齡：《五代史選註》（臺北市：商務印書館，1934年，第二版），頁8。

莊宗，武人也，正適動怒之事，若馮道面折廷爭，不難乎玉石俱焚矣。故道之小心開導，細意剖析，故能入於武人之耳，而此事卒為道所平息，此道善諫諍之一例也。本傳又云：

> 天成、長興中，天下屢稔，朝廷無事。明宗每御延英（殿），留道訪以外事，道曰：「陛下以至德承天，天以有年表瑞，更在日慎一日，以答天心。臣每記在先王霸府日，曾奉使中山，經井陘之險，憂馬有蹶失，不敢忽于銜轡。及至平地，則無復持控，果為馬所顛仆，幾至于損。臣所陳雖小，可以喻大。陛下勿以清晏豐熟，便縱逸樂，兢兢業業，臣之望也。」

史稱明宗「夷狄性果，仁而不明，屢以非辜誅殺臣下」，故馮道雖遇此「為人純質」之君，在「兵革粗息，年屢豐登」之時，仍以日慎一日之言戒其君，是望其君能防患於未然，是一種憂患意識的表現。[4]而馮道察其君有自滿之心而進此日慎一日之戒，可說是善於進諫了。由此可見，歐陽修言馮道「前事九君，未嘗諫諍」之說法，是不夠準確的。[5]

三　小結

　　文官通朝的現象，在秦漢統一以後是較罕見的。而五代所出現的情況，應與當時政治的急劇變化有關。這種通朝的現象將常在國家分裂、政治動盪的時代出現，而宋代以後的學者，往往據大一統的觀

4　引文均見歐陽修：《新五代史》，卷6。
5　歐陽修：《新五代史》，卷54。

念，對文官通朝的政治意義，都比較忽視。本文通過對馮道傳的考
察，讓我們對文官通朝的存在意義，增加一些了解。

附記：

黃兆顯先生序〈鄭滋斌著五代史記之古文〉，對馮道的政治立場
以「經常與權變」立論，頗有參考價值。今節錄於下：

> 歐陽子之論馮道也，以無恥概之，竊以為惟皇帝救得，存中國
> 之言也；務生靈以為切，仁者之語也；刻九經，賢者之議也；
> 還淑女，義者之行也。至於拒牧宰、潛耕稼、規節儉、修聖
> 廟，斡旋於君民之間，折衷於遞迭之際。無往而不為民者，今
> 之所謂士者能乎哉！……永叔斤斤於君臣之責，昧昧乎體民之
> 任，以專一為忠，以守節為義。而存彼聲名，生民塗炭，則安
> 用彼相為哉！晏子之言曰：一心可以事百君，百心不可以事一
> 君。一心者，以民之心為心也。夫忠君者，經義也；拯民者，
> 亦經義也。權乎去就，察乎世變，民為貴，君為輕，經權之消
> 息見矣。
> 道以歷相五朝八姓，若逆旅之視過客，以忠義言之，罪固不容
> 於誅，而其善者，何一掩之甚也！永叔以《春秋》大法讓馮道
> 之事八姓，而略民水火之患，以其立義言之可矣，以掩長樂之
> 瑜則非也。且世之所謂亡國者，其於民也，毒何甚於亡天下
> 哉！率獸食人，人將相食，其於易姓改號，必也甚矣。五代之
> 際，天閉地慘，龍蛇相競，生靈疲敝，莫斯為甚。安定者，民
> 所貴也，梁、唐、晉、漢其誰治之，末也。……歐陽子學行之
> 美，固無論矣。其於《五代史》也，措辭議論多所發明，自不
> 以一眚掩其聲價，其於馮道，蓋時勢之偏乎！

何忠禮《宋代政治史》述評[*]

　　杭州是南宋中央政府所在地，而原杭州大學歷史系宋史研究室一直是國內宋史研究的學術重鎮，近年該校與浙江大學合併，更予人以人才薈萃、優秀學術著作之不斷湧現的印象。其中，二〇〇七年中出版何忠禮教授的《宋代政治史》便是這方面的代表作，足以反映浙大宋史研究的現階段最新水準，值得我們予以重視。同時，本書被列入浙江大學「211」工程重點學科建設項目，中國傳統文化與江南地域文化研究叢書，更是客觀地說明浙大對本書的高度評價。據封底所刊內容簡介說：「本書從趙宋開國，依帝王統治先後為序，以生動簡淨的文筆，介紹兩宋三百二十年間十三世十八帝在各自秉政期間的內政外交狀況，包括科舉、銓選、軍事、田賦、社會危機及政治改革等。以翔實的文獻資料為據，對重大歷史事件及相關人物做了功不飾過、過不掩功的評述，對史家舊有的結論多所駁正，是一部帶有突破性的宋史研究新成果。」研究對象涵蓋兩宋，是作者繼一九九九年出版《南宋史稿（政治、軍事、文化編）》的又一力作，將兩宋政治發展作出全盤考察，使讀者能對這個關鍵的朝代得到全面的了解。

　　由於宋代歷史地位問題在學術界仍有相當的爭議性，二〇〇六年《河北學刊》曾邀請了王曾瑜、胡昭曦、張邦偉、鄧小南、朱瑞熙和作者等六位較具代表性的宋史研究學者，以〈宋代歷史地位的再認識〉為主題，分別發表其看法（刊於2006年第5期）。其中，作者在

---

* 何忠禮：《宋代政治史》（杭州市：浙江大學出版社，2007年，第一版）。全書共六〇一頁。ISBN: 978-7-308-05310-5

〈南宋在中國歷史上的地位和影響〉中總結了南宋歷史地位偏低的傳統觀點，認為這種看法「忽視了南宋在傳承中華文明中所作出的巨大貢獻，故帶有一定的片面性。」（《河北學刊》2006年第5期，頁102）作者分別以：一、繁榮的社會經濟；二、光輝燦爛的文化；三、領先世界的科技成就等方面逐一剖析，以說明「南宋是中國歷史上非常重要的朝代，也是一個貢獻巨大的朝代，對後世影響深遠，值得我們去重視它，研究它。」（同上）作者這部新著，更是從兩宋的整體發展入手，以確切的史實證明此說的依據。

本書除〈緒言〉外，共分為十七章。全書以宋代政治發展變化為主線，故除第四章〈北宋的戶等劃分和賦役制度〉以介紹北宋經濟制度外，基本是以趙氏帝位之嬗遞為主線，通過歷朝的重大內政、外交、軍事、文化活動來揭示兩宋政治的演變格局，屬典型的政治史寫法，對了解兩宋三百二十年政治方面的重大發展，提供一個可靠的分析框架。它有著脈絡分明、對重要事務有較全面的介紹的優點，對宋代的興替盛衰的種種因由，作出一個綜合的剖析，雖對一些重大事件的判斷，仍有值得商榷的餘地，但作者對兩宋史料的純熟把握與運用，立論強調理性分析，對人物分析力圖客觀全面，避免以成敗論英雄，已經獲得很好的成績。

〈緒論〉首先從宋代社會發展所屬階段加以分析。何忠禮教授認為，無論是以內藤湖南為代表的京都學派或以加藤繁為首的東京學派，他們主張的「唐宋變革論」或「宋代近世說」在立論均有不妥善的地方。作者同時指出：「兩派對宋代社會的性質雖然不同，但都認為唐宋之際無論是政治、經濟還是文化都發生了重大變革。」（頁3）因此，在這個前提下，作者認為「將兩宋社會定性為中國封建社會由中期向後期過渡的時期，可能較為妥當。」（頁4）他從宋代延綿愈三百年的國祚，不但較唐、明、清三朝更為悠久，即使與號稱立國四百

年的兩漢比較，實際上「西漢與東漢，除了皇帝都姓劉以外，從統治核心到政策措施，很少具有繼承性。」（頁5）此外，宋代的重要，還表現於「它的許多政策、制度的獨創性和對後世的深刻影響。」（頁5-6）包括在維護皇權、防制武人、財政、司法以至對權臣、宗室、外戚及宦官的約束等問題上，均多為明清兩代所繼承。同時，在政治上，宋朝開創一種與士大夫共天下的格局，加強科舉制度的公正性，「重用士人……力矯唐末五代武人政治之失，以文臣馭武將，保證國家長治久安。」（頁8）在重文輕武、倚重士大夫的背景下，趙氏政權為加強對中央官員的監管，採取了兩項措施：一、嚴防官員結成「朋黨」；二、實施「異論相攪」，使官員間「互相監督，互相牽制」。（頁10）地方上，則有兩個顯著的特點：一是「胥吏政治」，二是「士紳社會」。這兩方面的狀況不但成為兩宋政治的主要特色，也造成明清政治的基本格局。（頁10-11）此即不少學者所引述嚴復在民初之判斷：「若研究人心、政俗之變，則趙宋一朝歷史最宜究心。中國所以成為今日現象者，為善為惡，姑不具論，而為宋人之所造就，什八九可斷言也。」（頁4-5）作者很能把握此中關鍵，故其分析兩宋政治的發展頗能啟迪讀者。

全書約可劃分為四個主要階段：北宋前期（第一至三章、第五章）、後期（第六至九章）和南宋前期（第十至十三章）、後期（第十四至十七章）。第一階段包括宋太祖建國至英宗逝世，介紹趙宋政權的建立和初期發展。關於北宋前期的主要課題，中央集權、外患嚴重、積貧積弱是重點。作者在析述有關內容頗為周到，如對收兵權方面，認為趙氏採取了五個措施：（一）分禁軍的兩司為三衙；（二）實行兵將分離；（三）在兵力部署上實行內外相制；（四）禁軍不設最高軍職，並陸續解除大將兵權；（五）加強禁軍，對軍隊實行揀選，以收地方精兵。作者認為，這一系列的措施非常成功，徹底改變五代以

來武人專橫跋扈的局面。（頁29-33）然而，作者秉持其師徐規教授
〈「杯酒釋兵權」說獻疑〉（頁33）的說法，對此說持否定態度，似仍
有商榷的餘地。

由於「杯酒釋兵權」是北宋初年十分重要的政治事件，關於其經
過，我們先看看李燾《續資治通鑑長編》[1]以下數段文字：

> 建隆二年閏三月甲子朔……殿前都點檢、鎮寧軍節度使慕容延
> 釗罷為山南西道節度使，侍衛親軍都指揮使韓令坤罷為成德節
> 度使。自是，殿前都點檢遂不復除授。（卷2，頁42）

> （同年，秋七月）……時石守信、王審琦等皆上故人，各典禁
> 衛。普數言於上，請授以他職，上不許。普乘間即言之，上
> 曰：彼等必不吾叛，卿何憂？普曰：臣亦不憂其叛也。然熟觀
> 數人者，皆非統御才，恐不能制伏其下。苟不能制伏其下，則
> 軍伍間萬一有作孽者，彼臨時亦不得自由耳。上悟，於是召守
> 信等飲……。（卷2，頁49）

> （同年七月）庚午，以侍衛都指揮使、歸德節度使石守信為天
> 平節度使，殿前副都點檢、忠武軍節度使高懷德為歸德節度
> 使，殿前都指揮使、義成節度使王審琦為忠正節度使，侍衛都
> 虞侯、鎮安節度使張令鐸為鎮寧節度使，皆罷軍職。獨守信兼
> 侍衛都指揮使如故，其實兵權不在也。殿前副都點檢自是亦不
> 復除授云。（卷2，頁50）

---

1 李燾：《續資治通鑑長編》（北京市：中華書局，2004年）。

（同年七月）壬午，以皇弟泰寧節度使、兼殿前都虞侯光義兼
開封府、同平章事……上謂殿前衛士如虎狼者不下萬人，非張
瓊不能統制，乃自內外馬步軍都頭、壽州刺史擢殿前都虞侯、
領嘉州防御使。（卷2，頁50-51）

（同年）九月……詔罷大宴，以皇太后喪故也。（卷2，頁54）

建隆三年九月戊午，天平節度使、侍衛馬步軍都指揮使、同平
章事石守信表解軍職，許之、特加爵邑。（卷3，頁71）

（同年）十一月甲子……上謂群臣曰：晉以漢來，衛士不下數
十萬，然可用者極寡。朕頃案籍閱之，去其冗弱，又親校其擊
刺騎射之藝，今悉精銳，故順時令而講武焉。詔殿前、侍衛兩
司將校，無得冗佔直兵，限其數，著于令。（卷3，頁74）

乾德元年二月丙午，天雄節度使符彥卿來朝，對於廣政殿，賜
襲衣、玉帶。上欲使彥卿典兵，樞密使趙普以為彥卿名位已
盛，不可復委以兵柄，屢諫，不聽。宣已出，普復懷之請見，
上迎謂曰：豈非符彥卿事耶？對曰：非也。因別以事奏，既
罷，乃出彥卿宣進之。上曰：果然，宣何得在卿所？普曰：臣
託以處分之語有未備者，復留之，惟陛下深思利害，勿復悔。
上曰：卿苦疑彥卿，何也？朕待彥卿至厚，彥卿豈能負朕耶？
普曰：陛下何以能負周世宗？上默然，事遂中止。（卷4，頁
83-84）

此外，李燾認為「此事（杯酒釋兵權）最大，而《正史》、《實錄》皆

略之，甚可惜也，今追書之。……太祖與趙普之意，但不欲守信等典禁軍耳，豈不令守信等各居方鎮邪？太祖云天子不若為節度使樂，是欲使守信等出為節度使也。（卷1，頁50）

　　何忠禮教授否定「杯酒釋兵權」的理由共有四點，現分析如下：一、他認為收兵權「絕對不可能依靠一次宴請就解決，這是一個常識問題。」（頁32）這個說法，其實並未論證，方法上是有問題的。二、國家尚需大將領兵打仗，不可能一次就將大將兵權全部收去。上引《續資治通鑑長編》明言罷去石守信等四人兵權，並不是將所有大將的兵權罷去，故此項亦有問題。三、此說出自筆記小說。作者認為此類史料多屬道聽塗說，有很大的侷限性。此點有一定道理，但此條出自司馬光《（涑水）記聞》、王曾《筆錄》，歷來均認為較為可靠。如對此類史料全加否定，似落入虛無主義。而作者本人亦在本書多處引用此類筆記資料作論證，容易予人自相矛盾之感。四、太祖之母杜氏在上月病逝，當值國喪時期，太祖不可能在宮廷宴飲群臣。（頁32）此點也有問題，因為此說只是推論，並無根據；相反，我們發現同年「九月……詔罷大宴，以皇太后喪故也」[2]的資料，更能說明禁酒可能在當時才實行，因太后山陵即將完成。而且所罷只是大宴，則小宴仍可進行，而「杯酒釋兵權」當屬小型宴飲，並非大宴群臣。至於太祖本人嗜酒，故借宴飲以達成其目的，實際上是很自然的安排，並不一定是小說情節才會發生。

　　根據以上資料，我們可以將「杯酒釋兵權」重新建構。事實上，趙普深深體會武人典兵最易動搖國本，故在建隆元年平定二李後，便堅請太祖執行釋去諸將兵權的措施。因此，在建隆二年閏三月，太祖首先罷去關係較疏的慕容延釗和韓令坤的兵權。之後，趙普多次提出

2　《續資治通鑑長編》（北京市：中華書局，2004年），卷2，頁35。

罷去石守信等親信掌管禁兵之職務，受到太祖的拒絕，認為石守信等
絕無背叛自己的可能。於是，趙普說：「臣亦不憂其叛也。然熟觀數
人者，皆非統御才，恐不能制伏其下。苟不能制伏其下，則軍伍間萬
一有作孽者，彼臨時亦不得自由耳。」[3]此「臨時亦不得自由」，正陳
橋兵變的真實寫照。趙普舊事重提，令太祖不得不承認其危險性，故
才下定決心執行趙普堅持的主張。由於太祖與石守信的關係尤為親
密，故特別照顧到守信的面子，讓他仍「兼侍衛都指揮使如故」。
（按：一年後，守信自請解除軍職，太祖的反應是「許之、特加爵
邑」[4]，仍特別照顧守信的利益。）同月，太祖認為「殿前衛士如虎
狼者不下萬人，非張瓊不能統制，乃自內外馬步軍都頭、壽州刺史擢
殿前都虞侯、領嘉州防禦使。」[5]張瓊是太祖的心腹親信，地位也較
低，故委任他主管殿前護衛的工作。日後限制禁軍將領「冗佔直兵，
限其數」[6]，也是制約將佐權力的一項有效舉措。

由上可知，太祖對於高級將領的潛在威脅，遠遠不及趙普清晰。
因此，在一年半後，太祖又故態復萌，「欲使（符）彥卿典兵」，時升
任樞密使的趙普以為「彥卿名位已盛，不可復委以兵柄，屢諫」，但
不為太祖所接納，並發出詔書，斷然拒絕趙普的勸阻。因趙普扣留有
關詔書，故太祖十分不滿地責問趙普：「卿苦疑彥卿，何也？朕待彥
卿至厚，彥卿豈能負朕耶？」趙普回答：「陛下何以能負周世宗？」
趙普再次舊事重提陳橋兵變事，終於使太祖改變初衷。太祖被迫得
「默然！」[7]此事才告中止。

3　《續資治通鑑長編》（北京市：中華書局，2004年），卷2，頁49。
4　《續資治通鑑長編》（北京市：中華書局，2004年），卷3，頁71。
5　《續資治通鑑長編》（北京市：中華書局，2004年），卷2，頁50-51。
6　《續資治通鑑長編》（北京市：中華書局，2004年），卷3，頁74。
7　《續資治通鑑長編》（北京市：中華書局，2004年），卷4，頁83-84。

關於兩宋的「積貧積弱」，是一個傳統的見解，作者同意這個說法，並在第二、三、五章細述其形成的過程。作者首先指出太宗急於收燕雲十六州，故在太平興國四年平定北漢後，隨即揮軍東向，終於在高梁河一戰中遭到慘敗。七年後，太宗認為遼國正值蕭太后攝政、主幼國疑的時期，是恢復良機，遂不顧臣下的反對，分兵三路北伐，結果是東路在歧溝關大敗、死傷枕藉，西路大將楊業孤軍陷陣被俘，不食而死。自此，宋朝終於於棄了收復燕雲的打算，而北宋積弱局面開始顯現。第三章以澶淵之盟和天書鬧劇為標誌，說明積貧積弱局面的加深。第五章以宋夏之戰和慶曆新政的失敗，再加上「濮議」引致黨爭的惡化，說明北宋積貧積弱局面終於形成，再無扭轉的機會。之後，在本書其餘各章，均不斷顯示兩宋財政長期因冗官、冗兵和統治階層的奢侈腐敗等問題的困擾，「積貧」局面從未獲得改善，而「燕山之役」、「靖康之變」、宋金和議與南宋滅亡等，亦證明「積弱」與兩宋相終始，而最終導致趙宋的覆亡。

除「積貧積弱」的內容貫穿全書外，本書第二部分以變法和反變法為核心，而蔡京以「豐豫享大」引導宋徽宗，終於讓北宋在表面繁榮而內部極端腐朽的情況下迅速崩潰。其中以王安石「熙寧變法」是本部分的一個重點。作者首先指出「神宗即位後，擺在他面前的北宋是一副『積貧積弱』的爛攤子。」（頁172）再分析王安石的變法思想，並高度贊揚其「文章高雅、淡泊名利」，「具有堅定的信念」和「高尚的道德品質」。（頁174-175）安石在面見神宗後，退而再上札子，回答神宗所問「祖宗守天下，能百年無大變，粗致太平」的原因。他認為「（本朝）理財大抵無法，故雖儉約而民不富，雖憂勤而國不強，賴非寇敵昌熾之時，復又無堯、湯水旱之變，故天下無事，過于百年。雖曰人事，亦天助也。」勸告神宗居安思危，利用時機、下定決心實行變法。（頁177）近年，學者對宋代「積貧積弱」說有不

同的看法。我們從上一段文字分析，「積貧積弱」說法根據好像可以成立。然而，筆者認為此說仍有疑問。根據本書的資料，無論是「慶曆新政」或「熙寧變法」，根本沒有迫在眉睫的危機。前者以澄清吏治為主，發展經濟為輔（頁151-152）；後者則由王氏回答神宗「本朝百年無事」的原因，安石回答卻是要求年青的神宗「居安思危」。兩次改革均為絕大部分官員所反對，其原因除了一般官員傾向保守的習性外，事實上亦與改革欠缺高度迫切性有很大的關係。因此，如上文作者所說，神宗即位時是一副「爛攤子」，恐怕並不符合當時的實際情況。

再以徽宗時的狀況來看，本書討論蔡京當國之時，作者引用《東都事略・蔡京傳》說：「當是時，四方承平，帑藏盈溢，京倡為豐享豫大之說，視官爵財物如糞土，累朝所儲，大抵掃地矣。」（頁238）《宋史》〈蔡京傳〉又載蔡京對徽宗說：「今泉帛所積贏五千萬，和足以廣樂，富足以備禮。」（頁240）所以，根據以上所說，徽宗即位初年，北宋並未特別貧弱。當然，經過這二人及其黨與多年的極端揮霍、窮奢極侈後，特別是在宣和四年（1122）第二次「燕山之役」的失敗，「無論兵力、物資，損失都極其慘重」的情況下，形勢才急轉直下。（頁263-265）所以，若認為整個北宋均處於一種「積貧積弱」的狀況，不但難讓人完全信服，也可能掩蓋了宋代發展的真實情形。

第三部分以南宋高宗、孝宗兩朝為對象，重點是宋金和戰。作者首先指出金人扶植的偽楚政權很快便瓦解，為趙構重建南宋政權贏得了時間和機會。高宗雖蒙受極大恥辱，仍極盡卑躬屈膝之能事，向金人求和。趙氏終於依靠廣大軍民的堅決抵抗，最後站穩了腳跟，建立起以臨安為都城的南宋政權。（頁288）作者強調在「靖康之難」後，經過岳飛、張浚、吳玠、韓世宗、張俊、劉光世等軍隊的通力合作，南宋君臣一方面抵禦了偽齊政權的進攻，另一方面，將南宋的各個游

寇集團次第消滅，締造了一個粗安的局面。隨著「宋、金之間的軍事
力量已逐漸進入相對平衡的狀態，因此金朝開始改變策略，企圖通過
議和來攫取戰場上不能得到的利益。」（頁331）紹興六年後，「宋高
宗以為自己已經具備了與金人討價還價，取代劉豫，向金人稱臣納貢
的條件」，便積極策劃與金議和活動。七年正月，收到徽宗逝世的消
息，便派遣王倫出使金朝，終於獲得金副左元帥撻懶默許「歸還河南
之地」，其原因是當年七月，支持劉豫的粘罕病逝，所以金廷要求廢
除齊國的呼聲很高。同年十一月，在主和派宗盤、撻懶的要求下，金
熙宗下詔廢劉豫，而「南宋以向金朝稱臣納貢的代價，換得『賜與』
劉豫所據河南、陝西地，以及歸還徽宗梓宮和韋太后、欽宗的許
諾。」（頁354）宋人其實不是不希望通過和議收復河南地，只是對金
人能否守信異常憂慮。例如，參知政事陳與義說：

> 用兵須殺人，若因和議得遂我所欲，豈不賢於用兵。萬一和議
> 無成，則用兵所不免。[8]

而秘書省正字范如圭則說：

> 禮經有曰：父母之讐，不與共戴天，寢苫，枕干，誓以死報。
> 徽宗皇帝、顯肅皇后崩於沙漠……（乃）遣一王倫者，卑辭厚
> 幣，以請梓宮，甚矣謀之顛錯也……女真……多示欲和之意，
> 使倫歸報，交使往來，至於再三。其謀益深，其言益甘。我之
> 信彼亦篤，禮益恭，墮其計中，不知自覺。雖三尺童子，皆為
> 朝廷危之。倫之言曰：女真欲以梓宮、母后、淵聖皇帝、中原

8　李心傳：《建炎以來繫年要錄》（北京市：中華書局，1956年），頁1900。

境土，悉歸於我。審如是，豈惟足以解吾君終身之憂哉，乃天
下臣子之所大願也。[9]

所以，他們都認為通過和議收回河南地，是「足以解吾君終身之憂
哉，乃天下臣子之所大願也」。只是他們都最害怕的是金人「以詐力
相傾」，宋朝難以「誠信之道，望於讎敵」，故范氏以金人五不可信為
辭，並恐其「包藏姦詭」。[10]陳氏與范氏均對金人歸還河南地深抱懷
疑，而高宗與秦檜卻不惜卑辭厚幣以求和議之達成。以第一次紹興和
議而論，金人歸還河南、陝西地，實讓宋人「喜出望外」。其中原因
是粘罕之死，金國主戰派力量減弱。

然而，在紹興九年秋，金朝國內政治形勢發生突變，主和派的宗
盤、撻懶被處死，宗干、兀朮等主戰派公開撕毀第一次紹興和議，並
分遣大軍南下，以重新收回河南、陝西等地。而原來的金齊舊官，紛
紛迎降，使河南、陝西州縣大都重新落入金人之手。（頁357-358）紹
興十年，南下金軍受南宋的積極抵抗，在順昌、郾城、潁昌三處大
敗，岳飛希望乘勝收復開封，但高宗與秦檜卻因「害怕金人反攻」，
並擔心「諸將在戰爭中繼續壯大自己的勢力，最後造成尾大不掉的局
面」，便強行召回岳飛。（頁358-360）紹興十一年正月，金將兀朮統
領十萬金軍渡過淮水，直迫長江，但其部隊在淮西被楊沂中、劉錡、
王德的軍隊在柘皋打敗，被迫退兵，宋金之間大規模的戰鬥基本結
束。（頁363）至此，以兀朮為首的金朝軍事貴族，深知用戰爭手段已
不可能達到推翻南宋的目的，而高宗亦深信南宋已有力量防守江淮，
更力求和議之達成。同時，鑑於岳飛多次堅持北伐和抵抗皇命，高宗

9　李心傳：《建炎以來繫年要錄》（北京市：中華書局，1956年），頁2000-2001。

10　李心傳：《建炎以來繫年要錄》（北京市：中華書局，1956年），頁2001。

除欲收回三大將兵權（頁361-363）外，認為岳飛是未來宋金和議的
主要障礙。因此，岳飛父子、張憲終於在秦檜仰承高宗意旨下，以
「莫須有」的罪名被殺害。（頁366-367）與此同時，兀朮派人南下要
求高宗「遣尊官有職、名望夙著者持節而來，及所賫緘牘敷陳萬一」
（頁370），經雙方使者往來，終於在是年十一月表示同意議和。由於
高宗對議和條件「皆在所不惜」，故和議以南宋「全盤接受了金方所
提的條款，雙方很快簽訂了和議。」（頁370-371）條約內容主要有三
條：一是南宋向金稱臣；二是宋金疆界，東以淮河中流，西以大散關
為界，南宋割唐、鄧兩州及商、秦兩州之半予金；三是南宋向金歲貢
銀二十五萬兩，絹二十五萬匹。（頁371）作者認為「在宋金雙方軍事
力量已經達到基本平衡的形勢下，高宗和秦檜集團為了能使自己偏安
江南的一己私利，置整個國家和民族的利益于不顧，簽訂了如此喪權
辱國的條約」，實在是「毫無半點積極的東西，應該予以徹底否定。」
（頁371）

在此以後，南宋軍事力量日益衰退，並未出現「中興」的局面。
隨著秦檜的逝世和高宗禪位，南宋在孝宗即位初期，曾派遣張浚主持
北伐，但由於雙方力最接近，加上太上皇帝高宗的阻撓，最後雙方以
簽訂「隆興和議」而暫時告一段落。此和議中金人作了一些讓步，如
「南宋皇帝不再對金稱臣」、「（銀、絹）各減為二十萬兩、匹，並改
『歲貢』為『歲幣』。」孝宗晚年，銳氣盡失，故政治氣氛與高宗朝
沒有多少差異。（頁416、425）

全書的第四部分以光宗、寧宗、理宗、度宗三朝（1190-1274）
總共達八十五年的統治時期為主，當中最顯著的是韓侂冑、史彌遠、
賈似道等權相的長期擅權形成政治的黑暗和混亂，而蒙古崛起與南侵
更影響深遠，最後在南宋整個軍事力量的衰落和統治集團對武人的猜
忌和防範下，終於走上滅亡的道路。權相的產生主要與君主闇弱和皇

位繼承的不穩定有關。紹熙五年（1196），退位的孝宗（壽王）去世，光宗拒絕主持喪禮，引起宮廷政變，皇太子趙擴繼位，是為寧宗，而韓侂冑藉此獲得執掌政權的機會。（頁444）其後，寧宗諸王子皆早夭，在挑選繼任者時，權臣史彌遠得以從中撥弄，最後在寧宗去世當晚，迫使楊后策立其所擁戴的趙貴誠，即後來的理宗皇帝。（頁477-478）賈似道在理宗後期至度宗病死期間長期控制政局，不但拘留蒙古使者郝經十六年之久，又招納蒙古叛將，激化宋蒙關係。（頁536-540）內政方面，為應付對外戰爭的開支，「軍糧供應主要依賴于和糴，（而）南宋中期後，和糴數量越來越多，困難也愈來愈大，其主要原因是給價太低，又大多以楮幣、度牒充數……（故）名為和糴，實則「與白著（取）一同」……還有和糴的攤派也很不合理，重擔主要落在貧弱戶和中、小地主頭上。」（頁543）在這個情況下，作者認為賈似道推行公田法，並非「憑空想像出來……也不能因為在執行中存在一定問題，就對公田法作出全面否定。」（頁544）作者認為當時「國用邊餉，皆仰和糴」，加上「濫發楮幣的結果，造成物價飛漲，民不聊生」的惡性循環。故此，作者認為若沒有更好的辦法，公田法不宜被全盤否實。同時，為著實行公田法，賈似道曾「憤然以去就爭」，並「帶頭獻出浙西田一萬畝」，而理宗之弟嗣榮王趙與芮等亦相繼投獻或投賣，以遏止反對浪潮。（頁545）作者最後指出「心有不甘的官僚和地主，對公田法勢必要進行瘋狂的抵制和破壞。」（頁550）

歷來很少學者贊成公田法具有「積極作用」（頁547），作者力排眾議，對公田法的制度頗能作出獨立思考，是值得稱讚的精神。但是，公田法無論在設計、執行和效果上，都有嚴重的缺點。作者也清楚指出，公田法「在當時就遭到強烈的反對和責難」（頁548），原因有三：第一，它嚴重地損害了官員、地主的切身利益。第二、吏治腐敗，執行中百弊叢生。第三、回賣田價過低，且多不兌現。（頁548-

550）結果是：「不惟鬻田者被其害，佃田者被其擾，雖與公田了無相關者亦不得以安居，民怨至此而極。」（頁550）主觀良好願望並不一定能夠產生正面的效果。「在度宗和賈似道的腐朽統治下，社會危機空前嚴重。」（頁555）當權者推行這種充滿爭議的公田法，結果不但緣木求魚，絕不能獲得預期效果，更會引起後災。因此，即使賈似道和榮王的捐獻大量田地沒有不可告人的動機（案：筆者對此極有保留），只就其「獨斷專行」（頁561）的施政手段而言，根本沒有成功的可能。所以到了「丁家洲之戰以後，南宋主力大部被殲，士氣喪失殆盡」後，南宋亡國便指日可待了。（頁565）

作者認為南宋亡國有五個原因：第一，南宋的滅亡是它政治上的腐敗所致。第二，南宋一直繼承北宋以來的祖宗家法，也就是以文馭武、抑制武人的政策，其結果是嚴重地削弱了王朝的軍事力量。第三、黨爭激烈，清談誤國。第四，歸正人的叛降。第五，元朝改變侵略政策，加速了南宋統治集團的分化瓦解。（頁586-592）所言各點均相當準確握要，而第一、二點是最主要的原因。

最後，筆者必須指出，作者在每章之前概述本章的內容大要，對讀者能初步把握全章的脈絡，產生很好的作用。全書所分章節亦十分恰當，沒有畸輕畸重的毛病。作者的行文頗為流暢，讀來讓人有「手不釋卷」的良好感覺。只是本書涉及範圍廣泛，字數較多，難免仍有漏略和不足之處，例如圖書版本方面，作者在頁十四，注一引用《東都事略》時說：「以下凡不注明版本之清代以前古籍，大都引用此版（指臺灣商務印書館影印文淵閣《四庫全書》本）。」一般學者都認為《四庫》本在版本上有嚴重問題，如非必要，當儘量避免使用。又如有些校對上的問題，如「章得像」當是「章得象」（頁155）、「杜預」當為「杜充」（頁310）、「薛應旗」當為「薛應旂」等，應是「手民之誤」，因屬於小毛病，便不再逐一列出了。總之，本書在學術上有很好

的成就，不但對希望比較準確和全面認識宋代一朝政治發展的讀者，
有著極大的幫助。即使是研究宋史的專家學者，也可在其中汲取豐富
的養份，對進一步提高對趙宋皇朝的研究水平，實有不少的幫助。

南洋兄弟的管理之敗

　　南洋兄弟煙草公司是中國民族工業的一朵奇葩，它在清末民國內擠外壓的經營情況下，頑強生存、發展，成為當時唯一可以與英美煙公司相抗衡的民族捲煙企業。然而，對於南洋最終的失利，一直以來，人們都以為是因為英美煙草的帝國主義企業的打擊，以及日本的經濟軍事侵略，但事實上，外因不過加速了它的衰竭，南洋管理文化本身的缺陷才是其衰竭的致命主因。

一　淡巴菰入中國

　　煙草在十六世紀中葉由菲律賓傳入福建，再在中國沿海、東北、西北和雲貴等地區廣泛培植。早在乾、嘉年間，著名學者錢大昕曾有〈煙草〉小詩：「小草淡巴菰，得名蓋未久，始自閩嶠間，近乃處處有。」詩中所謂淡巴菰一詞，即煙草（tobacco）的音譯。煙草不但在本土極為普及，也十分受旅居海外的華僑歡迎，成為我國一種重要輸出商品，賺取了大量外匯。以一八九八年為例，其輸出產值已高達三八三九二四〇兩。

　　一八八〇年，本薩克（James Bonsack）發明了捲煙機器，它可以把定量的碎煙葉置於圓形的紙卷中，然後用刀將其切成合適的長度的捲煙（cigarette）。新式的捲煙機在美國發明，被認為是煙草業的重大技術革新，商人杜克（James B. Duke）隨即預見利用機器生產的紙煙將會全面改變全世界煙草業的消費市場，立即與本薩克簽訂合作協

定，並籌集巨額資金，作大規模的生產。不久，杜克成立的煙草公司
與英國同業由激烈競爭轉為合作，終於建立了托辣斯英美煙公司
（British American Tobacco）。在整固原有市場後，英美煙公司便迅速
開拓海外市場的業務，而中國被認為一個潛在的廣大市場而受到杜克
的高度重視。

　　一八九八年，第一個在華推銷英美煙的經銷公司是上海美商老晉
隆洋行（Mustard ＆ Co），由買辦鄔廷生等人悉心經營。次年，杜克
選派了費克斯來華調查和推銷捲煙。費克斯在鄔廷生陪同下走遍附近
城鄉，利用當地的水、旱煙業經銷商，組織銷售網路，成立上海煙公
司。隨後，聯同這些經銷煙行，成立煙業大同行，統一經銷他們的捲
煙。到了一九〇二年，總公司派來了新的大班湯姆斯，他全面控制了
上海煙公司，並將大同行變為負責銷售的分支單位，使其無權過問上
海煙公司的決策。隨著銷售網的迅速擴大，各煙類的進口額也急增，
由一八九五年的二七九二七六兩，上升到一九〇五年的六三四八九〇
二兩。由於是年美國限制華人入境，導致廣州「馬潘夏事件」，激起
全國人民的公憤，群起抵制美貨。為填補所需和減少因大量洋煙進口
形成漏巵，部分華人遂開始自行籌創辦捲煙工廠，如盛宣懷和劉樹森
的上海三星煙公司。除三星公司外，華人創辦的較大煙公司還有上海
的德麟、北京的大象和天津的北洋等。

二　南洋煙草曲折生長

　　簡照南，一八七〇年生，廣東南海人，十七歲時隨叔父簡銘石去
香港經商，後在日本神戶自設東盛泰商號。簡玉階係簡照南的二弟，
比哥哥小五歲，一八九三年隨兄去日本學習經商，經過幾年艱苦創
業，事業有所發展。一九〇五年發生抵制美貨事件，當時在香港經營

怡興泰商號的簡照南兄弟，積累了數萬資金，抱著實業救國的想法，決心創辦煙廠。最後，除叔父簡銘石外，香港和越南一些合作的商人也一起出資，終於在當年創立了「廣東南洋煙草公司」，資本為十萬元。然而，由於資金和技術有限，公司在初期發展緩慢。後經慢慢摸索，得出經驗，改進品質，才遂漸獲得客戶的歡迎。但是，在抵制美貨風潮結束後，公司受英美煙的惡性攻擊和排擠，終於因經營困難，在一九〇八年被迫清盤。

　　鑒於這次失敗的主因在資金和技術上，簡照南並不感氣餒。為了要繼續堅持下去，他請叔父出資八萬元，將原有廠房、設備及相關物料全部購下，並於一九〇九年二月易名「廣東南洋兄弟煙草公司」，定股本為十三萬元，在香港註冊為無限公司。重建初期為了改良品質，南洋只進行小規模生產。到了辛亥革命以後，因華僑愛國熱情高漲，南洋煙深受群眾愛戴，銷售日見暢旺。為了精益求精，簡照南親到日本研究制煙方法，在品質上愈見優勝。由於上海是全國工商業的中心，簡氏遂在滬設廠，並增資一百萬，向農商部立案。因應需求和銷售急增，單以上海廠的盈利而論，由一九一七年的四十萬元急增到一九一八年的八十萬元。到了一九一八年三月，公決定改為有限公司，額定資本五百萬元，除以原資本及溢利抵換公司股份兩百六十萬元外，餘額按舊股均派。新公司易名為「南洋兄弟煙草股份有限公司」，並規定股份不得轉讓給外國人。為加強銷售和原料供應，公司在全國重要城市和南洋多設分支機關，並在山東、湖北、安徽等省加強選購煙葉的工作。此外，公司也開始設廠生產捲煙紙、包裝紙等物料，以確保整個生產過程的品質。事實上，公司從煙葉收購到地區分銷的產、制、運、銷各階段遂漸形縱向聯合，對公司的持續發展有很大的幫助。

　　與不少的民族資本企業相似，公司在第一次大戰期間獲得較佳的

發展。歷年盈利亦有所增加。為擴充公司規模，簡照南多年來往往將利潤再投資於公司之中。因此，公司的資產迅速增加，形成一段投資的高峰期。為配合公司的急速發展，在一九一九年五月，董事會再次決定招新股，集資本一千五百萬元。這次決定屬於策略性招股。從股權分配來看，簡氏家族占百分之六十點六，持有五百股（每股二十元）以下的散戶占百分之二十七點八四。其餘百分之十一點九二為其他一〇七人所佔有，當中二十五人是新公司的依靠對象，有較高的社會地位，例如黎元洪（北洋政府總統）、周壽臣（香港東亞銀行董事長）、錢新之（中央銀行理事）、陳炳謙（英商祥茂洋行買辦）、陳廉伯（廣東滙豐銀行買辦）等等。加入這批政商名人為股東（有些也擔任董事），對公司的地位和發展均有裨益。

縱觀自一九〇九年至一九一九年間，公司資本從十三萬元急增到一千五百萬元，由被拍賣重組到一九二〇年盈利達兩百五十一點九萬元。這個業績充份說明南洋兄弟煙草公司有一個不平凡的十年，標誌著民族企業的一項輝煌紀錄。如要這個階段的成功與簡照南這位深具進取、艱苦奮鬥，為實業救國的理想打拼的民族資本家的進取精神是分不開的。

三　盛衰背後的管理之困

自從簡照南在一九二三年去世後，公司由簡玉階掌權。不久，公司的內部管理和經營策略出現不少問題。事實上，南洋自一九二五年「五卅慘案」引起的排外運動高峰後，民族主義企業的策略再也打不響，同時，企業管理不善以及周邊因素的轉變，公司開始由盛轉衰，直到三〇年代後期，公司更被宋子文為首的官僚集團入主，打破一直以來由家族經濟的模式，簡家成員被排出權力核心，自始南洋就一蹶不振。

一直以來，人們都以為南洋的失利是主要是因為英美煙草的帝國主義企業的打擊，以及日本的經濟軍事侵略有直接的關係。然而，除了這些外在因素外，公司過度擴充、有利因素相對被消化、管理不善、高昂的政治交易成本等內在因素更是公司由盛轉衰的主要原因。

1 業務過度擴充

南洋在二〇年代開始，隨著盈利增加，已經積極擴充業務，而投資項目可分為兩大類。第一，是與煙草業務相關的橫向及縱向擴張，當中包括收購收煙站，投資中美煙草以取得美國煙草，又有投資印刷公司、廣告公司一類。第二，是投資煙草業務以外的專案，包括銀行、保險以及地產等。若把這些投資略加分析，就會發現過度擴充是公司由盛轉衰的重要原因之一。

就第一類而言，南洋的固定資產和生產工具由一九二三年的八百五十萬元增加到一九二八年的一三三〇萬元，增長率接近百分之六十。不斷增加投資對於實力相對弱小的南洋而言，造成巨大的財政壓力，影響公司的盈利。有資料顯示，南洋的盈利由一九二三年的四〇八萬元開始一直急速下降。到了一九二七年，只有二十八點七萬元的盈利，而一九二八至一九二九年更連續錄得兩次巨額虧損，總共損失了近五四五萬元。根據南洋的相關的記載，一九二八年至一九三〇年間，有六項原先投資的專案停工，反映出之前投資失誤，當時的年盈利率為負百分之二十一點三五至負百分之二點〇四。

因此，我們會發現當公司大肆擴充的同時，盈利卻沒有明顯的上升趨勢，反呈收縮的表現，企業衰退的局面是在一九二七年國府把煙統、印花稅稅增加至百分之五十，國府的新措施確實不利於南洋等民族企業，而傾斜於實力雄厚的英美煙草，但相比於一九二三年簡照南過世後企業內部的不穩定因素，國府的政策不過是加劇了企業的經營困難，而非企業衰敗主要的因素。

　　公司第二類投資即地產投資也屬於過度擴充，且又是公司轉衰的致命傷之一。南洋在一九二〇年地產投資占公司資本總額百分之十八點四到一九二七年已達百分之四十四點五，到一九三七年一直維持百分之四十以上。公司對於其他事業的投資，確實帶來一些非經常性收益，但反而令煙草事業的盈利倒退，加上第一類的投資未能有效提升競爭力和減低成本。這兩類投資終於導致公司的財政狀況急劇惡化，動搖公司的原有基礎。

　　簡照南於一九二三年離世而導致內部管理問題叢生，而在企業的靈魂人物離世之際，南洋還以進取的策略大幅增加投資，無疑是以倍數的比例增加其投資風險。由此可見，一九二四年後企業盲目擴充，是沒有穩固的基礎。

　　再者，南洋在這個階段的擴充，並非只集中在從縱向合併或橫向合併，投資的目的也不是確保供應或利用規模經濟，而是積極地走向多元化，投資在銀行、保險等與本身業務無關的領域上，又在未取得穩定收入前，就買入大量土地，增加長期的固定成本，不利企業健康發展。這都反映了企業領導層未能訂定明確的企業策略，在此可窺見其由盛轉衰的端倪。

2 相對優勢被市場消化

　　南洋成功的最大優勢是民族主義因素，承著民國初年的國貨運動，加上公司管理層的努力，南洋成為足以與英美抗衡的民族企業。但是，到二〇年代後期，南洋盈利滑落，主要原因之一是相對優勢被消化有關。

　　主要競爭對手改變市場策略，南洋未能有效應付。外資的龍頭企業英美煙草公司，經歷了十多年與南洋競爭後，深知南洋的優勢是民族情緒，英美為了抵銷這些種不利因素，遂力圖改變公司形象，把公

司所生產的部分品牌的外國色彩淡化，當中如建立了最具規模的分公司永泰和煙公司。永和泰還包銷了暢銷的紅錫包，永泰和的興起，大大加強了英美的市場優勢。相反，南洋未能作出有力的反應，因而遭受到嚴重的打擊，此可是為南洋由盛轉衰的主要原因之一。

同類企業的興起。二〇年代有不少有以民族主義為口號的公司興起，當中如華成煙草公司、福昌煙公司等，其於上海等地有很大的發展。市場上出現了大量與南洋同類型競爭者，而南洋又未能在市場定位上下點功夫，以致削弱了其相對優勢。

南洋本身的獨特性是民族企業，目標客源是民族主義者，理應在一九二五至一九三七年間民族主義日盛的環境下有更大的優勢才是，何以會被經過重新包裝，淡化外資背景的對手有機可乘？原因很可能是與企業定位不清，宣傳策略不明等因素有關，以致未能突出自身品牌的特點，或區分與競爭者的差異有關；還是一直以來，我們把民族經濟主義對企業的影響力高估了？這些問題是值得我們進一步探討的。

3 內部管理不善

南洋公司最大的致命傷是管理不善，它未能擺脫傳統的管理方法，其中是任用親屬掌握要職。例如，簡照南的長子簡日華未經詳細的研究，就被美國商人利誘，一下子就簽了一張二千萬的合約，由美國運煙草來華，結果與公司市場策略未能協調，幾乎把公司拖垮。此完全反映了家族企業的特性，主事者往往是靠血緣關係，而非能力。按照科斯理論（Coase Theorem），企業活動在於包括尋找最適交易對象的成本及尋找交易目標物的成本，那麼必須要由專人來負責合約買賣以減少費用，而中國文化卻最重視社會關係網路，用人唯親，選擇交易對象時不以利潤最大化為念，找了一家銷售手法不良的美商來交易，以私人關係為考慮，往往造成不必要的浪費。

　　此外，企業內部貪污風氣相當嚴重，例如，簡照南五弟簡英甫曾多次出賣公司利益，但因屬簡家核心成員，最後還能留在董事會中興風作浪。其餘還有一九二八年江、浙、皖三省營業處處長事件，一九三四年港公司督理陳廉伯事件。此等事件，均反映出當時公司的管理不善，貪污成風。在經濟或企業發展的初期，貪污文化不能完全避免，好像早期的外商任用中國人當買辦，往往會把他們的貪污行為視為正常的交易成本，只要不嚴重損害公司利益，往往受到母公司的默許。但是，任何機構不可能讓貪污現象無限擴大，否則便會直接影響到它的前途，甚至會帶來重大的管治危機。經濟活動必須建立在理性考慮之上，但是像南洋煙草的華人企業往往用感情來作為管理人員任命，出了事故後這些親友竟又重回工作位置，製造不尋常的交易成本，結果一次又一次重複犯錯。

　　南洋的管理層爭權不斷，親屬又利用公司資源投放在高成本的項目，亂打關係，借機取利，可謂損人利己。一次又一次的貪瀆事件，大多數是由簡家親屬所引發，衝突性質大抵是屬於破壞性衝突，對企業組織造成不良影響，而他們的勢力遍佈公司，加上與整個管理層關係密切，更使公司不能進行徹底的改革，最後公司盈利隨之下降。在種種不利因素下，企業由盛轉衰亦理所當然。

4 政治交易成本高昂

　　清末民初政治動盪，民族企業為保持穩定的經營，遂必須擔負高昂的政治交易成本。

　　首先，公司在與英美煙公司的多次競爭之中，多次被對方利用公權力打擊，導致公司蒙受不菲的損失。例如，在一九〇九年以後，英美煙公司常常藉口南洋煙的包裝顏色、圖案涉嫌侵權、影射，迫使南洋煙放棄有關牌子，造成經營上的困難。這是外資利用特殊政治地

位，運用公權力藉勢挾逼，使公司承受巨大的經濟損失。

其次，當時國民政府成立不久，南洋的經營環境不容樂觀，在金價暴漲、統稅迭加、停廠數月的一九三〇年，南洋的年度虧損超過三十萬元。而在這樣困難的情況下，南洋竟需要報銷支付許崇智、陳公博等「接濟黨政」之款共三點三萬元。此外，南洋的營業報告顯示，在一九二九至一九三〇年間，在港撥支政治費十三萬元，及一九三一年在滬撥交政治費七萬元（由行政院長汪兆銘具函證明）。這類非營業開支在一九三〇年代中期仍不斷出現，致使南洋煙草公司的經營和盈利不斷受到侵蝕。更重要的是這些成本是不能預知，往往無端發生，令業務產生不明朗因素，這是民族企業不敵外資的緣故，因政府不敢明目張膽地打外資的主意。

四　內因才是衰竭主因

在清末民國的一段政治極為動盪的時期，民族企業的經濟活動深受政治環境影響。不僅晚清督撫集團、民國時期的軍閥和黨政要人等政治利益集團在行使公權力時往往對民族企業進行肆意勒索、掠奪、吞佔；同時，傳統的家長式統治、裙帶關係等也影響著新式民族企業的管理與發展，南洋煙草公司便是其中一例。

南洋煙草公司的早期發展，恰好是中國由小農經濟步入早期工業化的精彩一頁。適逢外國捲煙的大量入侵，造成嚴重的漏卮，在民族企業家簡照南的帶領和叔父簡銘石的支持下，遂開創了公司初期的光輝事業，成為中國民族工業的一朵奇葩。其後，公司經歷了一段艱難時期，理應尋找合理的改良方法。然而，南洋的管理文化本身已存在致命的因素，造成巨大且不必要的管理交易成本，導致公司由盛轉衰，外在因素不過是加速了企業的衰竭而非主要原因。

　　南洋的成敗反映了當時以實業救國的民族企業的典型情況，當中涉及到文化因素，社會因素以及政治因素等等。我們認為不能誇大外在因素對企業的單向式的影響，我們更要觀察企業的管治質素，事事把民族企業的失敗歸咎於國內政治環境的轉變未免過於片面。若然假設上述原因不曾存在，那麼南洋就的發展就會一帆風順嗎？根據本文的分析，答案是否定的。簡照南過世後，南洋的管理質素和企業文化，即使在經濟繁盛期，能否在市場上站穩市場領導者的地位，亦未可知也。

開拓口述歷史的界限：以自述式書面材料為例

　　「口述歷史」愈來愈受到歷史學界的重視，它在擴大史料範疇和深度有極其重大的作用，確實能提供極其新穎和珍貴的材料。然而，如過度強調形式上的要求，規定對訪談者就其以往親身的經歷和體驗加以錄音和文字整理，方才能稱得上是「口述歷史」，便有畫地自限之嫌，未必能更充分利用其優勢。因為，這種形式上的限制必將以「活著」的、能清楚講述的受訪者為必要條件，甚或要加上記憶能力並未衰退到一定程度的對象為限。事實上，這種新近高速發展的史學新方法，終究仍存在不少的侷限性。首先，不要說那些剛離世的、或是聾啞的，不可能進行上述訪談，即使是十分健全的，卻認為口述不如筆錄般準確、縝密的人的一些自敘式的書面記錄，也都只能拒於千里之外，而不能成為「口述歷史」的一部分了。更為重要的，是這種新的研究方法並未能對包含用文字記錄其思想、回憶的生平的大量自述式史料。因此，我們雖對目前口述歷史能提供更多元化、更多視角的歷史分析，當然予以全面肯定其學術意義和貢獻；但是，為了更好的將這個研究方法加以開拓，也不應不考慮將那些無論從動機、內容的條理性和全面性的一些自述式的、以書面形式保存下來的史料排斥於外。今試以與「口述歷史」一類性質相似史料價值相近的自述式書面材料為例[1]，對本課題加以探討。

1　例如，收錄在《論語》中記錄孔子自敘平生的資料；《史記》中司馬遷自述其家世

一

　　歷史研究十分重視史料的搜集和整理。根據傳統的標準，史料大致可分為原始資料和二手資料。二手資料是一些與研究對象沒有直接關係的資料，或是一些經過消化的材料。因與本題關係較少，故暫不討論。就口述歷史而言，相關人員參與其中，再對此事加以表述，一般便會被視為原始資料。這方面的範圍十分廣泛，其中包括相關事件的文獻資料、當事人的文字記錄或個人回憶。這些珍貴的史料往往成為研究問題的關鍵。

　　舉例來說，中國改革開放至今已逾三十年，是中國歷史上罕有的一個持續、穩定和成功的改革個案。我們知道，改革是極其困難的，成功的例子很少，失敗的卻指不勝屈。[2]然而，這一次改革十分成功，對中國的未來發展已造成極深遠的影響。而這次改革的第一個突破口，便是安徽鳳陽小崗村十八戶農民如何在極惡劣的生存條件下，試圖打破公社制的分地安排，並互相保證如受到查處後對有關農民的子女的照顧安排。這方面歷來缺乏具體的紀錄，特別是村幹部如何在公有制下私自允許村民分地耕種。同時，各級地委以至省級、中央級別的領導如何處置有關消息。這方面的材料十分缺乏，尤其是其中的當事人都沒有留下具體的紀錄。

　　這個困局，終於在一個偶然的情況下得到初步的改善。一位記者在沒有預先聯絡的情況下，獨自跑到小崗村，只想了解一下這個改革

　　與成長歷程的〈太史公自序〉、〈報任安書〉；司馬光編纂《資治通鑑》有關的奏章和序文等。這一類自敘式史料在性質上都與「口述歷史」一致。

2　戰國時秦孝公的商鞅變法和明朝萬曆初年張居正的一條鞭法，是中國歷史上較成功的改革個案，但兩人逝世後立即受到車裂或抄家的悲慘局面。其餘的改革基本都沒有成功。僅以清末為例，即使中國面對「三千年來未有的變局」，一連串的改革如自強運動、百日維新和清末新政都沒有成功。

開放的發源地在今天的面貌。在採訪的過程中剛巧碰到該名村幹部。最後，通過這次有意義的訪談，小崗村當年如何出現「大包干」、「聯產承包」的做法，終於有較為可靠的史料。[3]互聯網上常有類似的資料流傳，例如國內的「多維新聞網」記載有關人士的想法，並由隊幹部在一張白紙上擬寫了「保證書」：

> 我們分田到戶，每戶戶主簽字蓋章，如以後能幹，每戶保證完成每戶的全年上交和公糧。不在（再）向國家伸手要錢要糧。如不成，我們幹部作（坐）牢剎（殺）頭也幹（甘）心，大家社員也保證把我們的小孩養活到十八歲。[4]

這類材料數量很多，也廣泛在網上流傳，但由於沒有清楚說明資料來源，故史學界對此類材料不能隨便徵引。而上述訪談正好以口述歷史的方式將事情的關鍵清楚闡述，大大改善我們對事件的掌握程度和可靠性。

二

要全面利用自述式史料以增強口述歷史的價值，首先是打破形式上的侷限。一般而言，口述歷史似必須以訪談為手段，由訪談者與被訪者的對話為條件。然而，口述歷史的目標是收集、保存、整理、利

3　訪問稿題為〈包產到戶第一村──小崗村風雲〉，由嚴俊昌口述、張冠生採寫，收錄於王俊義、丁東主編：《口述歷史》（北京市：中國社會科學出版社，2004年）第二輯。

4　二〇一二年九月二十九日摘自（http://china.dwnews.com/big5/news/2011-12-06/58377385.html）。這類網上訊息通常都沒有交待清楚史料來源，需要學者的進一步核實。

用一些有價值的個人回憶和經歷，以備歷史研究之用。因此，只要在意義上與此相同的行為，又具備一定的史料價值，仍應廣為收納，以備研究之用。

嚴選史料、鑒別真偽是歷史研究的根本要求，故無論是一般的訪談記錄，或者是自述式的筆錄，仍必須經過史料鑒別的程序，才能夠取信於讀者。因此，就取得資料而言，兩者實際上差別很少。當然，現代口述歷史是一種新穎的研究工具，對有系統採集未經產生的史料有特別的作用。但是，由於口述歷史所獲得的史料必然有相當的侷限性，故此，對自述式的資料如能根據研究的實際需要而加以採用，對口述歷史當能產生補充的作用。特別是現時口述歷史因定義和方法的原因，其對象必然限制於以「活著」的、能清楚講述的受訪者為必要條件，甚或要加上記憶能力並未衰退到一定程度的對象為限。這些限制大部分是無法改變的，尤以跟史事有密切關係、卻已經離世的人士。

同時，歷史研究也絕非限制於現代史研究，現代以前的歷史也有很多值得關注的研究課題，如能以類似口述歷史的研究方法對一些有意義的課題加以探究，大概有不少的價值。例如，孔子對生命和學問持甚麼態度，學者或許已有不少的研究成果。但是，如果我們能夠找到一些由夫子親自口述的紀錄，那不是更為適合、更為傳神嗎？又如，中國歷史上最偉大的史學家可能是司馬遷和司馬光。究竟他們是如何準備《史記》（按：是書原稱為《太史公書》）和《資治通鑑》）呢？他們的創作動機、寫作方法和成書後的感想，我們也都很想了解。可惜的是，兩司馬已無法親身接受我們的訪談。如果我們能發現並利用其有意保留的自述式資料，是多麼的令人喜出望外呢？只是，目前口述歷史的基本定義是以訪談為中心的，而死者已矣，除了束手無策、望洋興嘆外，還能做些甚麼？

事實上，不同的課題需要不同的研究方法和工具。自上世紀中葉

以來，社會史、婦女史、宗教史、風俗史都大量利用口述歷史這個研究方法，並取得優異的成果。然而，一些領域如科學史、學術史、貿易史等，口述歷史的應用仍十分有限，難以取得社會史一類研究相同的成果。這些領域因其性質，往往需要頗為專門的知識（如醫學、法律、科技、軍事等）作基礎，難以以集體回憶的方式去完成有關的研究。以下是孔子、司馬遷、司馬光的自述式史料，可作為本課題的參考案例。

三

孔子是中國最著名的教育家、思想家，終身以講學、從政、整理文獻典籍等工作為己任，其自述生平與學習經歷當然值得大家重視。《論語》是一部記載其教學活動的可靠著作，其中包含不少自述平生的資料，均由門弟子的一一加以記錄，可被視為一批極為珍貴的自述式資料，其中包括：

1. 子曰：「吾十有五而志于學，三十而立，四十而不惑，五十而知天命，六十而耳順，七十而從心所欲，不踰矩。」（2.4）[5]
2. 子曰：「述而不作，信而好古，竊比於我老彭。」（7.1）
3. 子曰：「德之不脩，學之不講，聞義不能徙，不善不能改，是吾憂也。」（7.3）
4. 子曰：「志於道，據於德，依於仁，游於藝。」（7.6）
5. 子曰：「自行束脩以上，吾未嘗無誨焉。」（7.7）
6. 子曰：「飯疏食飲水，曲肱而枕之，樂亦在其中矣。不義而富且貴，於我如浮雲。」（7.16）

5　引文編號據楊伯峻：《論語譯注》（北京市：中華書局，2010年）。

7. 葉公問孔子於子路，子路不對。子曰：「女奚不曰，其為人也，發憤忘食，樂以忘憂，不知老之將至云爾。」（7.19）

8. 子曰：「我非生而知之者，好古，敏以求之者也。」（7.20）

9. 大宰問於子貢曰：「夫子聖者與？何其多能也？」子貢曰：「固天縱之將聖，又多能也。」子聞之，曰：「大宰知我乎！吾少也賤，故多能鄙事。君子多乎哉？不多也。」（9.6）

10. 牢曰：「子云，『吾不試，故藝』。」（9.7）

11. 子曰：「吾自衛返魯，然後樂正，雅頌各得其所。」（9.15）

以上十一則資料，大抵都是由門弟子親自把夫子的說話加以記錄。孔門弟子有記錄夫子言論的習慣，最顯著的例子是：

> 子張問行。子曰：「言忠信，行篤敬，雖蠻貊之邦，行矣。言不忠信，行不篤敬，雖州里，行乎哉？立則見其參於前也，在輿則見其倚於衡也。夫然後行。」子張書諸紳。（15.6）

此條記載了子張向夫子問學，夫子予以回答，內容極具啟發性。子張深感其價值和學術意義，故雖倉卒間無簡牘在手，也不惜解下束腰大帶來將之記錄。此條資料肯定來自子張的記錄。由此也可證明，孔門弟子日常是會筆錄夫子的言論的。而這些記錄中，關於夫子自述平生或學習經歷的，當然便是夫子的口述歷史了。

概括而言，第一條總括夫子回顧一生學問經驗，充分反映「下學而上達」的各個階段，對研究孔子思想的發展是極為重要的史料。第九、十條是夫子回顧早年經歷，第三至五條說明其教育思想。其餘各條，或涉及好學信古（第二、七、八條）、不強求富貴（第六條）和整理文獻（第十一條）等方面。就各條的性質而論，均屬於夫子自述

其平生與經歷的材料，大概可歸納於自述式史料的範疇之中。孔子逝於西元前四百七十九年，距今已兩千四百九十二年。能夠從《論語》一類先秦文獻中找到不少其「口述歷史」的資料，實在令人激動不已。

四

　　司馬遷堪稱中國歷史上最重要的史學家，其撰寫《史記》，抱有極宏大的目標：「究天人之際，通古今之變，成一家之言」。[6] 撰寫歷史必須強調客觀性，司馬遷的《史記》被譽為「不虛美，不隱惡」的「實錄」。然則，司馬遷何以能夠在真實的歷史記錄中加以發揮，以完成其有別於後世史官的「一家之言」的偉大使命。這個課題，或可從其自述學習經歷與受父遺命續成《史記》有關，也與其慘受腐刑有關。我們可根據〈太史公自序〉和〈報任安書〉二項史料[7]加以分析。

　　首先，〈太史公自序〉和〈報任安書〉二文均曾涉及其撰寫《史記》的動機。〈太史公自序〉說，由於「司馬氏世典周史」，而到了父親司馬談這一代，竟能在漢武帝「建元元封之間」再次擔任太史的職務，故在他即將離世前，遺命其子遷繼承父業，說：

　　　　余先周室之太史也。自上世嘗顯功名於虞夏，典天官事。後世

6　〈報任安書〉。

7　此外，我們也可利用《史記》數十篇涉及其學習與遊歷的「太史公曰」的史料來分析這個課題。只是由於內容太豐富，較適合另行發表。現先以《史記河渠書》為例作示範。其文曰：「太史公曰：余南登廬山，觀禹疏九江，遂至于會稽太湟，上姑蘇，望五湖；東闚洛汭、大邳，迎河，行淮、泗、濟、漯洛渠；西瞻蜀之岷山及離碓；北自龍門至于朔方。曰：甚哉，水之為利害也！余從負薪塞宣房，悲瓠子之詩而作〈河渠書〉。」

中衰，絕於予乎？汝復為太史，則續吾祖矣。今天子接千歲之
統，封泰山，而余不得從行，是命也夫，命也夫！余死，汝必
為太史；為太史，無忘吾所欲論著矣……自獲麟以來四百有餘
歲，而諸侯相兼，史記放絕。今漢興，海內一統，明主賢君忠
臣死義之士，余為太史而弗論載，廢天下之史文，余甚懼焉，
汝其念哉！

受了父親的囑託，史遷唯有俯首流涕說：「小子不敏，請悉論先人所
次舊聞，弗敢闕。」因此，司馬談的遺囑便是史遷撰寫《史記》的原
因的基本材料。從今天看來，司馬談的〈遺囑〉便是他的「口述歷
史」了。

原來，司馬談早已立志撰史，故不但收集整理有關史料，即史遷
所說的「所次舊聞」，也刻意栽培史遷的歷史學養。根據〈太史公自
序〉說：

遷生龍門，耕牧河山之陽。年十歲則誦古文。二十而南游江、
淮，上會稽，探禹穴，闚九疑，浮於沅、湘；北涉汶、泗，講
業齊、魯之都，觀孔子之遺風，鄉射鄒、嶧；厄困鄱、薛、彭
城，過梁、楚以歸。於是遷仕為郎中，奉使西征巴、蜀以南，
南略邛、筰、昆明，還報命。

這便是司馬談對史遷的史學訓練。故他很有信心說：「余死，汝必為
太史；為太史，無忘吾所欲論著矣。」司馬遷在完成整部《史記》
後說：

漢興……百年之閒，天下遺文古事靡不畢集太史公。太史公仍

父子相續纂其職。曰：「於戲！余維先人嘗掌斯事，顯於唐
虞，至於周，復典之，故司馬氏世主天官。至於余乎，欽念
哉！欽念哉！」罔羅天下放失舊聞，王跡所興，原始察終，見
盛觀衰，論考之行事，略推三代，錄秦漢，上記軒轅，下至於
茲。（太史公自序）

此外，司馬遷終於能完成這部傳世之作，亦與其「遭李陵之禍」有
關。他說：

（父）卒三歲而遷為太史令，紬史記石室金匱之書。五年而當
太初元年……於是論次其文。七年而太史公遭李陵之禍，幽於
縲紲。乃喟然而嘆曰：「是余之罪也夫！是余之罪也夫！身毀
不用矣。」退而深惟曰：「夫詩書隱約者，欲遂其志之思也。
昔西伯拘羑里，演《周易》；孔子戹陳蔡，作《春秋》；屈原放
逐，著《離騷》；左丘失明，厥有《國語》；孫子臏腳，而論
《兵法》（按：即《孫臏兵法》）；不韋遷蜀，世傳《呂覽》；韓
非囚秦，〈說難〉、〈孤憤〉；《詩三百篇》，大抵賢聖發憤之所為
作也。此人皆意有所鬱結，不得通其道也，故述往事，思來
者。」於是卒述陶唐以來，至於麟止，自黃帝始……凡百三十
篇，五十二萬六千五百字，為太史公書……成一家之言……藏
之名山，副在京師，俟後世聖人君子。

在〈報任安書〉中，司馬遷更直言「明主不深曉，以為僕沮貳師，而
為李陵游說」，被處以腐刑。在信中，他自述其入仕經過：

僕少負不羈之材，長無鄉曲之譽，主上幸以先人之故，使得奉

薄伎，出入周衛之中（按：即〈太史公自序〉的「仕為郎
中」）。僕以為戴盆何以望天，故絕賓客之知，忘室家之業，日
夜竭其不肖之材力，務壹心營職，以求親媚於主上。

可是，因李陵戰敗，被匈奴俘虜，最後並投降於匈奴，終於導致司馬
遷下獄受刑。他在〈報任安書〉中，自述被李陵案牽連的經過和結
果，這是目前唯一保存的資料：

陵敗書聞，主上為之食不甘味，聽朝不怡，大臣憂懼，不知所
出。僕竊不自料其卑賤，見主上慘悽怛悼，誠欲效其款款之
愚，以為李陵素與士大夫絕甘分少，能得人之死力，雖古名將
不能過也。身雖陷敗，彼觀其意，且欲得其當而報漢……適會
召問，即以此指，推言陵功，欲以廣主上之意，塞睚眥之辭，
未能盡明。明主不深曉，以為僕沮貳師，而為李陵游說，遂下
於理，拳拳之忠，終不能自列。因為誣上，卒從吏議，家貧，
財賂不足以自贖，交遊莫救視；左右親近不為壹言……李陵既
生降，隤其家聲，而僕又佴之蠶室，重為天下觀笑。悲夫！悲
夫！

在〈報任安書〉中，他也表達了對腐刑的觀點。他說：

故禍莫憯於欲利，悲莫痛於傷心，行莫醜於辱先，而詬莫大於
宮刑。刑餘之人，無所比數，非一世也，所從來遠矣。昔衛靈
公與雍渠載，孔子適陳；商鞅因景監見，趙良寒心；同子參
乘，袁絲變色；自古而恥之。夫中材之人，事關於宦豎，莫不
傷氣，況慷慨之士乎！……僕賴先人緒業，得待罪輦轂下二十

> 餘年矣……苟合取容，無所短長之效，可見於此矣。鄉者，僕
> 亦常廁下大夫之列，陪外廷末議，不以此時引維綱，盡思慮，
> 今已虧形，為掃除之隸，在闒茸之中……嗟乎！嗟乎！如僕尚
> 何言哉！尚何言哉！

他更自言家世並非顯赫，「先人非有剖符丹書之功，文史、星
歷，近乎卜祝之閒，固主上所戲弄，倡優畜之，流俗之所輕也。」面
對腐刑，他自覺對家族深感愧咎，並說：「人固有一死，死有重於泰
山，或輕於鴻毛，用之所趨異也，太上不辱先，其次不辱身，其次不
辱理色，其次不辱辭令，其次詘體受辱；其次易服受辱，其次關木
索，被箠楚受辱，其次鬄毛髮，嬰金鐵受辱，其次毀肌膚，斷支體受
辱，最下腐刑極矣。」

最後，司馬遷為其接受腐刑的心理狀態加以申述。他說：「僕雖
怯耎欲苟活，亦頗識去就之分矣，何至自湛溺累紲之辱哉！且夫臧獲
婢妾，猶能引決，況若僕之不得已乎！所以隱忍苟活，函糞土之中而
不辭者，恨私心有所不盡，鄙沒世而文采不表於後也。」他唯有以古
人自勉，認為「丘明無目，孫子斷足，終不可用，退論書策，以舒其
憤，思垂空文以自見。僕竊不遜，近自託於無能之辭，網羅天下放失
舊聞，考之行事，稽其成敗興壞之理，凡百三十篇，亦欲以究天人之
際，通古今之變，成一家之言。草創未就，適會此禍，惜其不成，是
以就極刑而無慍色。僕誠已著此書，藏之名山，傳之其人通邑大都；
則僕償前辱之責，雖萬被戮，豈有悔哉，然此可為智者道，難為俗人
言也。」

由於受到這個莫大的恥辱，他精神上極為痛苦。他說：「僕以口
語遇遭此禍，重為鄉黨戮笑，污辱先人，亦何面目復上父母之丘墓
乎，雖累百世，垢彌甚耳。是以腸一日而九回，居則忽忽若有所亡，

出則不知其所往，每念斯恥，汗未嘗不發背霑衣也！」司馬遷認為這種恥辱非常人所能忍受。他慨嘆地說：

> 士節不可不厲也，猛虎處深山，百獸震恐，及其在阱檻之中，搖尾而求食；積威約之漸也。故士有畫地為牢勢不入，削木為吏議不對；定計於鮮也。今交手足，受木索，暴肌膚，受榜箠，幽於圜牆之中，當此之時，見獄吏則頭槍地，視徒隸則心惕息，何者？積威約之勢也。及已至此，言不辱者，所謂彊顏耳，曷足貴乎？

史遷曾為「下大夫之列」，地位已非一般的士，而以口語召禍，非不能引決自裁，以維護其個人尊嚴，只因「私心有所不盡，鄙陋沒世而文采不表於後也」。由此可見，司馬遷所以接受腐刑，唯一的原因是當時《史記》正「草創未就，適會此禍，惜其不成，是以就極刑而無慍色」。到了完成《史記》，「藏之名山，傳之其人通邑大都；則僕償前辱之責，雖萬被戮，豈有悔哉」，對個人性命便不再留戀了。[8]

五

　　司馬光是另一位偉大的史學家、政治家。今人評論其政治立場多偏於保守，深致不滿。但是，若論及其撰寫的《資治通鑑》，則差不多是眾口一詞的加以極度的稱許，以為是史家的極則。[9]我們通過他

8　記載司馬遷晚年景況的史料不多。以漢武帝的殘暴性格，又適經過巫蠱之禍，多怨憤之詞的〈報任安書〉如落在他手中，很有可能會將司馬遷秘密處死。筆者認為司馬遷因此惹來殺身之禍。

9　對司馬光《資治通鑑》加以全面否定的著作，可以李則芬：《泛論司馬光資治通鑑》

所撰寫的兩篇奏章和其助手劉恕的〈通鑑外紀引〉追述其早年言論為例，以考察司馬光對《資治通鑑》的創作歷程的自述。我認為這類自述式資料對了解《資治通鑑》的價值有所幫助，也十分接近「口述歷史」的本質。

最早出現關於《資治通鑑》的材料是劉恕的〈通鑑外紀引〉，它雖寫於元豐元年（1078），但其內容卻包含了宋仁宗嘉祐（1056-1063）初年關於司馬光的一則談話。劉恕首先評論宋代讀書人疏於史學。他說：

> 司馬遷始撰本紀、年表、八書、世家、列傳之目，史臣相續，謂之正史。本朝去古益遠，書益煩雜。學者牽於屬文，專尚《西漢書》，博覽者乃及《史記》、《東漢書》。而近代士頗知《唐書》。自三國至隋，下逮五代，懵然莫識。承平日久，人愈怠墮。莊子文簡而義明，玄言虛誕而似理，功省易習，陋儒莫不尚之，史學寖微矣！

這段說話其實可能是受到司馬光的影響，他也自稱是「司馬公門生」。無論如何，在〈通鑑外紀引〉中，他直接引述了一段司馬光的說話，反映光早在皇祐（1056-1063）初年已有志撰寫《通鑑》。司馬光對劉恕說：

> 春秋之後，迄今千餘年，《史記》至《五代史》，一千五百卷，諸生歷年莫能竟其篇第，畢世不暇舉其大略，厭煩趨易，

（臺北市：臺灣商務印書館，1986年）一書為代表。李氏主要不滿司馬光的政治觀點過於保守，引致不少弊端。

行將泯絕。予欲託始於周威烈王命趙魏韓為諸侯，下訖（迄）
五代，因丘明編年之體，仿荀悅簡要之文，網羅眾說，成一
家書。

這是司馬光準備編纂《通鑑》的一則珍貴資料。他的創作動機也很單
純，是希望為讀書人提供一部長短合宜的史籍。過了差不多十年，即
宋英宗治平三年（1066），司馬光「以學士為英宗皇帝侍講」，遂以他
以初步完成的《通志》（按：此書由戰國至秦的編年史，總共八卷）
充當歷史教材，深受英宗的稱賞。隨即「詔修光編次《歷代君臣事
蹟》，仍謂光曰：卿自擇館閣英才共修之。」光終於引薦了劉恕，並
稱「專精史學……唯劉恕一人而已」。光又說：「共修書凡數年，史事
之紛錯難治者則諉之，光仰成而已。」[10]

　　不久，英宗駕崩，年青的神宗繼位。而司馬光繼續獲得君主的恩
寵。宋神宗在「治平四年（1067）十月初開經筵，（光）奉聖旨讀
《資治通鑑》。其月九日，臣光初進讀，面賜御製序，令候書成日寫
入。」這就是著名的〈資治通鑑序〉。〈序文〉大約是這樣的：

朕惟君子多識前言往行以畜其德，故能剛健篤實，輝光日新。
《詩》、《書》、《春秋》，皆所以明乎得失之迹，存王道之正，
垂鑑戒於後世者也……英考（按：宋英宗）留神載籍，萬機之
下，未嘗廢卷。嘗命龍圖閣直學士司馬光論次歷代君臣事
迹……起周威烈王，訖于五代……其所載明君、良臣，切摩治
道，議論之精語，德刑之善制，天人相與之際，休咎庶證之

---

10 引文出自司馬光〈資治通鑑外紀序〉。按：司馬光的言論一方有反映其謙遜的態
　度，另一方面也說明劉恕對《通鑑》貢獻之大。

原，威福盛衰之本，規模利害之效，良將之方略，循吏之條
教，斷之以邪正，要之於治忽，辭令淵厚之體，箴諫深切之
義，良謂備焉……博而得其要，簡而周於事，是亦典刑之總
會，冊牘之淵林矣。荀卿有言：「欲觀聖人之迹，則於其粲然
者矣，後王是也。」……《詩》云：「商鑑不遠，在夏后之
世。」故賜其書名曰《資治通鑑》，以著朕之志焉耳。」[11]

司馬光視神宗賜〈序〉為極大的榮譽，遂上〈謝賜資治通鑑序表〉，
自述其早年立志修史的志趣，並獲得英宗皇帝的支持。他說：

臣性識駑鈍，學問空淺，偶自幼齡，粗涉群史。嘗欲芟去蕪
雜，發輝精雋，窮探治亂之迹，上助聖明之鑑。功大力薄，任
重道悠，徒懷寸心，行將白首。伏遇先皇帝若稽古道，博采徵
言，俾摭舊聞，遂伸微志。尚方紙墨，分於奏御之餘；內閣圖
書，從其假借之便。

未幾，英宗歿，神宗繼位。由於是奉詔編纂的作品，故司馬光隨即將
經修訂《通志》八卷[12]送呈乙覽，再獲神宗稱讚，「命之進讀，而又序
其本原，冠於篇秩」，對此書高度贊賞。〈序文〉說此書「博而得其
要，簡而周於事，典刑之總會，冊牘之淵林」的襃獎。因此，他認為
這種殊榮，即使「周之南、董，漢之遷、固，皆推高一時，播美千

---

11 二〇一二年十月一日摘自（http://tw.myblog.yahoo.com/jw!LrtP4Z.RGB6ZXFSYy0uT
　　Blk8/article?mid=25931&prev=-2&next=25917&page=1&sc=1）。按：序文據說是王珪
　　的手筆。王珪禹玉，慶曆二年（1042）進士，曾任知制誥、參知政事等，外孫女為
　　著名詞人李清照。
12 按：根據神宗序文內容，此八卷估計即為今本《資治通鑑》的首八卷。

載。未有親屈帝文，特紆宸翰，曲蒙獎飾，大振輝光。如臣樸樕小才，固非先賢之比；便蕃茂澤，獨專後世之榮。」事實上，本書因獲神宗親自賜序，後來才能避過新黨的攻擊和免於燬版之災。

到了元豐七年（1084）十二月，上起戰國，下迄五代，共一千三百六十二年的鉅著終於完成。在〈進書表〉中，司馬光詳細追述此部經歷二十多年[13]的作品的撰寫經過和內容重點。他說：

> 伏念臣性識愚魯，學術荒疏，凡百事為，皆出人下。獨於前史，粗嘗盡心，自幼至老，嗜之不厭。每患遷、固以來，文字繁多，自布衣之士，讀之不遍，況於人主，日有萬機，何暇周覽！臣常不自揆，欲刪削冗長，舉撮機要，專取關國家興衰，繫生民休戚，善可為法，惡可為戒者，為編年一書。使先後有倫，精粗不雜，私家力薄，無由可成。伏遇英宗皇帝，資睿智之性，敷文明之治，思歷覽古事，用恢張大猷，爰詔下臣，俾之編集。臣夙昔所願，一朝獲伸，踴躍奉承，惟懼不稱。……不幸書未進御，先帝違棄群臣。陛下紹膺大統，欽承先志，寵以冠序，錫之嘉名，每開經筵，常令進讀。臣雖頑愚，荷兩朝知待如此其厚，隕身喪元，未足報塞，苟智力所及，豈敢有遺！……以衰疾不任治劇，乞就冗官。……前後六任，仍聽以書局自隨，給之祿秩，不責職業。臣既無他事，得以研精極慮，窮竭所有，日力不足，繼之以夜。遍閱舊史，旁采小說，簡牘盈積，浩如煙海，抉摘幽隱，校計毫釐。上起戰國，下終

---

13 一般以治平三年到元豐七年（1066-1084）為《資治通鑑》的編寫時期，共十九年。其實，若計算《通志》八卷初稿的編寫時間，本書寫作歷時二十多年，甚至可能在嘉祐（1056-1063）初年已開始，即前後差不多三十年。《通志》乃司馬光以私家之力去完成，故需時較久，無足異也。

五代，凡一千三百六十二年，修成二百九十四卷。又略舉事目，年經國緯，以備檢尋，為目錄三十卷。又參考群書，評其同異，俾歸一塗，為《考異》三十卷。合三百五十四卷⋯⋯臣今賅骨臕瘁，目視昏近，齒牙無幾，神識衰耗，目前所為，旋踵遺忘。臣之精力，盡於此書。伏望陛下⋯⋯時賜有覽，鑑前世之興衰，考當今之得失，嘉善矜惡，取得舍非，足以懋稽古之盛德，躋無前之至治。俾四海群生，咸蒙其福，則臣雖委骨九泉，志願永畢矣！謹奉表陳進以聞。臣光誠惶誠懼，頓首頓首。

他如實地說：「臣之精力，盡於此書。」這部堪與《史記》匹敵的《資治通鑑》終於完成了，所謂「雖委骨九泉，志願永畢矣。」古人著述，死生已之，觀兩司馬在完成其鉅著後，均曾發出相似的聲音。正如《老子》所說：「大器晚成，大音希聲！」（《老子》第四十一章）大概是這個道理了。

六

本文認為口述歷史是一種十分有價值的研究方法，對補充史料有很大的作用。如能將其侷限於訪談的形式規範加以擴大，對自述式的材料加以利用，將有助改善其運用只能限於現當代史料。通過上文引用一些自述式史料為例，我們可以利用門弟子記錄老師的言談（按：《論語》是一本記載夫子與弟子間言談的典籍）、史著的自序（按：如司馬遷〈太史公自序〉、劉恕〈通鑑外紀引〉）、書信（按：如司馬遷〈報任安書〉）、奏表（按：如司馬光〈謝賜資治通鑑序表〉、〈進資治通鑑表〉）等材料，說明這類史料可以視為「口述歷史」的補充材

料，與前者有相似的史料價值。除此之外，自述、自傳、日記、回憶
錄、口供、遺囑一類自述式史料，其實也可多加利用，以擴大口述歷
史的應用範疇。

後記

　　這本小書共分為四部分：一、澳門教育史；二、教育人物專題；三、歷史教育及四、歷史研究，共收錄文章十九篇。其中，第一篇是與澳門大學教育學院前院長單文經教授合寫，第四篇為溫如嘉碩士的作品，因與此部分課題相關，故一併收入。溫同學現為本院的博士生，正隨本人研習中國教育史方面的課題。第七篇是與教學助理李靖碩士合寫的。第十一及十四篇均是與姚曉萌同學合寫的。姚同學為本院二〇一四至二〇一五年度的碩士畢業生，其論文由本人指導。第十八篇是與趙善軒教授合寫的。以上五篇的作者，除第一篇外，都曾是本人的研究生或助理，是很優秀的年青學子。其餘十四篇則為本人近年來獨力完成的稿件。本書除收錄了三篇新著外，其餘都在研討會、學報、期刊或以書稿章節方式發表，現彙集在一起，作為本人近年關於教育史、歷史教育與研究的記錄，以供學者的指正。

　　拙作的得以順利完成，乃是多年來獲得由澳門大學主管學術研究的副校長馬許願教授及其領導的澳門大學研究及發展中心（R & DAO）的鼎力支持。澳門大學不僅提供一個優質的學術環境，也讓本人有機會在教研生活中遇到許多良師益友，並獲得到不少合作的機會。其中，丁鋼教授、王炳正教授、田正平教授、吳文星教授、周谷平教授、周愚文教授、張斌賢教授、陳樹榮先生、湯開健教授、劉海峰教授、劉羨冰教授等在二〇〇八年對本院啟動的「澳門教育史資料庫」研究計劃予以熱烈的指導，是本人開展中國教育史、歷史教育研究的一個重要契機。這是本人在中國教育史及歷史教育方面的第五冊

書稿，數量上已經大大超過原來的預期。最後，澳門大學教育學院歷任領導：范息濤講座教授、鄭振偉教授、單文經教授、蘇肖好教授及院辦公室的同事，他／她們多年來在教學和研究上的支持，讓本人得以集中精神，努力從事與教研相關的工作，感激之情實在難以用文字表達。

張偉保

記於澳門大學橫琴新校區 E33教育學院

二〇一六年四月二十九日

史學研究叢書·歷史文化叢刊　0602011

振葉尋根：澳門教育史、歷史教育與研究

作　　　者	張偉保
責任編輯	邱詩倫
特約校稿	林秋芬
發 行 人	陳滿銘
總 經 理	梁錦興
總 編 輯	陳滿銘
副總編輯	張晏瑞
編 輯 所	萬卷樓圖書股份有限公司
排　　版	林曉敏
印　　刷	百通科技股份有限公司
封面設計	百通科技股份有限公司

發　　行　萬卷樓圖書股份有限公司
　　　臺北市羅斯福路二段 41 號 6 樓之 3
　　　電話 (02)23216565
　　　傳真 (02)23218698
　　　電郵 SERVICE@WANJUAN.COM.TW
大陸經銷　廈門外圖臺灣書店有限公司
　　　電郵 JKB188@188.COM
香港經銷　香港聯合書刊物流有限公司
　　　電話 (852)21502100
　　　傳真 (852)23560735

ISBN 978-986-478-004-4
2016 年 6 月初版
定價：新臺幣 460 元

如何購買本書：

1. 劃撥購書，請透過以下郵政劃撥帳號：
　帳號：15624015
　戶名：萬卷樓圖書股份有限公司
2. 轉帳購書，請透過以下帳戶
　合作金庫銀行　古亭分行
　戶名：萬卷樓圖書股份有限公司
　帳號：0877717092596
3. 網路購書，請透過萬卷樓網站
　網址 WWW.WANJUAN.COM.TW

大量購書，請直接聯繫我們，將有專人為您服務。客服：(02)23216565 分機 10

如有缺頁、破損或裝訂錯誤，請寄回更換

國家圖書館出版品預行編目資料

振葉尋根：澳門教育史、歷史教育與研究 / 張偉保著.
　-- 初版.-- 臺北市：萬卷樓, 2016.06
　面；　公分.
ISBN 978-986-478-004-4(平裝)
1.教育史　2.歷史教育　3.文集　4.澳門特別行政區
520.9239　　　　　　　　　　　105008578